Learning JavaScript Design Patterns

자바스크립트+리액트 디자인 패턴

| 표지 설명 |

표지에 있는 동물은 꿩뻐꾸기(학명: *Dromococcyx phasianellus*)입니다. 꿩뻐꾸기는 유카탄 반도에서 브라질에 이르는 숲에 서식하며 콜롬비아 남부까지도 발견될 수 있습니다. 꿩뻐꾸기는 긴 꼬리와 짧고 짙은 갈색 볏을 가지고 있으며 주로 곤충을 먹습니다. 깃털을 떨고 부리를 부딪혀 덜컹거리는 소리를 낸 후 몇 걸음 앞으로 달려가 땅을 쪼아 곤충을 잡습니다. 때로는 작은 도마뱀이나 새끼 새를 먹기도 합니다.

다른 뻐꾸기처럼 꿩뻐꾸기 또한 다른 새의 둥지에 알을 낳습니다. 알이 부화하면 양어미는 꿩뻐꾸기의 새끼를 자신의 새끼로 인식하고, 새끼들은 양어미에게 각인됩니다. 꿩뻐꾸기 새끼는 본능에 따라 양어미의 알을 둥지 밖으로 밀어내 자신을 위한 공간을 만듭니다. 하지만 유럽 뻐꾸기와 달리 꿩뻐꾸기은 탁란성 조류가 아니며 스스로 둥지를 지을 수 있습니다.

꿩뻐꾸기는 현재 국제자연보전연맹(IUCN)의 멸종 위기 등급에서 '관심 필요' 단계에 속합니다. 오라일리 표지에 있는 동물들은 대부분 멸종위기종이며, 이들은 모두 소중한 존재입니다. 표지 그림은 카렌 몽고메리Karen Montgomery가 재해석하여 그린 작품입니다.

자바스크립트 + 리액트 디자인 패턴

자바스크립트와 리액트의 최신 패턴과 렌더링, 성능 패턴까지

초판 1쇄 발행 2024년 8월 1일

지은이 애디 오스마니 / **옮긴이** 윤창식 / **펴낸이** 전태호

펴낸곳 한빛미디어(주) / **주소** 서울시 서대문구 연희로2길 62 한빛미디어(주) IT출판 2부

전화 02-325-5544 / **팩스** 02-336-7124

등록 1999년 6월 24일 제10-1779호 / **ISBN** 979-11-6921-257-1 93000

총괄 송경석 / **책임편집** 박민아 / **기획·편집** 김종찬

디자인 표지 윤혜원 내지 최연희 / **전산편집** 백지선

영업 김형진, 장경환, 조유미 / **마케팅** 박상용, 한종진, 이행은, 김선아, 고광일, 성화정, 김한솔 / **제작** 박성우, 김정우

이 책에 대한 의견이나 오탈자 및 잘못된 내용에 대한 수정 정보는 한빛미디어(주)의 홈페이지나 아래 이메일로 알려주십시오. 파본은 구매처에서 교환하실 수 있습니다. 책값은 뒤표지에 표시되어 있습니다.

한빛미디어 홈페이지 www.hanbit.co.kr / 이메일 ask@hanbit.co.kr

Learning JavaScript Design Patterns

자바스크립트 + 리액트 디자인 패턴

웹 개발자라면 기본적으로 알고 있는 패턴부터 자바스크립트의 역사에서 비롯된 패턴, 그리고 리액트를 잘 사용하기 위한 패턴까지 소개합니다. 풍부한 예시들을 따라가다 보면 어느새 웹 개발 디자인 패턴들이 몸에 체화될 것입니다.

–전현준, OneLineAI CTO

이 책은 자바스크립트와 리액트 개발자를 위한 필수 가이드입니다. 기초부터 고급 주제까지 체계적으로 다루며, 최신 디자인 패턴과 모범 사례를 소개합니다. 비동기 프로그래밍, 모듈화, 렌더링 패턴 등 실무에 필요한 내용과 함께 실용적인 예제로 이해를 돕습니다. 또한, 안티 패턴을 통해 흔한 실수를 피하는 방법까지 다루고 있습니다. 코드의 구조화, 재사용성, 유지보수성을 향상시키는 데 큰 도움이 될 것입니다.

–이석곤, (주)아이알컴퍼니 수석

크롬 리더이자 1n년차 구글러의 노하우가 담긴 이 책은 디자인 패턴이 자바나 C++ 언어의 고유물이라는 상식을 무너뜨립니다. 자바스크립트의 여러 예시를 통한 설명은 간결하고 이해하기 매우 쉽습니다. 주로 리액트로 개발하는 프론트엔드 개발자나 자바스크립트를 현업에서 쓰는 분들에게 단비 같은 책이라고 생각합니다. 현업에서 요긴하게 쓸 수 있으니까 말이죠. 이 책을 보고 있으면 기존에 자신이 짠 소스 코드를 더 나은 코드로 바꾸고 싶은 욕망이 들게 될 것입니다. 디자인 패턴을 자바스크립트로 접해 보고 싶은 분은 이 책을 읽어보는 것이 어떨까요?

–황시연, 엘로스 백엔드 개발자

자바스크립트 개발자라면 이 책을 통해 디자인 패턴을 쉽게 이해하고 자신의 코드에 더 잘 반영할 수 있을 것입니다. 이 책은 자바스크립트와 리액트 디자인 패턴에 대해 체계적으로 분류하고 효과적으로 이해할 수 있게 설명합니다. 또한, 많은 실전 예시로 각 패턴의 장단점을 분명하게 설명합니다. 디자인 패턴 공부를 시작하는 입문자, 현 자바스크립트 개발자, 디자인 패턴 학습에 어려움을 느끼시는 분에게 더욱 추천합니다.

–문주영, 웹 프론트엔드 개발자

프론트엔드 개발자 7년 차로서, 이 책을 강력 추천합니다. 디자인 패턴을 자바스크립트와 리액트에 적용하는 방법이 궁금한 개발자에게는 정말 필독서입니다. 이 책은 구조화되고 유지보수 가능한 코드를 작성하는 방법을 제시하며, 모듈, 관찰자, 중재자 패턴과 서버 사이드 렌더링, 아일랜드 아키텍처 같은 성능 및 렌더링 패턴을 다룹니다. 단순 구현이 아니라 설계를 잘 알아야 하는 시니어뿐만 아니라 주니어 개발자에게도 필독서라고 생각합니다.

–최낙현, 웹 프론트엔드 개발자

자바스크립트 개발자라면, 한 번쯤은 떠올릴 '해결하고자 하는 문제에 패턴이 있고 이를 공식처럼 적용해 본다면 개발이 조금 편해지지 않을까'에 대한 답을 주는 도서입니다. 자바스크립트를 가지고 디자인 패턴에 대해 이야기한다는 점이 신기했고, 특성에 따라 패턴을 달리 설명한 부분은 특히 유익했습니다. 패턴을 실제로 적용하기 위해서는 많은 노력이 필요하겠지만, 알아두고 있으면 적용할 수 있는 순간이 찾아오지 않을까 싶습니다.

–윤수혁, 코나아이 웹 개발자

지은이 **애디 오스마니** Addy Osmani

구글 크롬 개발 팀을 이끄는 엔지니어링 리더. 크롬 개발자 경험 팀을 총괄하며 웹을 빠르고 즐겁게 개발할 수 있도록 힘쓰고 있습니다. 여러 오픈 소스 프로젝트를 진행했으며, 다수의 책을 저술했습니다. 개인 블로그 주소는 addyosmani.com입니다.

옮긴이 **윤창식** dev.caesiumy@gmail.com

어릴 적부터 컴퓨터에 매료되어 프론트엔드 개발자의 길을 걸어왔으며, 현재는 개발자 교육에 전념하고 있습니다. 오픈 소스와 토이 프로젝트를 즐기며, 다양한 개발자들과 소통하는 커뮤니티 활동에도 적극적으로 참여하고 있습니다. 기술의 빠른 진화에 적응하는 방법과 깔끔한 코드 작성의 중요성을 강조하며, 이를 통해 지속 가능한 개발 문화를 만들어가고자 노력하고 있습니다.

주변인들에게 기술 서적 번역을 시작했다고 말하면 다들 놀라는 눈치였습니다. 어떻게 그런 기회를 얻어냈냐고 궁금해했죠. 그러면 저는 마치 기다렸다는 듯 일대기를 풀어놓고는 했습니다. 제가 개발자를 지망하게 된 계기도, 프론트엔드를 선택하게 된 계기도 모두 저만의 스토리텔링을 가지고 있습니다. 그중 하나, 번역에 대한 이야기를 간단히 풀어드리겠습니다.

저는 사실 영문과 출신의 개발자입니다. 특히 영상 매체(드라마, 극 등) 번역에 관심이 있던 인문학도였습니다. 번역에 열정이 있었기에 자발적으로 영화나 드라마 에피소드를 번역하고 주변의 평가를 받아보기도 했었습니다. 그런 제가 왜 개발자가 되었는지는 다른 스토리텔링으로 넘어가게 되니 넘어가도록 하겠습니다.

그렇게 개발자로서의 길을 걷던 도중에도 번역에 대한 꿈이 있어 여러 번역 활동에 참여하기도 했습니다. 그러다 코세라Coursera에서 제공하는 머신러닝 강의 번역 커뮤니티에서 박찬성 님을 알게 되었습니다. 평소에 기술 서적을 번역하시던 박찬성 님의 게시글에 저도 번역에 관심이 있다는 댓글을 달게 되었고, 이후 한빛미디어에서 연락을 받게 되면서 번역에도 인연이 생기게 되었습니다.

물론 바로 번역을 시작한 것은 아닙니다. 한빛미디어 IT출판부에 계셨던 서현 팀장님과도 미팅하고, 한빛 Previewers로 약 1년간 활동하며 눈도장을 찍으려 노력한 끝에 얻게 된 기회였습니다. 거기다 샘플 번역 때도 좋은 결과를 냈고, 번역이 처음도 아니니 자신감은 충만했습니다.

그러나 생각보다 앞길이 순탄치만은 않았습니다. 그동안 해왔던 영상 매체 번역과 기술 서적의 번역은 패러다임이 달랐습니다. 영상 매체 번역은 인물에게 감정을 이입해 말하고자 하는 뜻과 어투를 느낌에 따라 주관적으로 유연하게 전달하면 되었던 반면에, 기술 서적은 사실을 전달하는 매개체이고 각종 전문 용어가 따라붙는다는 점에서 객관적인 면이 강했습니다. 어디 그뿐일까요. 번역 외적으로는 이직, 강의, 외주 이슈도 이어졌습니다.

그래서 번역을 진행하며 고민을 많이 했습니다. 공식 번역이니 어색하더라도 한국어로 번역할지, 독자가 이해하기 힘든 부분을 의역해야 할지, 같은 단어라도 쓰이는 상황에 따라 어떻게 번역해야 할지 등이 그러했습니다. 읽다 보면 아시겠지만, 내용이 진행됨에 따라 저의 문체가 발전되고, 일관성이 생기는 게 눈에 보이실 겁니다. 아무래도 사람인지라 번역하는 와중에도 나날이 발전해 나가는 것이겠지요. 개발자에게 친숙한 표현을 하자면 이전 장은 레거시가 되어 버리는 상황이라고 비유할 수도 있겠네요.

사실 저는 '디자인 패턴을 외워서 본격적으로 사용해야겠다!'라는 스타일의 사람은 아니었습니다. 영어에도 5형식이라는 게 있는데 그걸 전혀 몰라도 영어는 잘했거든요. 그러나 이 책에서 다루는 내용은 '디자인 패턴이 좋으니 무조건 외워서 사용해라!'가 절대 아닙니다. 오히려 평소에 무의식적으로 작성하던 코드 패턴이 무슨 이름을 가지고 있는지, 그리고 해당 패턴이 가진 특징은 무엇인지 명확히 알 수 있게 해주었고, 코드의 가독성과 유지보수를 위해 '이렇게 코드를 짰습니다'라고 두루뭉술하게 표현하는 대신 '이러한 패턴을 사용했습니다'라는 말로 압축하여 간결하고 확실하게 정리할 수 있는 능력을 키울 수 있는 내용이었습니다. 덕분에 저처럼 패턴에 대해 소극적인 마음가짐을 가진 사람도 거부감 없이 읽을 수 있었고 스스로에게도 도움이 많이 되었습니다.

제가 말이 많은 터라 앞선 내용이 길지 않았나 걱정도 드네요. 개발자가 된 계기에 대한 스토리는 역시 생략하는 게 정답이었나봅니다. 마지막으로 감사의 말씀을 드리며 마치려 합니다. 먼저, 한빛미디어와 다리를 이어주신 박찬성 님께 감사드립니다. 번역에 대한 결심을 다져주신 한빛앤 서현 님께도 감사 인사를 전합니다. 그리고 저를 믿고 끝까지 기다려주신 한빛미디어 김종찬 편집자님께도 큰 감사를 드립니다. 일하는 와중에도 번역하는 저를 배려해주신 이전 회사와 지금 회사 동료 분들께도 깊은 감사의 말씀을 드립니다. 언제나 곁에서 응원의 박수와 위로의 말을 전하는 예현이에게도 항상 고맙다는 말을 전하며, 이 책을 읽으시는 여러분 모두 무궁한 발전을 기원합니다.

윤창식

10여 년 전 이 도서의 1판인 『Learning JavaScript Design Patterns』(O'reilly, 2012)[01]를 집필한 이후로도 자바스크립트 생태계는 꾸준히 발전해 왔습니다. 당시 대규모 웹 애플리케이션을 개발하고 있던 저는 자바스크립트 코드에 구조와 체계가 부족해 애플리케이션을 유지하고 확장하기가 어렵다는 것을 알게 되었습니다.

지금의 웹 개발 환경은 급격하게 변화했습니다. 자바스크립트는 세계에서 인기 있는 프로그래밍 언어 중 하나가 되었고 간단한 스크립트부터 복잡한 웹 애플리케이션에 이르기까지 널리 사용되고 있습니다. 자바스크립트는 모듈, 프로미스Promise, 비동기Async/await 등을 업데이트하며 발전해 왔고, 이는 애플리케이션을 설계하는 방식에 지대한 영향을 끼쳤습니다. 또한 리액트 컴포넌트를 작성할 때도 유지보수성을 고려하는 방법에 영향을 끼치기도 했습니다. 그리하여 새로운 변화에 필요한 최신 패턴이 필요하게 되었습니다.

리액트React, Vue.js, 앵귤러Angular와 같은 라이브러리와 프레임워크가 등장함에 따라 개발자들은 어느 때보다도 더 복잡한 애플리케이션을 구축할 수 있게 되었습니다. 이러한 자바스크립트와 웹 애플리케이션 개발의 변화를 따라가기 위해선 업데이트된 버전의 『Learning JavaScript Design Patterns』가 필요하다는 사실을 깨달았습니다.

이전 판보다 한층 더 업그레이드된 『자바스크립트 + 리액트 디자인 패턴』에서는 자바스크립트와 리액트에 적용할 수 있는 최신 디자인 패턴을 소개합니다. 20가지 이상의 디자인 패턴을 다루며, 이 패턴들은 유지보수와 확장에 주요한 역할을 합니다. 여기에 더해 디자인 패턴뿐만 아니라 최신 웹 애플리케이션에서 빼놓을 수 없는 렌더링과 성능 패턴에 대해서도 다룹니다.

01 1판은 국내 미출간 도서입니다.

1판에서는 모듈, 관찰자Observer, 중재자Mediator 패턴 같은 전통적인Classical 디자인 패턴에 중점을 두었습니다. 현재에도 유효한 패턴이기는 하지만, 지난 10년간 웹 개발 생태계는 크게 발전하였고 여러 새로운 패턴이 나타났습니다. 따라서 이번 버전에서는 프로미스Promise, 비동기Async/await, 최신 모듈 패턴처럼 새롭게 나타난 패턴을 다룹니다. 또한 MVC, MVP, MVVM 같은 아키텍처 패턴을 다루며, 이러한 아키텍처 패턴이 최신 프레임워크와 잘 어울리는지에 대해서도 살펴봅니다.

오늘날의 개발자는 각 라이브러리나 프레임워크에 특화된 디자인 패턴에 익숙합니다. 그러므로 이 책에서는 리액트의 거대한 생태계와 새로운 자바스크립트 문법을 활용하여 프레임워크와 라이브러리를 사용하는 방법의 모범 사례와 패턴을 제공합니다. 전통적인 디자인 패턴과 더불어, 최신 리액트 디자인 패턴인 Hooks, 고차 컴포넌트High-Order Components, 렌더링 Props 패턴에 대해서도 다룹니다. 이러한 패턴들은 리액트에 특화되어 있으며, 리액트처럼 인기 있는 프레임워크로 웹 애플리케이션을 구축하는 데에 있어서 필수적입니다.

이 책이 디자인 패턴에 대한 책이지만, 패턴만 다루지는 않습니다. 패턴을 사용하는 모범 사례에 대해서도 다루고 있습니다. 코드의 구성, 성능, 렌더링처럼 좋은 웹 애플리케이션을 개발할 때 필요한 주제에 대해서도 다루고 있습니다. 이 책을 통해 동적 가져오기Dynamic Imports, 코드 스플리팅Code Splitting, 서버 사이드 렌더링Server-side Rendering, 하이드레이션Hydration, 아일랜드 아키텍처Island Architecture를 배워 빠르고 반응성이 뛰어난 웹 애플리케이션을 만들 수 있습니다.

책을 다 읽을 때쯤이면, 디자인 패턴에 대한 깊은 이해와 함께 어떻게 패턴을 자바스크립트 코드와 리액트 애플리케이션에 적용할지 파악하는 능력을 갖게 될 것입니다. 또한 어떤 패턴이 최신 웹에 적용하기 좋은지 판별할 수 있을 것입니다. 이 책은 그저 패턴을 소개하는 것에 그치지 않고, 좋은 웹 애플리케이션을 개발하는 방법도 소개하고 있으므로 유지보수와 확장이 용이한 코드를 작성하는 방법과 코드의 성능을 개선하는 방법을 알게 될 것입니다.

이 책의 구성

이 책은 15개의 장으로 구성되어 있습니다. 순서대로 자바스크립트의 최신 패턴, 추가된 기능, 리액트 특화 패턴을 다루게 됩니다. 각 장은 이전 장을 기반으로 하고 있으므로, 지식을 점차 확장해 나가는 효율적인 구성을 따르고 있습니다.

Chapter 1	**디자인 패턴 소개**: 디자인 패턴의 역사와 프로그래밍 업계에서 디자인 패턴이 갖는 의미에 대해 알아봅니다.
Chapter 2	**패턴성 검증, 프로토 패턴 그리고 세 가지 법칙**: 디자인 패턴을 평가하고 개선하는 과정에 대해 알아봅니다.
Chapter 3	**패턴 구조화 및 작성**: 잘 작성된 패턴의 구조와 패턴을 만드는 방법에 대해 알아봅니다.
Chapter 4	**안티 패턴**: 안티 패턴이 무엇인지, 피하는 방법이 무엇인지에 대해 알아봅니다.
Chapter 5	**최신 자바스크립트 문법과 기능**: 최신 자바스크립트 기능과 디자인 패턴에 미치는 영향에 대해 알아봅니다.
Chapter 6	**디자인 패턴의 유형**: 디자인 패턴의 다양한 유형인 생성, 구조, 행위 패턴에 대해 알아봅니다.
Chapter 7	**자바스크립트 디자인 패턴**: 자바스크립트의 20가지 전통적인 디자인 패턴과 변형된 최신 모범 사례에 대해 알아봅니다.
Chapter 8	**자바스크립트 MV* 패턴**: MVC, MVP, MVVM과 같은 아키텍처 패턴이 최신 웹 개발에서 가지는 의미에 대해 알아봅니다.

Chapter 9	**비동기 프로그래밍 패턴**: 자바스크립트에서 비동기 프로그래밍이 가지는 강점과 비동기 프로그래밍을 다루는 다양한 패턴에 대해 알아봅니다.
Chapter 10	**모듈형 자바스크립트 디자인 패턴**: 자바스크립트 코드를 체계화하고 모듈화하는 패턴에 대해 알아봅니다.
Chapter 11	**네임스페이스 패턴**: 자바스크립트의 전역 네임스페이스 오염을 피하는 여러 기법에 대해 알아봅니다.
Chapter 12	**리액트 디자인 패턴**: 고차 컴포넌트, 렌더링 Props, Hooks와 같은 리액트 특화 패턴에 대해 알아봅니다.
Chapter 13	**렌더링 패턴**: 클라이언트 사이드 렌더링, 서버 사이드 렌더링, 하이드레이션, 아일랜드 아키텍처 같은 다양한 렌더링 패턴에 대해 알아봅니다.
Chapter 14	**리액트 애플리케이션 구조**: 좋은 체계, 유지보수성, 확장 가능성을 가진 리액트 애플리케이션을 구축하는 방법에 대해 알아봅니다.
Chapter 15	**결론**: 핵심 내용과 마지막 결론으로 마무리합니다.

책 전반에 걸쳐 패턴과 개념을 설명하기 위한 실용적인 예제가 포함되어 있습니다. 이를 통해 웹 개발 경력에 상관없이 유지보수와 확장이 용이한 최신 웹 애플리케이션을 개발하기 위한 지식과 도구를 얻을 수 있습니다. 부디 이 책이 여러분이 가진 기술을 발전시켜 멋진 웹 애플리케이션을 개발하는 데에 도움이 되길 바랍니다.

이 책의 보충 자료

보충 자료(코드 예제, 연습 문제 등)는 *https://github.com/addyosmani/learning-jsdp*에서 다운로드할 수 있습니다.

CONTENTS

CHAPTER

01

디자인 패턴 소개

좋은 코드는 후임 개발자에게 보내는 러브레터와도 같다!

디자인 패턴은 코드를 체계화하기 위한 공통적인 패턴을 제공해 코드를 쉽게 이해하도록 돕고, 다른 개발자와의 의사소통을 원활하게 해줍니다. 또한 디자인 패턴에 대한 지식은 요구사항 속에서 반복되는 주제를 파악하여, 이에 적절한 솔루션으로 이끌어줍니다. 이전에 비슷한 문제를 마주하여 최적화된 방법으로 풀이해 낸 사람들의 경험에 기댈 수도 있습니다. 디자인 패턴은 유지보수가 쉬운 코드를 작성하거나 리팩터링할 수 있는 길을 열어준다는 점에서 굉장히 중요합니다.

자바스크립트는 서버와 클라이언트, 모든 곳에서 활용되는 최신 웹 개발의 중심입니다. 이 책에 이전 버전[01]에서는 자바스크립트 생태계에서 널리 사용되는 몇 가지 유명한 디자인 패턴에 초점을 맞췄었습니다. 그러나 지난 수년간, 자바스크립트는 기능이나 문법 면에서 눈부신 발전을 보여주었습니다. 이제 자바스크립트는 모듈modules, 클래스class, 화살표 함수arrow function, 템플릿 리터럴template literal 등 이전에는 없던 기능을 지원합니다. 또한 많은 웹 개발자를 편하게 만들어주는 최신 라이브러리와 프레임워크도 많이 생겨났습니다. 그렇다면 현재의 자바스크립트 생태계에서 디자인 패턴은 과연 어떤 의미일까요?

기본적으로 디자인 패턴은 어딘가에 얽매이거나, 어느 한 언어에 국한되지 않는다는 점이 중요합니다. 사용하기 적합한 상황이라고 해서 반드시 적용할 필요는 없습니다. 마치 자료구조나 알고리즘처럼, 최신 프로그래밍 언어에 고전적인classic 디자인 패턴을 적용할 수도 있습니다. 물론 자바스크립트도 예외는 아닙니다. 어쩌면 최신 프레임워크나 라이브러리는 이미 잘 작성되어 이러한 디자인 패턴이 필요하지 않을 수도 있습니다. 반대로 어떤 프레임워크에서는 특정 패턴을 사용해야만 할 수도 있습니다.

새롭게 구성된 이 책에서는 디자인 패턴에 대한 실용적인 접근 방식을 다룹니다. 특정 패턴이 특정 기능에 적합한 이유와 최신 자바스크립트 생태계에서 디자인 패턴이 가지는 중요도를 살펴볼 것입니다.

---

01 『Learning JavaScript Design Patterns』(O'Reilly Media, 2012)(국내 미출간) *https://www.oreilly.com/library/view/learning-javascript-design/9781449334840/*

자바스크립트 애플리케이션이 점점 더 자연스러운 상호작용을 지원하기 위해 많은 양의 코드가 필요하게 되면서, 자바스크립트는 성능에서 뒤떨어진다는 비판을 계속 받아왔습니다. 이에 개발자들은 자바스크립트를 최적화할 수 있는 새로운 디자인 패턴을 꾸준히 찾아왔죠. 이 책에서는 개선된 디자인 패턴을 중점적으로 다룹니다. 또한 리액트가 지배하는 시대의 흐름에 맞춰 리액트 Hooks와 고차 컴포넌트Higher Order Component(HOC)처럼 프레임워크에 특화된 디자인 패턴에 대해서도 다룰 것입니다.

우선 디자인 패턴의 역사와 중요성에 대해 알아보도록 하겠습니다. 이미 알고 있는 내용이라면 다음 절을 보지 않고 바로 1.2 '패턴이란 무엇인가'로 건너뛰어도 좋습니다.

1.1 디자인 패턴의 역사

디자인 패턴은 크리스토퍼 알렉산더Christopher Alexander[02]라는 건축가의 초창기 작품으로 거슬러 올라갑니다. 이 건축가는 종종 디자인 문제를 해결한 경험이 건물과 도시에 어떻게 연관이 있는지 글을 썼습니다. 어느 날 알렉산더는 특정 디자인 구조를 반복해서 사용하면 최적의 효과를 얻을 수 있다는 사실을 깨달았습니다.

알렉산더는 사라 이시카와Sara Ishikawa와 머레이 실버스타인Murray Silverstein이라는 두 명의 건축가와 협력하여 패턴 언어를 탄생시켰습니다. 이 패턴 언어는 규모에 상관없이 설계와 구현을 원하는 모두에게 도움이 될 발명품이었습니다. 이는 1977년에 「A Pattern Language」라는 논문으로 발표되어, 나중엔 책으로 출간[03]되었습니다.

1990년 무렵, 소프트웨어 엔지니어들은 초보자를 위한 디자인 패턴 문서의 첫 장에 알렉산더의 원칙들을 담기 시작했습니다. 비록 디자인 패턴에 대한 개념은 아직 체계화된 형태를 잡지 못했지만, 개발 업계의 초창기부터 사용되어 왔다는 점이 중요합니다.

에리히 감마Erich Gamma, 리차드 헬름Richard Helm, 랄프 존슨Ralph Johnson, 존 블리시드John Vlissides가

02 https://en.wikipedia.org/wiki/Christopher_Alexander

03 https://global.oup.com/academic/product/a-pattern-language-9780195019193

저술한 『GoF의 디자인 패턴』(프로텍미디어, 2015)[04]은 1995년에 출간된 디자인 패턴에 대한 책으로, 소프트웨어 엔지니어링 분야에서 최초이자 가장 상징적인 저서입니다. 현재까지도 이 4명은 GoF(Gang of Four)라고 불리고 있습니다.

GoF의 저서[05]는 개발 분야에서 디자인 패턴에 대한 개념을 발전시키는 데 지대한 공헌을 했습니다. 이들의 저서에서는 여러 개발 기법과 유의점에 관해 설명하며, 오늘날 전 세계적으로 자주 사용되는 23가지의 핵심 객체 지향 디자인 패턴을 소개합니다. 이러한 패턴은 6장에서 더 자세히 설명하고 있으며, 7장에서 설명할 내용의 기초가 되기도 합니다.

1.2 패턴이란 무엇인가

패턴이란 소프트웨어 설계에서 반복되는 문제와 주제에 적용할 수 있는 재사용 가능한 템플릿을 뜻합니다. 다른 프로그래밍 언어와 마찬가지로, 자바스크립트로 웹 애플리케이션을 개발할 때 여러 상황에서 유용하게 사용할 수 있습니다.

디자인 패턴이 개발자들에게 유용한 이유는 다음과 같습니다.

- **검증되었다**

  패턴은 앞서간 개발자들의 경험과 통찰의 산물입니다. 또한 소프트웨어 개발의 특정 문제를 해결하기 위해 오랜 시간 동안 검증된 효과적인 접근 방식입니다.

- **쉽게 재사용할 수 있다**

  패턴은 독창적인 솔루션을 제공하며 사용자의 요구에 맞춰 적용할 수도 있습니다. 이는 매우 강력한 특징입니다.

---

04 https://www.oreilly.com/library/view/design-patterns-elements/0201633612

05 옮긴이_ https://ko.wikipedia.org/wiki/디자인_패턴_(책)

- **알아보기 쉽다**

  패턴은 정해진 구조와 **공통 표현**vocabulary을 사용하여 광범위한 문제에 대해 정교한 솔루션을 제공할 수 있습니다.

패턴의 이점은 더 있습니다.

- **개발 과정에서 사소한 실수로 인해 생길 수 있는 큰 문제를 방지한다**

  정해진 패턴을 사용하여 코드를 작성하면 코드 구조가 잘못될 염려를 덜고, 개발에 집중할 수 있습니다. 패턴을 사용하면 보다 구조적이고 체계적인 코드를 자연스럽게 작성할 수 있으므로 나중에 다시 리팩터링하는 상황을 피할 수 있습니다.

- **특정 문제에 국한되지 않은 종합적인 해결책을 제시한다**

  애플리케이션의 형태 또는 언어에 상관없이 적용해 코드 구조를 개선할 수 있습니다.

- **반복을 피함으로써 전체 코드의 양을 줄일 수 있다**

  디자인 패턴을 사용하면 개발자들은 더 꼼꼼하게 중복을 줄일 수 있습니다. 예를 들어, 일반화된 함수를 사용하여 비슷한 작업을 수행하는 여러 함수를 줄이고 코드의 양도 줄일 수 있습니다. 이를 통해 불필요한 **코드의 반복을 피할 수 있습니다(DRY[06]).**

- **공통된 어휘를 사용하여 의사소통이 원활해진다**

  팀원과 소통할 때, 디자인 패턴 커뮤니티에서 토론할 때, 나중에 유지보수할 때 패턴을 참고하여 이야기할 수 있습니다.

- **인기 있는 디자인 패턴은 커뮤니티의 선순환을 유발한다**

  어떤 경우에는 완전히 새로운 디자인 패턴이 만들어지기도 하고, 기존의 패턴을 개선하는 방법으로 이어지기도 합니다. 이러한 선순환 구조를 통해 패턴 기반 솔루션들은 점점

---

06 옮긴이_ 'Don't Repeat Yourself' 의 줄임말입니다. 반복하지 말라는 뜻입니다.

더 견고해질 수 있습니다.

> **NOTE** 패턴은 완벽한 해결책이 아닙니다. 패턴은 단지 체계화된 방법을 제시하는 것뿐입니다. 패턴은 설계에 관한 모든 문제를 해결해주지 않으며, 뛰어난 소프트웨어 설계자를 대체할 수도 없습니다. 따라서 좋은 패턴을 선택하려면 좋은 설계자가 여전히 필요합니다.

1.3 디자인 패턴의 일상 활용 사례

리액트를 사용해 본 적이 있다면 공급자 패턴Provider Pattern을 접해 보셨을 것입니다. 접해 보지 않았다고 해도, 아마도 다음과 같은 상황을 겪어보셨을 수도 있습니다.

웹 애플리케이션의 컴포넌트 트리는 사용자 정보나 접근 권한 같은 인증 혹은 권한과 관련된 데이터를 공유해야 하는 경우가 많습니다. 기존 자바스크립트에서는 루트 컴포넌트에 이러한 데이터를 저장한 뒤에 상위에서 하위 컴포넌트로 전달하곤 했습니다. 컴포넌트의 계층 구조가 깊어지고, 중첩이 많아지면 데이터는 안쪽 끝까지 들어가게 되어 프롭 드릴링Prop Drilling[07]을 초래하게 됩니다. 이렇게 되면 해당 데이터를 사용하는 모든 하위 컴포넌트에 프로퍼티 설정과 전달이 반복되어 유지보수가 어려운 코드가 만들어지게 됩니다.

리액트와 다른 여러 프레임워크는 **공급자 패턴**을 사용해 이런 프롭 드릴링 문제를 해결합니다.

리액트의 Context API를 사용하면 컨텍스트 공급자context provider를 통해 상태나 데이터를 여러 컴포넌트로 한 번에 전달할 수 있습니다. 공유되는 데이터가 필요한 하위 컴포넌트는 컨텍스트 소비자context consumer나 `useContext` Hook을 사용하여 쉽게 공급자의 데이터에 접근할 수 있습니다.

공급자 패턴은 흔히 볼 수 있는 문제를 해결하는 디자인 패턴의 훌륭한 예시입니다. 이제부터 이런 패턴을 비롯해 많은 디자인 패턴을 자세히 다룰 것입니다.

07 옮긴이_ 부모 컴포넌트로부터 자식 컴포넌트에 이르기까지 여러 계층을 통해 prop(속성)을 전달하는 과정을 의미합니다.

1.4 마치며

최신 자바스크립트 환경에서 디자인 패턴의 중요성에 대해 소개했으니 이제 자바스크립트 디자인 패턴을 익히는 데에 집중할 수 있겠습니다. 자바스크립트 디자인 패턴을 본격적으로 다루기 전에, 이어질 몇 장에서는 패턴의 구조화 및 분류와 안티 패턴anti-pattern을 알아보는 방법에 대해 다룹니다. 먼저 다음 장에서 '프로토 패턴proto-pattern'에 대해 살펴봅시다.

CHAPTER

02

패턴성 검증, 프로토 패턴 그리고 세 가지 법칙

새로운 패턴은 제안되는 순간부터 널리 채택되기까지 커뮤니티와 개발자의 여러 차례에 걸친 심사를 받아야 합니다. 이번 장에서는 새로 도입된 '프로토 패턴proto-pattern'이 패턴성 검증pattern-ity test을 거치고 **세 가지 법칙**the rule of three을 충족해 디자인 패턴으로서 인정받기까지의 과정을 설명합니다.

이번 장과 다음 장에서는 새롭게 등장하는 디자인 패턴을 구조화하고, 작성하고, 제시하고, 검토하는 방법에 대해 살펴봅니다. 이미 검증된 디자인 패턴을 먼저 배우고 싶다면 이후 두 장은 건너뛰어도 됩니다.

2.1 프로토 패턴이란?

어떠한 알고리즘, 모범 사례 또는 솔루션이 완전한 패턴이 아닐 수도 있다는 점을 명심하세요. 몇 가지 핵심 요소가 빠져있을 수 있습니다. 패턴 커뮤니티도 기본적으로 포괄적이고 엄격한 평가 없이 패턴이라고 주장하는 것을 가급적 지양합니다. 따라서 패턴의 기준을 갖춘 것처럼 보여도 철저한 조사와 검증을 거치기 전까지는 패턴으로 간주해서는 안 됩니다.

알렉산더의 말을 다시 되짚어 보자면, 패턴은 '과정'인 동시에 '결과'라고 했습니다. '과정'이 '결과'를 만든다는 점에서 일반적인 생각으로는 이해하기 힘든 말입니다. 그래서 이를 이해하기 위해 패턴은 주로 시각적으로 알아볼 수 있는 구조를 다루는 데 집중합니다. 패턴을 실제로 적용했을 때 나타나는 구조를 시각적으로 표현할 수 있어야 합니다.

2.2 패턴성 검증

디자인 패턴을 공부하면서 '프로토 패턴'이라는 말을 자주 접하게 될 것입니다. 그렇다면 프로토 패턴은 무엇일까요? 프로토 패턴이란 아직 '패턴성' 검증을 모두 통과하지 않은 미숙한 패턴을 뜻합니다. 이러한 프로토 패턴은 개인의 뛰어난 작업물로부터 비롯될 수 있지만, 이제 막 새롭게 나타난 패턴은 아직 커뮤니티의 충분한 검토를 받을 기회가 없었을 것입니다.

혹은 이러한 개인들이 패턴성 검증에 관심이 없을 수도 있습니다. 그 대신 간단한 설명을 덧붙여 공개하는 경우도 있는데 이러한 설명이나 코드 조각들을 **패틀릿**patlet이라고 합니다.

검증된 패턴을 한데 모아 문서화하는 작업은 상당히 귀찮은 일입니다. 대신 디자인 패턴 분야의 초창기 작업물에 기반하여, 다음과 같은 특징을 가지고 있으면 '좋은' 패턴으로 간주할 수 있습니다.

- **특정 문제를 해결할 수 있다**

  패턴은 단순 원리나 방법만을 담고 있어서는 안 됩니다. 문제를 해결할 수 있어야 합니다. 좋은 패턴이 되기 위한 가장 필수적인 요소입니다.

- **명쾌한 해결책이 없다**

  문제 해결 기법은 잘 알려진 기본 원칙에서 도출되는 것이 좋습니다. 그러나 최고의 디자인 패턴은 대개 해결책을 간접적으로 제공하는데, 이는 까다로운 설계 문제를 풀어내는 데에 필수적인 방식입니다.

- **확실한 기능만을 말한다**

  디자인 패턴은 설명에 쓰인 대로 잘 작동해야 하며, 그렇지 않으면 사용을 진지하게 고려해 볼 수 없습니다. 만약 패턴이 추측에 의존해 작동한다면 용기 있는 사람만이 도전할 것입니다.

- **관계를 설명한다**

  때로는 패턴이 특정 모듈 유형을 설명하는 것처럼 보일 수도 있습니다. 하지만 구현 방식이 어떻게 보이든 간에 패턴의 공식 설명은 코드와의 관계를 나타내는 심층 구조와 메커니즘을 서술해야 합니다.

앞서 언급한 특징들이 없는 프로토 패턴은 배울 가치가 없다고 생각할 수도 있습니다만, 그렇지 않습니다. 실제로 많은 프로토 패턴은 충분히 훌륭합니다. 모든 프로토 패턴에 살펴볼 가치가 있다는 뜻은 아니지만, 향후 프로젝트에 도움이 될 유용한 패턴은 꽤 존재합니다. 위와 같은 특징을 염두에 두고 최선의 판단을 내린다면 선택 과정에 있어서 지장은 없을 것입니다.

2.3 세 가지 법칙

좋은 패턴이 되기 위해서는 반복되는 현상, 또는 문제에서 지속적으로 사용되어야 합니다. 반복성을 입증하려면 세 가지 법칙이라고 불리는 다음 질문에 답할 수 있어야 합니다.

- **목적 적합성**

  좋은 패턴은 어떻게 판단하나요?

- **유용성**

  좋은 패턴이라고 할 수 있는 이유가 무엇인가요?

- **적용 가능성**

  넓은 적용 범위를 가지고 있어 패턴이 될 가치가 있나요? 만약 그렇다면 왜 그런지 설명해야 합니다.

패턴을 검토하거나 정의할 때 이러한 세 가지 영역을 염두에 두는 것이 중요합니다.

2.4 마치며

이번 장에서 모든 프로토 패턴이 패턴으로써 인정되는 것은 아니라는 점을 알 수 있었습니다. 다음 장에서는 커뮤니티가 쉽게 이해하고 사용할 수 있도록 패턴을 설계 및 문서화하기 위한 필수 요소와 모범 사례에 대해 살펴보겠습니다.

CHAPTER

03

패턴 구조화 및 작성

새로운 아이디어의 성공 여부는 아이디어가 가진 실용성과 사용자에게 어떻게 전달되는지에 따라 결정됩니다. 따라서 개발자들이 디자인 패턴을 올바르게 이해하고 채택할 수 있도록, 관련 맥락이나 상황, 사전 요구 사항 및 적절한 예제가 충분히 제공되어야 합니다. 이번 장에서는 패턴을 어떻게 구조화하고 작성하는지에 대해 배웁니다. 특정 패턴을 공부하려거나 새로운 패턴을 도입하려는 개발자에게 도움이 될 것입니다.

3.1 디자인 패턴의 구조

패턴 작성자 본인이 패턴의 사용 목적을 알 수 없다면 성공적인 패턴이라고 할 수 없습니다. 마찬가지로 패턴을 사용할 개발자도 관련된 배경지식을 가지고 있지 않다면 패턴을 제대로 이해하지 못한 채 사용하게 될 것입니다.

패턴의 작성자는 패턴의 설계, 구현 방법 및 목적을 설명해야 합니다. 먼저 다음의 관계성을 생각해 **규칙의 형태로 패턴을 제시합니다.**

- **컨텍스트** Context: 패턴이 적용되는 상황
- **집중 목표** System of Forces: 패턴을 적용할 때 고려해야 하는 목표
- **구성** Configuration: 제시된 상황과 고려해야 하는 점들을 해결하는 구성

이를 바탕으로 디자인 패턴의 구성 요소를 정리해 봅시다. 디자인 패턴은 다음과 같은 요소를 포함해야 하는데, 첫 다섯 가지 요소가 가장 중요합니다.

이름

패턴의 목적을 드러내는 이름이어야 합니다.

설명

패턴이 무엇을 해결할 수 있는지에 대한 간단한 설명이 있어야 합니다.

▪— **컨텍스트 개요**

패턴이 사용자의 요구에 부합하는지에 대한 설명이 있어야 합니다.

▪— **문제 제시**

패턴을 만든 의도를 알 수 있도록 문제를 제시해야 합니다.

▪— **해결 방법**

이해하기 쉬운 단계와 개념을 통해 문제가 어떻게 해결되는지에 대한 설명이 있어야 합니다.

▪— **설계 내용**

패턴의 설계와 사용자가 어떻게 사용할 수 있는지에 대한 설명이 있어야 합니다.

▪— **구현 방법**

패턴을 구현하는 방법에 대한 지침이 있어야 합니다.

▪— **시각적 설명**

다이어그램처럼 패턴을 나타내는 시각적 설명이 있어야 합니다.

▪— **예제**

패턴을 구현한 예시가 있어야 합니다.

▪— **필수 연계**

해당 패턴과 함께 사용하면 좋은 패턴에 대한 내용이 있어야 합니다.

▪— **관계성**

다른 패턴과의 관계 및 유사점에 대한 내용이 있어야 합니다.

알려진 용도

업계에서 이미 쓰이던 패턴인지에 대한 설명이 있어야 합니다.

토론

해당 패턴의 이점에 대한 사람들의 의견이 있어야 합니다.

3.2 모범 패턴

디자인 패턴의 구조와 만들어진 목적을 이해하면 해당 패턴이 필요한 이유에 대해 더 깊게 이해할 수 있습니다. 또한 패턴이 사용자의 요구사항을 잘 반영하는지 평가하는 데에도 도움이 됩니다.

좋은 패턴은 사용자에게 충분한 참고 자료를 제공해야 합니다. 아울러 왜 이 패턴이 필요한지에 대한 근거를 제공해야 합니다.

패턴에 대한 개념을 알고 있다고 해서 패턴을 쉽게 알아볼 수는 없습니다. 작성한 코드가 정해진 패턴을 따르는 것인지 아니면 우연하게도 특정 패턴과 닮아있는 것인지 알기란 힘든 일입니다.

코드가 어떠한 패턴을 사용하는 것 같으면 해당 코드의 특징을 메모해 보세요. 어쩌면 특정 패턴을 우연히 사용하고 있는 것일지도 모릅니다.

TIP 어떠한 상호작용이나 정해진 규칙이 보이지 않으면 패턴이 아닙니다.

패턴은 계획 및 작성 단계에서 초기 비용이 많이 들 수도 있지만, 그 투자로 얻을 수 있는 가치가 큽니다. 조직이나 팀의 모든 개발자가 동일한 지식을 공유하고 작업할 수 있기 때문에 패턴은 중요합니다. 더불어, 패턴을 사용하고 싶다면 처음부터 직접 만들기보다는 이미 존재하는 검증된 패턴을 찾아보는 게 더 좋은 방법입니다.

3.3 패턴 작성하기

디자인 패턴을 직접 개발하려고 한다면 이미 잘 만들어진 다른 패턴을 참고하는 것이 좋습니다. 여러 디자인 패턴의 설명을 보고 정보를 얻으면서 자신의 패턴에는 어떤 것이 중요한지 찾아보세요. 올바른 구성을 가진 패턴의 원칙을 살펴보며 상호작용과 문맥에 대해 조사하면 패턴의 구조와 의미에 대해 알 수 있습니다.

패턴을 작성하거나 개선하고 싶을 때 **이미 존재하는** 패턴을 활용할 수 있습니다. 이에 대한 예시로, 크리스티안 하일만Christian Heilmann이라는 사람은 기존에 존재하던 **모듈** 패턴Module pattern[01]을 참고하여 7.4 '노출 모듈 패턴'에서 획기적인 개선을 이루어 냈습니다.

새로운 디자인 패턴을 만들거나 기존 디자인 패턴을 적용하려는 경우 다음 체크 리스트를 참고하면 좋습니다.

- **얼마나 실용적인가?**

  검증되지 않은 추측성 해결책이 아니라 반복되는 문제에 대한 해결책을 제시하는지 확인하세요.

- **모범 사례를 염두에 두세요**

  디자인 패턴의 설계는 모범 사례를 이해하여 도출해 낸 원칙에 기반해야 합니다.

- **사용자에게 솔직해야 합니다**

  사용자 경험에 완전히 솔직해야 합니다. 디자인 패턴은 사용자를 위한 것이며 예상되는 사용자 경험을 맘대로 바꿔서는 안 됩니다.

- **독창성은 패턴 설계의 핵심이 아닙니다**

  패턴의 최초 발견자가 될 필요도 없고, 다른 패턴과 조금 겹치는 부분이 있어도 상관없습니다. 넓게 적용할 수 있는 패턴이라면 유용한 패턴으로 인정받을 수 있습니다.

---

01 [그림 7-2] 참고

- **훌륭한 예시가 필요합니다**

  좋은 패턴의 설명에는 패턴의 올바른 적용 방법을 보여주는 효과적인 예시를 포함해야 합니다. 폭넓은 적용 방법을 보여주기 위해서는 올바른 설계 원칙을 적용하는 게 좋습니다.

패턴을 작성한다는 것은 범용성과 구체성, 무엇보다도 유용성 사이에서 세심한 균형을 유지한다는 것을 뜻합니다. 패턴을 작성할 때는 가능한 모든 분야를 다룰 수 있도록 하세요.

앞으로 패턴을 작성할지 안 할지는 모르지만 디자인 패턴을 작성하는 방법을 통해 다음 장의 디자인 패턴을 이해하는 데에 도움이 되는 통찰력을 얻으셨기를 바랍니다.

3.4 마치며

이번 장에서는 '좋은' 패턴에 대해 알아보았습니다. 하지만 '나쁜' 패턴을 알고 피하는 것도 중요한 일입니다. 다음 장에서는 '안티 패턴'에 대해 알아보겠습니다.

CHAPTER

04

안티 패턴

엔지니어로서 가끔은 마감 기한에 쫓기거나 코드 검토 없이 패치를 해야 하는 경우가 생기기도 합니다. 이럴 때 코드를 신중하게 작성하지 않아 자칫하면 **안티 패턴**anti-pattern을 유발할 수도 있습니다. 이번 장에서는 안티 패턴이란 무엇이며, 안티 패턴을 이해하고 판별하는 것이 왜 필요한지에 대해 설명합니다. 또한 자바스크립트에서 볼 수 있는 대표적인 안티 패턴 유형도 함께 살펴볼 것입니다.

4.1 안티 패턴이란?

디자인 패턴이 모범 사례라면, 안티 패턴은 잘못된 패턴을 뜻합니다. 안티 패턴이라는 용어는 앤드루 케이니그Andrew Koenig가 GoF의 저서인 『GoF의 디자인 패턴』(프로텍미디어, 2015)에서 영감을 받아 1995년에 집필한 학술지인 「Journal of Object-Oriented Programming, Volume 8」[01]에서 처음 쓰였습니다. 앤드루 케이니그는 안티 패턴을 다음과 같이 묘사했습니다.

> 안티 패턴은 겉으로만 해결책처럼 생긴 패턴을 뜻합니다.

케이니그는 안티 패턴에 대한 두 가지 개념을 제시했습니다.

- 문제 상황에 대한 잘못된 해결책
- 문제 상황에서 벗어나 올바른 해결책에 이르는 방법

또한, 알렉산더는 안티 패턴에 대해 좋은 설계 구조와 좋은 컨텍스트 사이에서 균형을 유지하는 어려움에 대해 다음과 같이 말했습니다.

> 이 노트는 설계 과정, 즉 기능에 따라 새로운 물리적 질서, 조직, 형태를 보여주는 물리적 사물을 발명하는 과정에 관한 것입니다. (...) 모든 설계 문제는 두 개의 개체 간의 조화를 추구하려는 노력에서 시작됩니다. 예를 들어, 문제의 솔루션인 형태와 문제를 정의하는 컨텍스트 사이처럼 말입니다.

---

01 *https://oreil.ly/Megyr*

안티 패턴을 이해하는 것은 디자인 패턴을 아는 것만큼이나 중요합니다. 그 이유를 살펴봅시다. 애플리케이션을 만들 때 프로젝트의 라이프사이클은 개발과 함께 시작됩니다. 이 단계에서 어떤 **좋은** 디자인 패턴이 프로젝트에 적합할지 선택하게 될 것입니다. 그러나 초기 설정 단계는 금방 지나고, 어느새 유지보수 단계가 오게 됩니다.

운영 중인 애플리케이션을 유지보수하기란 특히 어려운 일입니다. 운영 중인 애플리케이션에 익숙하지 않은 개발자가 실수로 **나쁜** 디자인 패턴을 도입할 수도 있습니다. 이러한 **나쁜** 디자인 패턴이 안티 패턴이라는 것을 빠르게 인지할 수 있다면 개발자는 패턴을 잘못 도입하는 실수를 피할 수 있을 것입니다. 디자인 패턴에 대한 지식이 있다면 업계에서 **유명하고 유용한** 표준 기술이 무엇인지 알 수 있다고 하는 것과 비슷한 맥락입니다.

애플리케이션의 품질은 팀의 기술 레벨과 투자한 시간에 따라 **좋아질 수도, 나빠질 수도** 있습니다. 여기서 **좋고 나쁨**은 상황에 따라 결정되며, 소위 '완벽한' 설계도 잘못된 상황에서 사용된다면 안티 패턴이 될 수 있습니다.

요약하자면, 안티 패턴은 반면교사로 활용하기 위해 문서화하여 기록해야 하는 나쁜 디자인 패턴입니다.

4.2 자바스크립트 안티 패턴

개발자는 가끔 신속한 구현을 위해 임시방편을 선택하기도 합니다. 그러나 이러한 임시방편은 영구적으로 이어지는 경향이 있으며, 결국 기술 부채가 되어 안티 패턴이 되곤 합니다. 자바스크립트는 느슨한[02] 타입 언어이기 때문에 특히 이런 경향이 두드러집니다. 그동안 자바스크립트를 사용하며 마주했을 수도 있는 안티 패턴의 예시를 소개해 드리겠습니다.

- 전역 컨텍스트에서 수많은 변수를 정의하여 전역 네임스페이스를 오염시키기.
- `setTimeout` 이나 `setInterval` 에 함수가 아닌 문자열을 전달해서 내부적으로 `eval()` 실행되게 하기.

---

02 옮긴이_ 변수에 저장된 값의 자료형을 명확하게 정의하지 않아도 된다는 의미입니다. 개발 과정에서 편리할 수는 있지만, 예상치 못한 오류를 발생시킬 가능성이 높아집니다.

- `Object` 클래스의 프로토타입을 수정하기(특히 나쁜 안티 패턴).
- 자바스크립트를 인라인으로 사용하여 유연성을 떨어뜨리기.
- `document.createElement` 대신 `document.write` 사용하기. `document.write`는 오랫동안 잘못 사용되어 왔으며, 여러 단점을 가지고 있습니다. 만약 페이지가 로드된 뒤에 실행된다면 기존 페이지의 내용을 덮어씌우기 때문에 `document.createElement`가 더 적합하며, 이곳[03]에서 해당 예시를 볼 수 있습니다. 또한 XHTML에서는 작동하지 않기 때문에 `document.createElement` 같은 DOM 친화적인 메서드를 사용하는 것이 좋습니다.

안티 패턴에 대해 아는 것은 매우 중요합니다. 안티 패턴을 알아볼 수 있게 된다면 코드를 리팩터링해 안티 패턴을 제거함으로써 제품의 품질을 단번에 끌어올릴 수 있습니다.

4.3 마치며

이번 장에서는 안티 패턴과 자바스크립트 안티 패턴의 예시를 살펴보았습니다. 다음으로 자바스크립트 디자인 패턴에 대해 자세히 알아보기 전에, 패턴과 관련이 있는 중요한 최신 자바스크립트 개념에 대해 짚고 넘어가야 합니다. 따라서 다음 장의 주제는 최신 자바스크립트 문법과 기능입니다.

---

03 *https://oreil.ly/kc1c0*

CHAPTER

05

최신 자바스크립트 문법과 기능

자바스크립트는 수십 년 동안 많은 발전을 이루었습니다. 앞으로 이 책에서는 최신 자바스크립트 생태계에서 사용되는 디자인 패턴을 살펴볼 것이며, 제공되는 모든 예제는 최신 ES2015 버전 이상의 자바스크립트 문법을 다룰 것입니다. 이번 장에서는 최신 디자인 패턴을 이해하기 위해 ES2015 버전 이상에서 지원하는 자바스크립트의 기능과 문법을 살펴보겠습니다.

NOTE ES2015 버전에서 특히 패턴과 관련해 몇 가지 중요한 문법의 변경이 있었습니다. 변경사항은 「BabelJS ES2015 guide」[01]문서에서 자세히 다루고 있습니다.

이 책은 최신 자바스크립트 문법을 사용합니다. 타입스크립트 Typescript에 대해서 조금 소개하자면, 타입스크립트는 자바스크립트에 없는 여러 기능과 정적 타입을 지원하는 상위 집합 superset 언어입니다. 예를 들어 타입스크립트는 디자인 패턴에 영향을 줄 수 있는 엄격한 타이핑 typing, 인터페이스 interface, 열거형 enums 및 향상된 타입 추론 등을 지원합니다. 타입스크립트에 대해 더 알고 싶으시다면 『Programming Typescript』(O'Reilly Media, 2019)[02]를 살펴보세요.

5.1 애플리케이션 분리의 중요성

모듈형 Modular 자바스크립트는 애플리케이션을 모듈 module이라는 단위로 쪼갤 수 있습니다. 모듈은 다른 모듈을 가져올 수 있으며, 이 모듈이 또 다른 모듈을 가져올 수도 있습니다. 따라서 애플리케이션은 여러 개의 중첩된 모듈로 구성될 수 있습니다.

확장 가능한 자바스크립트 생태계에서 애플리케이션이 **모듈형**이라는 것은 잘게 분리된 모듈로 구성되었음을 뜻합니다. 이렇게 이루어진 느슨한 결합은 **의존성**을 낮추어 애플리케이션의 유지보수를 용이하게 만듭니다. 또한 모듈을 이용해 애플리케이션을 효율적으로 구현하면 어느 한 부분의 변경이 다른 부분에 어떤 영향을 미칠 수 있을지 쉽게 확인할 수 있습니다.

다른 오래된 프로그래밍 언어와는 달리, ES5(「ECMA-262 5.1 표준 버전」[03]) 이전의 자바

01 *https://babeljs.io/docs/learn/*

02 *https://www.oreilly.com/library/view/programming-typescript/9781492037644/*

03 *https://262.ecma-international.org/5.1/*

스크립트는 모듈을 자연스럽게 가져오는 방법이 없었습니다. 이윽고 자바스크립트에 정교한 모듈 시스템이 필요해지자 문제가 발생하기 시작했고, 그로 인해 AMD Asynchronous Module Definition[04]와 CommonJS[05] 모듈은 초기 자바스크립트에서 모듈화를 구현하기 위해 가장 많이 사용된 패턴이 되었습니다.

이러한 문제를 해결하기 위해 ES6 및 ES2015[06]에서 모듈 관련 기능이 추가되었습니다. ECMAScript의 문법과 기능 정의를 담당하는 TC39[07] 표준 기구가 대규모 개발을 위한 자바스크립트의 진화 과정을 주시해 왔으며, 모듈형 자바스크립트의 작성을 위한 더 나은 기능의 필요성을 인지하고 있었기에 가능한 일이었습니다.

자바스크립트 모듈은 ES2015의 출시와 함께 표준화되었습니다. 오늘날 모든 주요 브라우저는 자바스크립트 모듈을 지원합니다. 모듈형 자바스크립트는 사실상 de facto 의 표준이 되었습니다. 이번 장에서는 ES2015 모듈의 문법을 사용하는 예시 코드를 살펴보겠습니다.

5.2 모듈 가져오기와 내보내기

모듈을 사용하면 각 기능에 맞는 독립적인 단위로 코드를 분리할 수 있습니다. 또한 모듈은 코드의 재사용성을 높여 다른 애플리케이션에도 같은 기능을 적용할 수 있게 합니다.

모듈형 언어가 되기 위해서는 의존성을 가진 모듈을 가져오고 import, 내보낼 export 수 있어야 합니다. 이에 자바스크립트 모듈(또는 ES 모듈)[08]은 ES2015부터 `import` 키워드를 통해 의존성을 가진 모듈을 가져올 수 있게 되었습니다. 마찬가지로 `export` 키워드를 통해 모듈을 내보낼 수 있게 되었습니다.

---

04 https://github.com/amdjs/amdjs-api/wiki/AMD

05 https://ko.wikipedia.org/wiki/CommonJS

06 https://262.ecma-international.org/6.0/

07 https://ko.wikipedia.org/wiki/ECMA스크립트

08 https://v8.dev/features/modules

- import문을 이용하면 내보내기된 모듈을 지역 변수로 가져올 수 있으며, 기존 변수명과의 충돌을 피하고자 이름을 바꿔서 가져올 수도 있습니다.
- export문을 이용하면 지역 모듈을 외부에서 읽을 수 있지만 수정할 수는 없도록 만들어줍니다. 그래서 직속 하위 모듈은 내보낼 수 있지만 다른 외부에서 정의된 모듈은 내보낼 수 없습니다. 또한 import문처럼 이름을 바꿔 내보낼 수 있습니다.

> **NOTE** .mjs는 모듈 파일과 기존 스크립트(.js)를 구분하기 위해 쓰이는 모듈 전용 확장자입니다. .mjs 확장자를 사용하여 런타임 및 빌드 도구(예: Node.js[09], Babel[10])에 모듈임을 알릴 수 있습니다.

다음 예제에서는 빵집 직원, 빵을 굽는 일, 빵집에 대한 세 가지 모듈을 볼 수 있습니다. 모듈에서 내보낸 기능을 다른 모듈에서 가져와 사용하는 방법을 확인해 봅시다.

```
// 파일명: staff.mjs
// =========================================
// 다른 모듈에서 사용할 모듈을 내보내기
export const baker = {
    bake(item) {
        console.log( `Woo! I just baked ${item}` );
    }
};

// 파일명: cakeFactory.mjs
// =========================================
// 의존 모듈 가져오기
import baker from "/modules/staff.mjs";

export const oven = {
    makeCupcake(toppings) {
        baker.bake( "cupcake", toppings );
    },
    makeMuffin(mSize) {
        baker.bake( "muffin", size );
    }
}
```

09 https://nodejs.org/api/esm.html#esm_enabling
10 https://babeljs.io/docs/options#sourcetype

```
// 파일명: bakery.mjs
// =========================================
import {cakeFactory} from "/modules/cakeFactory.mjs";
cakeFactory.oven.makeCupcake( "sprinkles" );
cakeFactory.oven.makeMuffin( "large" );
```

일반적으로 모듈 파일은 여러 함수, 상수 및 변수를 가지고 있습니다. 파일 끝부분에서 내보내고 싶은 모듈을 객체로 정리하여 하나의 export문으로 단번에 내보낼 수 있습니다.

```
// 파일명: staff.mjs
// =========================================
const baker = {
  //baker 관련 함수들
};
const pastryChef = {
  //pastry chef 관련 함수들
};
const assistant = {
  //assistant 관련 함수들
};

export { baker, pastryChef, assistant };
```

마찬가지로 사용할 모듈만을 가져오는 것도 가능합니다.

```
import {baker, assistant} from "/modules/staff.mjs";
```

<script> 태그에서 type에 모듈을 명시하여 브라우저에게 알릴 수 있습니다.

```
<script type="module" src="main.mjs"></script>
<script nomodule src="fallback.js"></script>
```

nomodule 속성은 브라우저에 모듈이 아님을 알려줍니다. 이 속성은 모듈 문법을 사용하지 않는 대체 스크립트에 유용하며 모듈을 지원하지 않는 브라우저에서도 기능이 제대로 작동할 수 있도록 합니다. 최신 브라우저는 최신 기능을 위한 폴리필polyfill이 필요하지 않지만, 레거시legacy 브라우저는 트랜스파일traspile된 코드가 필요하기에 대체 스크립트가 사용될 수 있습니다.

5.3 모듈 객체

모듈을 객체로 가져오면 모듈 리소스를 깔끔하게 가져올 수 있습니다. 이렇게 하면 객체 하나만으로 여러 곳에 사용할 수 있습니다.

```
// 파일명: cakeFactory.mjs

import * as Staff from "/modules/staff.mjs";

export const oven = {
    makeCupcake(toppings) {
       Staff.baker.bake( "cupcake", toppings );
    },
    makePastry(mSize) {
        Staff.pastryChef.make( "pastry", type );
    }
}
```

5.4 외부 소스로부터 가져오는 모듈

ES2015부터는 외부 소스에서 가져오는 원격 모듈(예: 서드 파티 라이브러리)을 쉽게 가져올 수 있게 되었습니다. 다음 예제는 미리 정의한 모듈을 가져와 활용하는 방법입니다.

```
import {cakeFactory} from "https://example.com/modules/cakeFactory.mjs";
// 미리 로드된 정적 가져오기

cakeFactory.oven.makeCupcake( "sprinkles" );
cakeFactory.oven.makeMuffin( "large" );
```

5.5 정적으로 모듈 가져오기

앞 예시에서 보여준 것은 정적 가져오기static import라고 합니다. 정적 가져오기는 메인 코드를 실행하기 전에 먼저 모듈을 다운로드하고 실행해야 합니다. 따라서 초기 페이지 로드 시 많은 코드를 미리 로드해야 하므로 성능에 문제가 생길 수도 있습니다.

```
import {cakeFactory} from "/modules/cakeFactory.mjs";
// 미리 로드된 정적 가져오기

cakeFactory.oven.makeCupcake( "sprinkles" );
cakeFactory.oven.makeMuffin( "large" );
```

5.6 동적으로 모듈 가져오기

모듈을 초기에 모두 미리 로드하기보다는 필요한 시점에만 로드하는 것이 더 이로울 때가 있습니다. 지연 로딩Lazy-loading 모듈을 사용하면 필요한 시점에 로드할 수 있습니다. 예를 들어 사용자가 링크나 버튼을 클릭할 때 로드하게 만들 수 있어 초기 로딩 시간을 줄일 수 있습니다. 이게 바로 동적 가져오기dynamic import[11]가 생겨난 이유입니다.

동적 가져오기는 함수와 비슷한 새로운 형태의 가져오기입니다. `import(url)`는 요청된 모듈의 네임스페이스 객체에 대한 프로미스promise 객체를 반환합니다. 이 프로미스 객체는 모듈 자체와 모든 모듈 의존성을 가져온 후, 인스턴스화instantiate하고 평가한 뒤에 만들어집니다. 다음은 동적 가져오기를 사용하는 `cakeFatory`에 대한 예제입니다.

```
form.addEventListener("submit", e => {
  e.preventDefault();
  import("/modules/cakeFactory.js")
    .then((module) => {
      // 가져온 모듈 사용하기
      module.oven.makeCupcake("sprinkles");
      module.oven.makeMuffin("large");
    });
});
```

11 *https://v8.dev/features/dynamic-import*

동적 가져오기는 await와 함께 사용할 수 있습니다.

```
let module = await import("/modules/cakeFactory.js");
```

동적 가져오기를 사용하면 모듈이 사용될 때만 다운로드되고 실행됩니다.

사용자 상호작용Interaction에 반응하거나 화면에 보이면Visibility 실행하기 등 자주 사용되는 패턴은 동적 가져오기를 통해 바닐라 자바스크립트에서도 쉽게 구현할 수 있습니다.

5.6.1 사용자 상호작용에 따라 가져오기

일부 기능은 사용자가 상호작용할 때만 필요할 수도 있습니다. 채팅 창이나 다이얼로그, 비디오 등이 대표적인 예시입니다. 이런 기능은 페이지 로드 시점에 필요한 게 아니니 사용자가 컴포넌트를 클릭하는 등 상호작용에 따라 로드되는 것이 좋습니다. 동적 가져오기를 활용하면, 실행한 다음에 따라오는 함수를 통해 원하는 기능을 사용할 수 있습니다.

다음 예시는 lodash.sortby 모듈[12]을 동적으로 로드하여 정렬 기능을 구현하는 코드입니다.

```
const btn = document.querySelector('button');

btn.addEventListener('click', e => {
  e.preventDefault();
  import('lodash.sortby')
    .then(module => module.default)
    .then(sortInput()) // use the imported dependency
    .catch(err => { console.log(err) });
});
```

12 *https://lodash.com/docs/4.17.15#sortBy*

5.6.2 화면에 보이면 가져오기

많은 컴포넌트는 처음엔 숨겨져 있다가 사용자가 아래로 스크롤하면 나타나도록 만들어지곤 합니다. 그러나 사용자가 항상 아래로만 스크롤하는 것은 아니기에 모듈을 지연 로딩으로 구현하면 좋습니다. IntersectionObserver API[13]를 사용하면 컴포넌트가 화면에 보이는지 감지할 수 있고, 이에 따라 모듈을 동적으로 로드할 수도 있습니다.

5.7 서버에서 모듈 사용하기

Node[14] 15.3.0 버전 이상에서는 자바스크립트 모듈을 지원합니다. 모듈 기능은 정식으로 릴리즈되었으며 npm 패키지 생태계와 호환됩니다. Node는 `type`이 `module`이라면 `.mjs`와 `.js`로 끝나는 파일을 자바스크립트 모듈로 취급[15]합니다.

```
{
  "name": "js-modules",
  "version": "1.0.0",
  "description": "A package using JS Modules",
  "main": "index.js",
  "type": "module",
  "author": "",
  "license": "MIT"
}
```

5.8 모듈을 사용하면 생기는 이점

모듈형 프로그래밍을 사용하면 다음과 같은 다양한 이점을 얻을 수 있습니다.

---

13 *https://developer.mozilla.org/en-US/docs/Web/API/Intersection_Observer_API*

14 *https://nodejs.org/ko*

15 *https://nodejs.org/api/packages.html#packages_determining_module_system*

한 번만 실행된다

기존 스크립트는 DOM에 추가될 때마다 실행되는 반면에 모듈 스크립트는 한 번만 실행됩니다. 자바스크립트 모듈을 사용하면 의존성 트리의 가장 내부에 위치한 모듈이 먼저 실행됩니다. 가장 내부에 위치한 모듈이 먼저 평가되고 여기에 의존하는 모듈에 접근할 수 있다는 것이 이점입니다.

자동으로 지연 로드된다

즉시 로드되지 않기 위해 다른 스크립트 파일은 `defer` 속성을 붙여야 하지만, 모듈은 자동으로 지연되어 로드됩니다.

유지보수와 재사용이 쉽다

모듈은 다른 모듈에 영향을 주지 않고 독립적으로 실행될 수 있는 코드 조각으로 관리됩니다. 이를 통해 여러 다른 함수에서 동일한 코드를 재사용할 수 있습니다.

네임스페이스를 제공한다

모듈은 관련 변수와 상수를 위한 개별 공간을 생성하여 글로벌 네임스페이스를 오염시키지 않고 모듈 참조를 통해 사용할 수 있게 해줍니다.

사용하지 않는 코드를 제거한다

모듈이 도입되기 전에는 사용하지 않는 코드를 수동으로 제거해야 했습니다. 모듈을 통해 코드를 가져오게 되면 웹팩webpack[16]이나 롤업Rollup[17] 같은 번들러를 사용해 사용하지 않는 모듈을 자동으로 제거할 수 있습니다. 이처럼 번들에 추가하기 전에 사용하지 않는 코드를 제거하는 것을 트리쉐이킹tree-shaking이라고 합니다.

---

16 *https://webpack.kr/*

17 *https://rollupjs.org/*

모든 최신 브라우저는 이러한 이점을 가진 모듈 가져오기[18]와 내보내기[19]를 지원하니 정상적으로 사용할 수 있습니다.

5.9 생성자, 게터, 세터를 가진 클래스

ES2015+에서는 모듈뿐만 아니라 생성자와 내부를 숨기는 기능을 가진 클래스class가 추가되었습니다. 추가된 자바스크립트의 클래스는 `class` 키워드를 통해 사용할 수 있습니다. 다음 예제에서는 생성자와 두 개의 게터Getter와 세터Setter를 가진 `Cake` 클래스를 살펴보겠습니다.

```
class Cake{

    // 생성자 안에서 변수를 정의합니다.
    constructor( name, toppings, price, cakeSize ){
        this.name = name;
        this.cakeSize = cakeSize;
        this.toppings = toppings;
        this.price = price;
    }

    // ES2015 버전 이상에서는 모든 것을 함수로 만드는 것을 피하고자
    // 새로운 식별자를 사용하려고 했습니다.

    addTopping( topping ){
        this.toppings.push( topping );
    }

    // 게터는 메서드 이름 앞에 넣어 사용합니다.
    get allToppings(){
        return this.toppings;
    }

    get qualifiesForDiscount(){
        return this.price > 5;
    }
```

18 https://developer.mozilla.org/ko/docs/Web/JavaScript/Reference/Statements/import

19 https://developer.mozilla.org/ko/docs/Web/JavaScript/Reference/Statements/export

```
    // 세터도 메서드 이름 앞에 넣어 사용합니다.
    set size( size ){
        if ( size < 0){
            throw new Error( "Cake must be a valid size: " +
                                    "either small, medium or large");
        }
       this.cakeSize = size;
    }
}

// 사용 방법
let cake = new Cake( "chocolate", ["chocolate chips"], 5, "large" );
```

자바스크립트의 클래스는 프로토타입prototypes을 기반으로 하고 있으며, 사용하기 전에 미리 정의해야만 합니다.

extends 키워드를 통해 클래스를 상속받을 수도 있습니다.

```
class BirthdayCake extends Cake {
  surprise() {
    console.log(`Happy Birthday!`);
  }
}

let birthdayCake = new BirthdayCake( "chocolate", ["chocolate chips"], 5,
  "large" );
birthdayCake.surprise();
```

모든 브라우저와 Node는 ES2015의 클래스를 지원합니다. 또한 ES6에서 추가된 새로운 클래스 문법[20] 또한 지원합니다.

모듈과 클래스의 차이점은 모듈은 가져오기[21]와 내보내기[22]를 통해, 클래스는 class 키워드를 통해 정의할 수 있다는 점입니다.

20 *https://developer.mozilla.org/ko/docs/Web/JavaScript/Reference/Classes*

21 *https://developer.mozilla.org/ko/docs/Web/JavaScript/Reference/Statements/import*

22 *https://developer.mozilla.org/ko/docs/Web/JavaScript/Reference/Statements/export*

앞에서 봤던 예제를 잘 살펴보면 'function' 단어가 없다는 걸 깨달으실 겁니다. 오타가 아니라, TC39에서 function 단어의 남용을 줄이려고 노력했기 때문입니다.

또한 자바스크립트의 클래스는 부모 클래스의 생성자를 실행할 수 있는 super 키워드도 지원[23]합니다. 이는 자기 상속self-inheritance 패턴을 사용할 때 유용합니다. super를 통해 부모 클래스의 메서드를 실행할 수도 있습니다.

```
class Cookie {
  constructor(flavor) {
    this.flavor = flavor;
  }

  showTitle() {
    console.log(`The flavor of this cookie is ${this.flavor}.`);
  }
}

class FavoriteCookie extends Cookie {
  showTitle() {
    super.showTitle();
    console.log(`${this.flavor} is amazing.`);
  }
}

let myCookie = new FavoriteCookie('chocolate');
myCookie.showTitle();
// 출력: The flavor of this cookie is chocolate.
// 출력: chocolate is amazing.
```

최신 자바스크립트에서는 클래스 내부 멤버를 비공개로 정의할 수 있습니다. 공개 클래스 멤버는 다른 클래스도 사용할 수 있지만 비공개 클래스 멤버는 선언된 클래스 내부에서만 사용할 수 있습니다. 클래스 멤버는 기본적으로 공개 상태이며, #(해시)를 앞에 붙여 비공개 멤버[24]로 만들 수 있습니다.

23 https://developer.mozilla.org/ko/docs/Web/JavaScript/Reference/Operators/super

24 https://developer.mozilla.org/ko/docs/Web/JavaScript/Reference/Classes/Private_class_fields

```
class CookieWithPrivateField {
  #privateField;
}

class CookieWithPrivateMethod {
  #privateMethod() {
    return 'delicious cookies';
  }
}
```

자바스크립트 클래스는 static 키워드를 통해 정적 메서드와 프로퍼티를 정의할 수 있습니다. 정적 멤버는 클래스를 초기화하지 않고도 사용할 수 있습니다. 주로 어떠한 설정이나 캐시 데이터를 보관하기 위해 사용됩니다.

```
class Cookie {
  constructor(flavor) {
    this.flavor = flavor;
  }
  static brandName = "Best Bakes";
  static discountPercent = 5;
}
console.log(Cookie.brandName);
//"Best Bakes" 출력
```

5.10 자바스크립트 프레임워크와 클래스

지난 몇 년간 리액트와 같은 최신 자바스크립트 라이브러리와 프레임워크는 클래스의 대체제를 도입해 왔습니다. 대표적으로 **리액트 Hooks**는 클래스를 사용하지 않고도 리액트의 상태와 라이프사이클을 다룰 수 있도록 만들어졌습니다. 리액트 Hooks가 도입되기 전에는 상태와 라이프사이클을 다루기 위해 어쩔 수 없이 함수 컴포넌트 대신 클래스 컴포넌트를 사용해야만 했습니다. 클래스 컴포넌트를 다루는 건 까다로운 작업일뿐더러 클래스에 대한 지식도 가지고 있어야 해서 작업은 매우 어려웠습니다. 하지만 다행히도 이제 리액트 Hooks를 통해 클래스를 사용하지 않고도 컴포넌트의 상태와 라이프사이클을 관리할 수 있게 되었습니다.

그러나 여전히 클래스는 컴포넌트 개발에 사용되고 있으며, 그 예로서 웹 컴포넌트Web Components[25] 같은 다양한 시도들이 컴포넌트 개발 과정에서 클래스를 기반으로 이루어지고 있습니다.

5.11 마치며

이번 장에서는 최신 자바스크립트 모듈과 클래스 문법을 살펴보았습니다. 이로써 객체 지향 설계와 모듈형 프로그래밍을 실현할 수 있게 되었습니다. 이제부터는 배운 개념을 통해 다양한 디자인 패턴을 분류하고 설명할 것입니다. 다음 장에서는 디자인 패턴의 다양한 종류에 대해 살펴보겠습니다.

5.12 관련 자료

- JavaScript modules on v8[26]
- JavaScript modules on MDN[27]

25 https://developer.mozilla.org/ko/docs/Web/API/Web_components
26 https://oreil.ly/IEuAq
27 https://oreil.ly/OAL9O

CHAPTER

06

디자인 패턴의 유형

이번 장에서는 디자인 패턴의 세 가지 주요 유형과 각 유형에 속하는 다양한 패턴들을 살펴보겠습니다. 디자인 패턴은 모두 특정 객체 지향 설계의 문제나 이슈를 다룹니다. 문제를 해결하는 방법에 있어 패턴 간에 서로 어떤 공통점을 가졌는지 찾아보고, 이를 기준으로 디자인 패턴의 유형을 분류해 보겠습니다.

6.1 배경

감마, 헬름, 존슨, 블리시드[01]는 『GoF의 디자인 패턴』(프로텍미디어, 2015)[02]에서 디자인 패턴을 다음과 같이 설명합니다.

> 디자인 패턴은 공통 설계 구조의 핵심 요소를 이름 짓고 추상화하여 재사용할 수 있는 객체 지향 설계를 만드는 데 유용한 역할을 합니다. 또한 유용한 클래스와 인스턴스를 제공하여 각각의 역할과 협업, 책임의 분배를 실현합니다.
>
> 모든 디자인 패턴은 특정 객체 지향 설계의 문제나 이슈에 초점을 맞춥니다. 또한 어디에 적용될 수 있는지, 다른 설계 조건에도 부합하는지, 사용함으로써 얻는 장단점과 결과를 설명합니다. 결국에는 구현이 중요하기에 구현을 위한 예시 코드도 제공합니다.
>
> 디자인 패턴이 객체 지향 설계를 다루기는 하지만, 결국 주요 객체 지향 프로그래밍 언어에서 구현되었던 실용적인 솔루션을 기반으로 합니다.

디자인 패턴은 어떤 문제를 해결하느냐에 따라 다음 세 가지 유형으로 분류됩니다.

- 생성 패턴
- 구조 패턴
- 행위 패턴

각 유형에 해당하는 패턴을 살펴봅시다.

---

01 옮긴이_ GoF의 멤버들입니다.

02 https://www.oreilly.com/library/view/design-patterns-elements/0201633612/

6.2 생성 패턴

생성 패턴Creational Pattern은 주어진 상황에 적합한 객체를 생성하는 방법에 중점을 둡니다. 기본적인 객체 생성 방식은 프로젝트의 복잡성을 증가시킬 수도 있기에, 생성 패턴은 이 과정을 **제어하여 문제를 해결하는 것을 목표로 합니다.**

생성자Constructor, 팩토리Factory, 추상Abstract, 프로토타입Prototype, 싱글톤Singleton, 빌더Builder 패턴이 생성 패턴에 속합니다.

6.3 구조 패턴

구조 패턴Structural Pattern은 객체의 구성과 각 객체 간의 관계를 인식하는 방법에 중점을 둡니다. 그리고 시스템의 어느 한 부분이 변경되더라도 다른 부분에는 영향이 가지 않도록 도와주며, 설계 목적에 맞지 않는 부분을 개선하는 데에도 도움이 됩니다.

데코레이터Decorator, 퍼사드Facade, 플라이웨이트Flyweight, 어댑터Adapter, 프록시Proxy 패턴이 구조 패턴에 속합니다.

6.4 행위 패턴

행위 패턴Behavioral Pattern은 시스템 내의 객체 간 커뮤니케이션을 개선하거나 간소화하는 방법에 중점을 둡니다. 그리고 객체 간의 공통적인 커뮤니케이션 패턴을 감지하고 책임을 분배함으로써 커뮤니케이션의 유연성을 높이고, 객체의 행위를 추상화합니다.

이터레이터Iterator, 중재자Mediator, 관찰자Observer, 방문자Visitor 패턴이 행위 패턴에 속합니다.

6.5 디자인 패턴의 분류

엘리스 닐슨은 2004년에 GoF의 디자인 패턴 23개를 요약한 '분류표' 를 만들었습니다. 이 표를 기반으로 디자인 패턴 입문자에게 필요하다고 생각해 필요한 부분을 정리하였습니다.

이 표를 참고용으로 사용하되, 표에서 언급되지 않은 패턴은 책의 뒷장에서 설명할 것입니다.

> **NOTE** 5장에서 자바스크립트 ES2015에서 도입된 클래스를 다뤘습니다. 다음 표를 보기 전 클래스와 객체에 대해 참고하시면 좋습니다.

그럼, 표를 살펴봅시다.

생성 패턴	객체 생성의 기반이 되는 개념
	클래스
팩토리 메서드 Factory method	인터페이스를 기반으로 여러 파생 클래스를 생성
	객체
추상 팩토리 Abstract Factory	구체적인 내부 구현 없이 여러 클래스가 상속받아 사용하는 인스턴스를 생성
빌더 Builder	객체를 생성하는 부분과 내부 구현을 분리하여 항상 같은 객체를 생성
프로토타입	복사 또는 복제에 사용되는 초기화된 인스턴스
싱글톤 Singleton	전역에서 접근 가능한 하나만의 인스턴스를 가진 클래스

구조 패턴	객체 구조의 기반이 되는 개념
	클래스
어댑터 Adapter	호환되지 않는 인터페이스가 상호작용하도록 클래스를 매치
	객체
브릿지 Bridge	객체의 인터페이스와 구현을 분리하여 독립적으로 구성
컴포지트 Composite	단순히 합친 상태 이상의 효율을 내는 간단하면서 복합적인 구조

구조 패턴	객체 구조의 기반이 되는 개념
데코레이터	객체에 새로운 프로세스를 동적으로 추가
퍼사드	전체 시스템의 복잡한 부분을 숨기는 단일 클래스
플라이웨이트	여러 객체에 공통 상태를 공유하는 세분화된 인스턴스
프록시	실제 객체를 대신하는 대체 객체.

행위 패턴	객체 상호작용의 기반이 되는 개념
	클래스
인터프리터 Interpreter	언어의 목적과 문법에 일치하는 언어 요소를 포함시키는 방법
템플릿 메서드 Template method	상위 클래스에서 기본 구조를 생성한 다음 하위 클래스에서 구체적으로 정의
	객체
책임 연쇄 Chain of responsibility	요청을 처리할 수 있는 객체를 찾기 위해 체인 간에 요청을 전달
커맨드 Command	호출 부분과 실행 부분을 나누는 방법
이터레이터	내부 구조를 모른 채 요소에 순차적으로 접근
중재자	클래스가 서로를 직접적으로 참조하지 않도록 중간에 간소화된 커뮤니케이션을 정의
메멘토 Memento	나중에 복구할 수 있도록 객체의 내부 상태를 저장
관찰자	클래스 간의 일관성을 보장하기 위해 여러 클래스에 변경사항을 알리는 방법
상태 State	상태가 변경되면 객체의 행위도 변경
전략 Strategy	클래스 내부에 알고리즘 구현을 캡슐화하여 상황에 따른 선택과 구현을 분리
방문자	클래스를 변경하지 않고도 새로운 작업을 추가

6.6 마치며

이번 장에서는 디자인 패턴의 생성, 구조, 행위 세 가지 유형에 대해 소개하고 그 차이점에 대해 살펴보았습니다. 또한 '분류표'를 보고 GoF가 어떻게 클래스와 객체의 개념을 패턴에 적용했는지 알아보았습니다.

앞선 장에서는 디자인 패턴의 이론적인 세부사항과 자바스크립트의 몇 가지 기본 문법에 대해 다뤘습니다. 이제는 이러한 배경지식을 바탕으로 자바스크립트에서 사용되는 실용적인 디자인 패턴을 공부할 차례입니다.

CHAPTER

07

자바스크립트 디자인 패턴

이전 장에서는 디자인 패턴의 세 가지 유형에 대해 살펴보았습니다. 그 중 일부 디자인 패턴은 웹 개발에 있어서 필수적이기도 하고 자바스크립트의 버전이나 시대에 관련 없이 언제 어디서나 적용 가능합니다. 이번 장에서는 자바스크립트에서 사용되는 다양한 종류의 고전 및 최신 디자인 패턴을 다룹니다. 먼저 생성 패턴부터 살펴보겠습니다.

COLUMN 패턴 선택하기

개발자는 대개 어느 프로젝트에나 어울리는 최고의 패턴이 있는지 궁금해합니다. 하지만 최고의 패턴이 무엇인지에 대한 정답은 없습니다. 각 코드와 애플리케이션마다 요구하는 부분이 다를 수 있기 때문입니다. 대신 패턴이 실질적인 구현에 도움이 되는지를 고려해야 합니다.

예를 들어 어떤 프로젝트는 관찰자 패턴의 디커플링(애플리케이션의 부분별 의존성을 줄이는 것)이 적합할 수 있습니다. 그러나 어떤 프로젝트는 소규모라 디커플링이 중요하지 않을 수도 있습니다.

즉, 디자인 패턴에 대해 정확히 알고 사용할 때를 잘 파악하게 된다면 애플리케이션 아키텍처에 올바른 디자인 패턴을 적용하기 수월해진다는 뜻입니다.

7.1 생성 패턴

생성 패턴은 객체를 생성하는 방법을 다룹니다. 이제부터 알아볼 생성 패턴은 다음과 같습니다.

- 생성자 패턴
- 모듈 패턴
- 노출 모듈 패턴
- 싱글톤 패턴
- 프로토타입 패턴
- 팩토리 패턴

7.2 생성자 패턴

생성자Constructor는 객체가 새로 만들어진 뒤 초기화하는 데에 사용되는 특별한 메서드입니다. ES2015 버전 이후로 생성자[01]를 가진 클래스[02]를 만들 수 있게 되었습니다. 이로써 기본으로 제공되는 생성자를 통해 클래스의 인스턴스 객체를 생성할 수 있습니다.

자바스크립트에서는 거의 모든 것이 객체입니다. 그리고 클래스는 자바스크립트가 가진 프로토타입의 상속을 이용한 문법적 설탕Syntactic Sugar[03]이기도 합니다. 예전 자바스크립트에서는 객체 생성자에 큰 관심을 가졌습니다. [그림 7-1]에서 생성자 패턴의 구조를 볼 수 있습니다.

> **NOTE** 객체 생성자는 특정 유형의 객체를 생성할 때 사용되었습니다. 객체가 처음 생성되었을 때 인수로 받아온 값을 객체 멤버의 변수와 메서드에 할당하는 동시에 사용할 준비를 마칩니다.

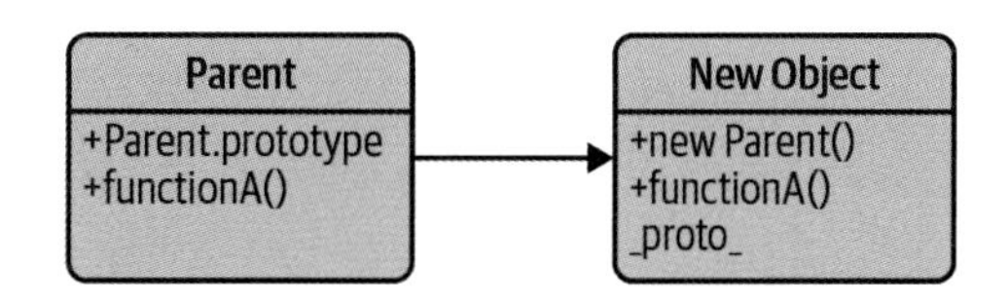

그림 7-1 생성자 패턴

7.2.1 객체 생성

다음은 자바스크립트에서 새로운 객체를 만들 때 사용하는 세 가지 일반적인 방법입니다.

```
// 방법 1: 리터럴 표기법을 사용하여 빈 객체 생성
const newObject = {};
// 방법 2: Object.create() 메서드를 사용하여 빈 객체 생성
const newObject = Object.create(Object.prototype);
// 방법 3: new 키워드를 사용하여 빈 객체 생성
const newObject = new Object();
```

01 https://developer.mozilla.org/ko/docs/Web/JavaScript/Reference/Classes/constructor

02 https://developer.mozilla.org/ko/docs/Web/JavaScript/Reference/Classes

03 옮긴이_ 문법적 설탕이란 복잡한 개념을 더 간결하고 이해하기 쉽게 표현하는 방법을 뜻합니다.

여기서 각 객체를 읽기 전용 상수const로 선언했습니다. 마지막 줄은 `Object` 클래스의 생성자가 객체를 생성하는 역할을 하게 됩니다. 이때 아무런 값도 넘겨주지 않으면 빈 객체를 생성하여 반환합니다.

다음과 같은 방법으로 만들어진 객체에 키와 값을 할당할 수 있습니다.

```
// ECMAScript 3 호환 방식
// 1. 도트 Dot(.) 문법
// 속성 할당하기
newObject.someKey = "Hello World";

// 속성 가져오기
var key = newObject.someKey;



// 2. 대괄호 문법
// 속성 할당하기
newObject["someKey"] = "Hello World";

// 속성 가져오기
var key = newObject["someKey"];



// ECMAScript 5 만 호환되는 방식
// 자세한 정보는 http://kangax.github.com/es5-compat-table/

// 3. Object.defineProperty
// 속성 할당하기
Object.defineProperty( newObject, "someKey", {
    value: "for more control of the property's behavior",
    writable: true,
    enumerable: true,
    configurable: true
});

// 4. 앞선 방법이 조금 복잡하다면 이렇게도 가능

var defineProp = function ( obj, key, value ){
  config.value = value;
```

```
  Object.defineProperty( obj, key, config );
};

// 사용하는 법
// 빈 객체 "person" 생성
var person = Object.create( null );

// 속성 할당
defineProp( person, "car",  "Delorean" );
defineProp( person, "dateOfBirth", "1981" );
defineProp( person, "hasBeard", false );


// 5. Object.defineProperties
// 속성 할당
Object.defineProperties( newObject, {

  "someKey": {
    value: "Hello World",
    writable: true
  },

  "anotherKey": {
    value: "Foo bar",
    writable: false
  }

});

// 속성을 가져오는 법은 1, 2번에서 보여준 방법을 사용합니다.
```

이렇게 객체를 상속할 수도 있습니다.

```
// ES2015+ 문법이 사용되었습니다(const)
// 사용법:

// "person" 객체를 상속하는 driver 객체를 생성합니다.
const driver = Object.create(person);

// 속성을 할당합니다.
defineProp(driver, 'topSpeed', '100mph');
```

```
// 상속받은 속성 값을 가져옵니다.
console.log(driver.dateOfBirth);

// 할당한 속성 값을 가져옵니다.
console.log(driver.topSpeed);
```

7.2.2 생성자의 기본 특징

앞선 5장에서 다뤘던 것처럼 ES2015에 도입된 자바스크립트의 클래스는 객체 템플릿을 정의하고 캡슐화encapsulation 및 상속을 구현할 수 있게 했습니다.

요약하자면, 클래스는 새 객체를 초기화하는 `constructor()`라는 이름의 메서드를 가지고 있어야 합니다. 또한 `new` 키워드는 생성자를 호출할 수 있으며, 생성자 내부에서 사용된 `this` 키워드는 새로 생성된 해당 객체를 가리킵니다. 다음 예제를 통해 생성자의 기본 특징에 대해 알아봅시다.

```
class Car {
    constructor(model, year, miles) {
        this.model = model;
        this.year = year;
        this.miles = miles;
    }

    toString() {
        return `${this.model} has done ${this.miles} miles`;
    }
}

// 사용법:

// 새로운 Car 인스턴스 생성
let civic = new Car('Honda Civic', 2009, 20000);
let mondeo = new Car('Ford Mondeo', 2010, 5000);

// 브라우저 콘솔을 열어서 결과를 확인합니다.
console.log(civic.toString());
console.log(mondeo.toString());
```

이건 생성자 패턴의 간단한 예제입니다만 몇 가지 문제가 있습니다. 하나는 상속이 어려워진다는 점이고, 다른 하나는 Car 생성자로 객체를 생성할 때마다 toString()과 같은 함수를 새로 정의한다는 점입니다. Car 유형의 인스턴스는 모두 동일한 함수를 공유해야 하므로 이 방법은 효과적이지 않습니다.

7.2.3 프로토타입을 가진 생성자

자바스크립트의 프로토타입 객체는 함수나 클래스 등 특정 객체의 모든 인스턴스 내에 공통 메서드를 쉽게 정의할 수 있게 합니다. 생성자를 통해 객체를 생성하면 생성자의 프로토타입 객체에 속한 속성을 새 객체에서도 활용할 수 있습니다. 이러한 방식으로 동일한 프로토타입 객체를 사용하는 여러 개의 Car 객체를 만들 수 있습니다. 따라서 앞의 예제를 다음과 같이 개선할 수 있습니다.

```
class Car {
    constructor(model, year, miles) {
        this.model = model;
        this.year = year;
        this.miles = miles;
    }
}

// 프로토타입 객체의 재정의를 피하기 위해 Object.prototype 대신
// Object.prototype.newMethod 형태를 사용하고 있음에 유의하세요.
// 기존에 이미 정의된 프로토타입 객체를 유지하기 위해서입니다.

Car.prototype.toString = function() {
    return `${this.model} has done ${this.miles} miles`;
};

// 사용법:
let civic = new Car('Honda Civic', 2009, 20000);
let mondeo = new Car('Ford Mondeo', 2010, 5000);

console.log(civic.toString());
console.log(mondeo.toString());
```

이제 모든 `Car` 객체는 `toString()` 메서드를 공유합니다.

7.3 모듈 패턴

모듈은 애플리케이션 아키텍처의 핵심 구성 요소이며 프로젝트를 구성하는 코드 단위를 체계적으로 분리 및 관리하는 데 효과적으로 활용됩니다.

초기 자바스크립트에서는 다음과 같은 다양한 방법으로 모듈을 구현했습니다.

- 객체 리터럴 표기법Object Literal Notation
- 모듈 패턴
- AMD 모듈
- CommonJS 모듈

5장에서 이미 최신 자바스크립트 모듈(ES 모듈 또는 ECMAScript 모듈)에 대한 개념을 다루었습니다. 이번 절에서는 이를 'ES 모듈'이라고 칭하겠습니다.

ES2015 이전에는 모듈 내보내기 기능을 지원하는 CommonJS 모듈이나 AMD 모듈이 주로 사용되었습니다. AMD, CommonJS, UMD 모듈에 대한 분석은 뒷부분인 10장에서 알아보기로 하고, 본 장에서는 먼저 모듈 패턴의 개념과 그 역사에 대해 살펴보도록 하겠습니다.

모듈 패턴의 일부분은 객체 리터럴을 기반으로 구현되므로, 먼저 객체 리터럴에 대해 이해해봅시다.

7.3.1 객체 리터럴

객체 리터럴 표기법은 객체는 중괄호({}) 안에서 키key와 값value을 쉼표(,)로 구분하여 객체를 정의하는 방법입니다. 객체 내부의 키는 문자열 또는 식별자를 사용하며 콜론(:)으로 끝마칩니다. 그리고 오류 방지를 위해 마지막 줄 끝에는 쉼표 사용을 권장하지 않습니다.

```
const myObjectLiteral = {
    variableKey: variableValue,
    functionKey() {
        // ...
    }
};
```

객체 리터럴은 선언 시 new 연산자를 필요로 하지 않으며, { 를 통해 객체 블록의 시작을 명시합니다. 객체의 바깥에서 새로운 멤버를 추가하려면 다음과 같이 할당 연산자를 사용합니다.

```
myModule.property = "someValue";
```

다음은 객체 리터럴 표기법을 사용하여 모듈을 정의한 예제입니다.

```
const myModule = {
    myProperty: 'someValue',
    // 객체 리터럴은 속성으로 값과 메서드를 모두 가질 수 있습니다.
    // 예를 들어 객체 안에 객체를 다시 생성할 수도 있습니다.
    myConfig: {
        useCaching: true,
        language: 'en',
    },
    // 간단한 메서드 예시
    saySomething() {
        console.log('Where is Paul Irish debugging today?');
    },
    // 현재 객체의 속성 값을 사용하는 메서드
    reportMyConfig() {
        console.log(
            `Caching is: ${this.myConfig.useCaching ? 'enabled' : 'disabled'}`
        );
    },
    // 현재 객체의 속성 값을 덮어씌우는(override) 메서드
    updateMyConfig(newConfig) {
        if (typeof newConfig === 'object') {
            this.myConfig = newConfig;
            console.log(this.myConfig.language);
        }
```

```
    },
};

// 출력: What is Paul Irish debugging today?
myModule.saySomething();

// 출력: Caching is: enabled
myModule.reportMyConfig();

// 출력: fr
myModule.updateMyConfig({
    language: 'fr',
    useCaching: false,
});

// 출력: Caching is: disabled
myModule.reportMyConfig();
```

객체 리터럴을 사용하면 코드를 캡슐화하여 깔끔하고 체계적으로 정리할 수 있습니다. 객체 리터럴에 대해 더 알고 싶으면 레베카 머피Rebecca Murphey가 작성한 글[04]을 읽어보세요.

7.3.2 모듈 패턴

모듈 패턴은 전통적인 소프트웨어 엔지니어링 분야에서 클래스의 캡슐화를 위해 처음 고안되었습니다. 과거에는 적절한 규모의 자바스크립트 애플리케이션을 구성하는 것이 쉽지 않았습니다. 개발자들은 재사용 가능한 로직을 분할하고 관리하기 위해 개별 스크립트에 의존했으며, 그 결과 하나의 HTML 파일에서 10~20개의 스크립트를 각각 수동으로 가져와야 하는 경우가 빈번했습니다. 객체를 활용하는 모듈 패턴은 그저 '공개' 및 '비공개' 메서드를 가진 로직을 캡슐화하는 방법 중 하나였습니다. 시간이 지남에 따라 이러한 과정을 더욱 용이하게 하기 위해 여러 커스텀 모듈 시스템이 등장했습니다. 이제 개발자들은 자바스크립트 모듈을 사용하여 객체, 함수, 클래스, 변수 등을 구성하여 다른 파일에 쉽게 내보내거나 가져올 수 있습니다. 이를 통해 서로 다른 모듈 간의 클래스 또는 함수명 충돌을 방지할 수 있습니다.

04 *https://oreil.ly/rAYcw*

[그림 7-2]에서 모듈 패턴의 구조를 볼 수 있습니다.

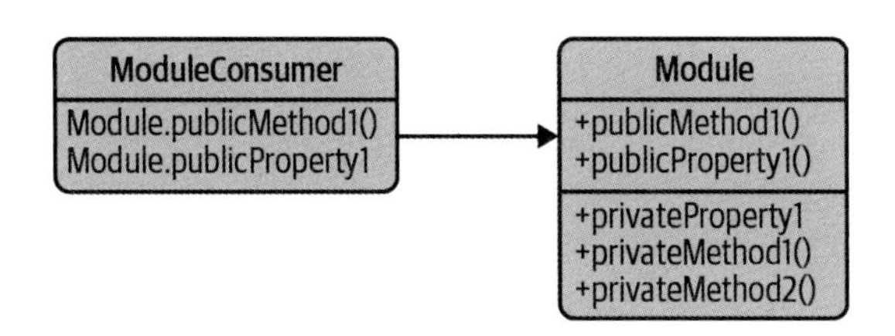

그림 7-2 모듈 패턴

비공개

모듈 패턴은 클로저closure를 활용해 '비공개' 상태와 구성을 캡슐화합니다. 이는 공개 및 비공개 메서드와 변수를 묶어 전역 스코프global scope로의 유출을 방지하고 다른 개발자의 인터페이스와의 충돌을 예방합니다. 모듈 패턴을 사용한다면 공개 API만을 노출하고 나머지는 클로저 내부에 비공개로 유지할 수 있습니다.

이를 통해 다른 애플리케이션이 사용해야 하는 부분만 노출하고, 핵심 작업은 보호하는 깔끔하고 체계적인 구조를 구축할 수 있습니다. 또한 모듈 패턴은 즉시 실행 함수immediately invoked function expression, IIFE[05]를 사용해 객체를 반환하며, 이에 대한 자세한 내용은 11장에서 다룹니다.

ES2019(ES10) 이전의 자바스크립트에서는 접근 제한자(#, 해시)를 지원하지 않아 엄밀히 말해 '비공개'라는 개념이 존재하지 않았습니다. 당시엔 변수를 공개 또는 비공개로 선언할 수 있는 방법이 없었기 때문에 함수 스코프를 이용해 비공개 개념을 구현했습니다. 모듈 패턴에서는 클로저를 통해 비공개를 구현하여, 선언된 모듈 내부에서만 변수와 메서드를 사용할 수 있습니다. 하지만 반환되는 객체에 포함된 변수와 메서드는 공개되어 다른 곳에서도 사용할 수 있습니다.

반환된 객체에 포함된 변수를 비공개하려면 이 장의 뒷부분에서 다루는 `WeakMap()`[06]을 사용

---

05 https://benalman.com/news/2010/11/immediately-invoked-function-expression

06 https://developer.mozilla.org/ko/docs/Web/JavaScript/Reference/Global_Objects/WeakMap

할 수 있습니다. WeakMap()은 객체만 키로 설정할 수 있으며 순회iterate가 불가능합니다. 따라서 모듈 내부의 객체에 접근하는 유일한 방법은 해당 객체의 참조를 통해서뿐입니다. 한편, 모듈 외부에서는 모듈 내부에서 공개로 정의된 메서드를 통해서만 접근할 수 있습니다. 이러한 방식으로 모듈 패턴은 객체의 비공개를 보장합니다.

역사

역사적인 관점에서 보자면 모듈 패턴은 리처드 콘포드Richard Cornford를 비롯한 여러 사람들에 의해 발명되었습니다. 이후 더글라스 크락포드Douglas Crockford가 자신의 강의에서 언급하며 대중화되었습니다. 또 한 가지 재미있는 점은 야후Yahoo의 YUI 라이브러리가 모듈 패턴과 닮아 있다는 점인데 이는 모듈 패턴이 YUI에 큰 영향을 주었기 때문입니다.

예제

이제 import와 export를 사용하여 독립적인 모듈을 만들어 모듈 패턴을 구현해 봅시다. 다시 한번 복습하자면, export는 모듈 외부에서 모듈 기능에 대한 액세스를 제공하는 역할을 합니다. 그리고 import는 모듈에서 내보낸 바인딩binding을 가져올 수 있게 합니다.

```
let counter = 0;

const testModule = {
  incrementCounter() {
    return counter++;
  },
  resetCounter() {
    console.log(`counter value prior to reset: ${counter}`);
    counter = 0;
  },
};

// 변수명을 정하지 않고 디폴트default로서 내보내는 방법입니다.
export default testModule;

// 사용 방법:
```

```
// 모듈을 가져올 경로를 설정합니다.
import testModule from './testModule';

// 카운터 증가
testModule.incrementCounter();

// 카운터 값을 확인하고 리셋
// 출력: counter value prior to reset: 1
testModule.resetCounter();
```

여기서 다른 파일들은 incrementCounter()나 resetCounter()를 직접 읽지 못합니다. counter 변수는 전역 스코프로부터 완전히 보호되어 비공개 변수로서 작동합니다. 모듈의 클로저 내부로 스코프가 제한되어 오직 incrementCounter()나 resetCounter()만이 접근할 수 있습니다. 해당 메서드를 호출할 때에는 이름을 지정해서namespace 사용하기 때문에 앞의 예제에서처럼 testModule을 앞에 붙여야 합니다.

모듈 패턴을 사용하기 전에 간단한 템플릿을 만들어두면 도움이 됩니다. 다음은 네임스페이스, 공개 및 비공개 변수를 다루는 템플릿의 예제입니다.

```
// 비공개 카운터 변수
let myPrivateVar = 0;

// 인자를 출력하는 비공개 함수
const myPrivateMethod = foo => {
  console.log(foo);
};

const myNamespace = {
  // 공개 변수
  myPublicVar: 'foo',

  // 비공개 변수와 함수를 다루는 공개 함수
  myPublicFunction(bar) {
    // 비공개 카운터 증가
    myPrivateVar++;

    // 비공개 함수 호출
    myPrivateMethod(bar);
  },
```

```
};

export default myNamespace;
```

다음은 다른 예제입니다. 앞의 템플릿으로 장바구니를 구현해 보겠습니다. 모듈 자체는 basketModule이라는 전역 변수 안에 독립적으로 존재하고 있습니다. basket 배열은 모듈 내부에서 비공개로 유지되기에 다른 파일에서 읽어 들일 수 없습니다. 즉, 모듈의 클로저 내부에서 보호되고 있기에 addItem() 이나 getItem()처럼 같은 스코프 안에 존재하는 메서드만이 접근할 수 있습니다.

```
// 비공개 변수 및 함수
const basket = [];

const doSomethingPrivate = () => {
  //...
};

const doSomethingElsePrivate = () => {
  //...
};

// 다른 파일에 공개할 객체 생성
const basketModule = {
  // Add items to our basket
  addItem(values) {
    basket.push(values);
  },

  // basket의 길이 가져오기
  getItemCount() {
    return basket.length;
  },

  // 비공개 함수를 공개 함수로 감싸 다른 이름으로 사용하기
  doSomething() {
    doSomethingPrivate();
  },

  // basket에 담긴 아이템의 합계 가져오기
  // reduce() 메서드를 사용하면 배열의 아이템을 하나의 값으로 줄일 수 있습니다.
```

```
  getTotal() {
    return basket.reduce((currentSum, item) => item.price + currentSum, 0);
  },
};

export default basketModule;
```

모듈을 살펴보면 **객체를 내보낸다는 것을 눈치채셨을 겁니다. 내보내는 객체는** basketModule 경로에 자동으로 할당되어 다음과 같이 사용할 수 있습니다.

```
// 경로로부터 모듈을 가져옵니다.
import basketModule from './basketModule';

// basketModule 에서 사용할 수 있는 공개 API 객체를 가져옵니다.

basketModule.addItem({
  item: 'bread',
  price: 0.5,
});

basketModule.addItem({
  item: 'butter',
  price: 0.3,
});

// 출력: 2
console.log(basketModule.getItemCount());

// 출력: 0.8
console.log(basketModule.getTotal());

// 그런데 다음은 동작하지 않습니다:

// 출력: undefined
// 왜냐하면 basket 변수는 공개 API에 포함되지 않았기 때문입니다.
console.log(basketModule.basket);

// basket은 baketModule의 클로저 내부에서 보호되어 접근할 수 없기에
// 이 코드도 동작하지 않습니다.
console.log(basket);
```

이 메서드들은 basketModule로 네임스페이스가 지정됩니다. 함수가 basketModule에 포함되어 있는 것으로 다음과 같은 이점을 제공합니다.

- **비공개 자유성**: 모듈 내부에서만 사용 가능한 비공개 함수를 자유롭게 만들 수 있습니다. 다른 파일에서 접근할 수 없기에 완전한 비공개를 실현할 수 있습니다.
- **디버깅 용이성**: 대개 함수는 선언되고 이름이 정해지므로, 어떤 함수가 예외를 발생시켰는지 알아내려고 할 때 디버거에서 콜 스택call stack을 찾기 쉬워집니다.

7.3.3 모듈 패턴의 변형

시간이 지나면서 각자의 입맛에 맞는 모듈 패턴의 변형들이 등장하기 시작했습니다.

믹스인Mixin 가져오기 변형

이 변형된 패턴은 유틸 함수나 외부 라이브러리 같은 전역 스코프에 있는 요소를 모듈 내부의 고차 함수에 인자로 전달 할 수 있게 합니다. 이를 통해 전역 스코프 요소를 가져와 맘대로 이름을 지정alias할 수 있습니다.

```
// utils.js
export const min = (arr) => Math.min(...arr);

// privateMethods.js
import { min } from "./utils";

export const privateMethod = () => {
  console.log(min([10, 5, 100, 2, 1000]));
};

// myModule.js
import { privateMethod } from "./privateMethods";

const myModule = () => ({
  publicMethod() {
    privateMethod();
  },
});
```

```
export default myModule;

// main.js
import myModule from "./myModule";

const moduleInstance = myModule();
moduleInstance.publicMethod();
```

내보내기 변형

다음 변형은 따로 이름을 지정해주지 않고 전역 스코프로 변수를 내보냅니다. 이전 예제에서 본 것처럼 평소대로 가져와 사용할 수 있습니다.

```
// module.js
const privateVariable = "Hello World";

const privateMethod = () => {
  // ...
};

const module = {
  publicProperty: "Foobar",
  publicMethod: () => {
    console.log(privateVariable);
  },
};

export default module;
```

장점

생성자 패턴도 좋은데 어째서 모듈 패턴을 사용해야 할까요? 자바스크립트의 관점에서 볼 때 모듈 패턴은 캡슐화 개념보다 객체 지향 프로그래밍 지식을 가진 초보 개발자가 이해하기 쉽습니다. 앞선 믹스인 가져오기만 보더라도 모듈 사이의 의존성을 관리하고 전역 요소를 원하는 만큼 넘겨주어 코드의 유지보수를 용이하게 하고 독립적으로 만들어줍니다.

그리고 비공개를 지원합니다. 모듈 패턴에서는 `export`를 이용해 바깥으로 노출한 값들만 접근할 수 있습니다. 바깥으로 노출하지 않은 값은 모듈 내부에 비공개로 유지됩니다. 따라서 불필요한 전역 스코프 오염을 방지할 수 있습니다. 모듈을 사용하는 개발자는 어쩌다 실수로 같은 이름을 가진 값을 덮어씌울 걱정을 덜 수 있습니다. 즉 같은 이름의 충돌을 막을 수 있습니다.

모듈 패턴은 공개되면 안 되는 코드를 캡슐화할 수 있습니다. 덕분에 여러 의존성을 동시에 사용할 수 있고 이름의 충돌도 피할 수 있습니다. 다만 구버전을 포함한 모든 자바스크립트 런타임에서 ES2015의 모듈을 사용하려면 바벨babel과 같은 트랜스파일러가 필요하다는 점에 유의하세요.

단점

모듈 패턴의 단점은 공개와 비공개 멤버를 서로 다르게 접근해야 한다는 겁니다. 공개 여부를 바꾸고 싶다면 값이 위치한 파일로 가서 각각 바꾸어주어야만 합니다.

또한 나중에 추가한 메서드에서는 비공개 멤버에 접근할 수 없습니다. 그렇지만 모듈 패턴은 대체로 여전히 매우 유용하고, 잘 사용한다면 애플리케이션 구조를 개선할 수 있는 잠재력 또한 가지고 있습니다.

다른 단점으로는 자동화 단위 테스트unit test에서 비공개 멤버는 제외된다는 것과 핫 픽스hot fix가 필요한 오류를 고칠 때 복잡도를 높인다는 점입니다. 그저 비공개 멤버를 수정하는 것은 불가능하기 때문입니다. 대신 오류가 발생한 비공개 멤버를 고치기 위해서 해당 비공개 멤버를 사용하는 모든 공개 메서드를 살펴봐야만 합니다. 게다가 비공개 멤버는 쉽게 수정하기도 힘들기에 생각만큼 유연하게 사용할 수 없다는 점을 명심하세요.

모듈 패턴에 대해 더 알고 싶다면 벤 체리Ben Cherry의 글[07]을 참조하세요. 아주 상세히 적혀있습니다.

---

07 *https://oreil.ly/wfX1y*

7.3.4 WeakMap을 사용하는 최신 모듈 패턴

ES6에서 도입된 WeakMap[08] 객체는 약한 참조를 가진 키-값의 쌍으로 이루어진 집합체입니다. 키는 객체여야만 하나, 값으로는 뭐든지 넣을 수 있습니다. WeakMap 객체는 기본적으로 키가 약하게 유지되는 맵map입니다. 그 말인 즉슨 참조되지 않는 키는 가비지 컬렉션garbage collection(GC)의 대상이 된다는 뜻입니다. [예제 7-1, 7-2, 7-3]에서 WeakMap을 사용하는 모듈 패턴의 구현 예제를 볼 수 있습니다.

예제 7-1 기본 모듈 정의

```
let _counter = new WeakMap();

class Module {
    constructor() {
        _counter.set(this, 0);
    }
    incrementCounter() {
        let counter = _counter.get(this);
        counter++;
        _counter.set(this, counter);

        return _counter.get(this);
    }
    resetCounter() {
        console.log(`counter value prior to reset: ${_counter.get(this)}`);
        _counter.set(this, 0);
    }
}

const testModule = new Module();

// 사용법:

// 카운터 증가
testModule.incrementCounter();
// 카운터 값을 확인하고 리셋
// 출력: counter value prior to reset: 1
testModule.resetCounter();
```

08 https://developer.mozilla.org/ko/docs/Web/JavaScript/Reference/Global_Objects/WeakMap

예제 7-2 공개/비공개 변수 지정

```
const myPrivateVar = new WeakMap();
const myPrivateMethod = new WeakMap();

class MyNamespace {
    constructor() {
        // 비공개 카운터 변수
        myPrivateVar.set(this, 0);
        // 인자로 들어온 값을 출력하는 비공개 함수
        myPrivateMethod.set(this, foo => console.log(foo));
        // 공개 변수
        this.myPublicVar = 'foo';
    }
    // 비공개 변수를 사용하는 공개 함수
    myPublicFunction(bar) {
        let privateVar = myPrivateVar.get(this);
        const privateMethod = myPrivateMethod.get(this);
        // 비공개 카운터 증가
        privateVar++;
        myPrivateVar.set(this, privateVar);
        // 비공개 메서드 호출
        privateMethod(bar);
    }
}
```

예제 7-3 장바구니 구현

```
const basket = new WeakMap();
const doSomethingPrivate = new WeakMap();
const doSomethingElsePrivate = new WeakMap();

class BasketModule {
    constructor() {
        // 비공개 멤버들
        basket.set(this, []);
        doSomethingPrivate.set(this, () => {
            //...
        });
        doSomethingElsePrivate.set(this, () => {
            //...
        });
    }
```

```
    // 비공개 함수를 공개 함수로 감싸기
    doSomething() {
        doSomethingPrivate.get(this)();
    }
    doSomethingElse() {
        doSomethingElsePrivate.get(this)();
    }
    // 장바구니에 물건 추가
    addItem(values) {
        const basketData = basket.get(this);
        basketData.push(values);
        basket.set(this, basketData);
    }
    // 장바구니에 물건 가져오기
    getItemCount() {
        return basket.get(this).length;
    }
    // 장바구니에 담긴 값의 합계 가져오기
    getTotal() {
        return basket
            .get(this)
            .reduce((currentSum, item) => item.price + currentSum, 0);
    }
}
```

7.3.5 최신 라이브러리와 모듈

리액트 같은 자바스크립트 라이브러리를 만들 때 모듈 패턴을 사용할 수도 있습니다. 팀에서 만든 커스텀 컴포넌트가 많이 있다고 가정해 봅시다. 그렇다면 모든 컴포넌트를 각각의 파일로 나누어 모듈로써 관리할 수 있습니다. 다음은 **material-ui**[09]의 버튼 컴포넌트를 사용해 만들어진 커스텀 버튼 모듈의 예제입니다.

```
import React from "react";
import Button from "@material-ui/core/Button";
```

09 *https://mui.com/material-ui/*

```
const style = {
  root: {
    borderRadius: 3,
    border: 0,
    color: "white",
    margin: "0 20px"
  },
  primary: {
    background: "linear-gradient(45deg, #FE6B8B 30%, #FF8E53 90%)"
  },
  secondary: {
    background: "linear-gradient(45deg, #2196f3 30%, #21cbf3 90%)"
  }
};

export default function CustomButton(props) {
  return (
    <Button {...props} style={{ ...style.root, ...style[props.color] }}>
      {props.children}
    </Button>
  );
}
```

7.4 노출 모듈 패턴

이제 모듈 패턴에 익숙해졌으니 조금 개선된 버전을 알아봅시다. 크리스티안 하일만Christian Heilmann의 노출 모듈 패턴입니다. 하일만이 공개 변수나 메서드에 접근하기 위해 가져온 메인 객체의 이름을 반복해서 사용해야 한다는 점에 답답함을 느끼면서 생겨났습니다. 또한 그는 객체 리터럴 표기법을 사용해 요소를 공개하는 것도 맘에 들지 않아 했습니다.

그 결과 모든 함수와 변수를 비공개 스코프에 정의하고, 공개하고 싶은 부분만 포인터를 통해 비공개 요소에 접근할 수 있게 해주는 익명 객체를 반환하는 패턴이 탄생했습니다.

ES2015+에서는 모듈[10] 스코프 안에 정의된 함수와 변수는 비공개 처리됩니다. 그리고

10 https://developer.mozilla.org/ko/docs/Web/JavaScript/Guide/Modules

export와 import를 통해 공개 여부를 결정합니다.

ES2015+ 환경에 노출 모듈 패턴을 사용하는 예제는 다음과 같습니다.

```
let privateVar = 'Rob Dodson';
const publicVar = 'Hey there!';

const privateFunction = () => {
  console.log(`Name:${privateVar}`);
};

const publicSetName = strName => {
  privateVar = strName;
};

const publicGetName = () => {
  privateFunction();
};

// 비공개 함수와 속성에 접근하는 공개 포인터
const myRevealingModule = {
  setName: publicSetName,
  greeting: publicVar,
  getName: publicGetName,
};

export default myRevealingModule;

// 사용법:
import myRevealingModule from './myRevealingModule';

myRevealingModule.setName('Matt Gaunt');
```

앞선 예제에서는 publicSetName과 publicGetName 메서드를 통해서 비공개 변수인 privateVar에 접근합니다.

노출 모듈 패턴을 사용하면 좀 더 구체적인 이름을 붙여 비공개 요소를 공개로 내보낼 수도 있습니다.

```
let privateCounter = 0;

const privateFunction = () => {
    privateCounter++;
}

const publicFunction = () => {
    publicIncrement();
}

const publicIncrement = () => {
    privateFunction();
}

const publicGetCount = () => privateCounter;

// 비공개 함수와 속성에 접근하는 공개 포인터
const myRevealingModule = {
    start: publicFunction,
    increment: publicIncrement,
    count: publicGetCount
};

export default myRevealingModule;

// 사용법:
import myRevealingModule from './myRevealingModule';

myRevealingModule.start();
```

7.4.1 장점

노출 모듈 패턴을 사용하면 코드의 일관성이 유지됩니다. 또한 모듈의 가장 아래에 위치한 공개 객체를 더 알아보기 쉽게 바꾸어 가독성을 향상시킵니다.

7.4.2 단점

노출 모듈 패턴의 단점은 비공개 함수를 참조하는 공개 함수를 수정할 수 없다는 것입니다. 이는 비공개 함수가 비공개 구현을 참조하기 때문에 발생하며, 수정을 해도 함수가 변경될 뿐 참조된 구현이 변경되는 것이 아니기 때문입니다.

비공개 변수를 참조하는 공개 객체 멤버 또한 수정이 불가능합니다.

따라서 노출 모듈 패턴으로 만들어진 모듈은 기존 모듈 패턴보다도 취약할 수 있으므로 사용에 주의해야 합니다.

7.5 싱글톤 패턴

싱글톤Singleton 패턴은 클래스의 인스턴스instance가 오직 하나만 존재하도록 제한하는 패턴입니다. 이 패턴은 전역에서 접근 및 공유해야 하는 단 하나의 객체가 필요할 때 유용합니다. 싱글톤 패턴을 구현하려면 이미 존재하는 인스턴스가 없어야 합니다. 인스턴스가 이미 존재할 경우에는 해당 인스턴스의 참조를 반환합니다.

싱글톤 패턴은 정적 클래스나 객체와는 다르게 초기화를 지연시킬 수 있습니다. 왜냐하면 초기화 시점에 필요한 특정 정보가 유효하지 않을 수도 있기 때문입니다. 싱글톤 클래스의 인스턴스가 이미 생성되었다는 사실을 모른다면 해당 인스턴스를 찾아 사용하기 어렵습니다. 이는 싱글톤이 객체나 '클래스'가 아닌 구조이기 때문입니다. 클로저 변수 자체가 클로저가 아니라 클로저를 제공하는 함수 스코프가 클로저를 뜻한다는 것과 비슷합니다.

ES2015+에서는 자바스크립트 클래스의 전역 인스턴스를 단 한 번만 생성하는 싱글톤 패턴을 구현할 수 있으며, 모듈 내보내기를 통해 싱글톤 인스턴스를 바깥에서 사용할 수 있게 노출할 수도 있습니다. 이를 통해 싱글톤 인스턴스에 대한 접근을 좀 더 명시적이고 통제할 수 있게 되며 다른 전역 변수와도 구분할 수 있습니다. 새로운 클래스 인스턴스를 생성할 수는 없으나 클래스 내에 공개된 `get`, `set` 메서드를 통해 인스턴스를 읽거나 수정할 수 있습니다.

다음과 같은 방법으로 싱글톤을 구현할 수 있습니다.

```
// 싱글톤에 대한 참조를 가지는 인스턴스
let instance;

// 비공개 메서드와 변수
const privateMethod = () => {
    console.log('I am private');
  };
const privateVariable = 'Im also private';
const randomNumber = Math.random();

// 싱글톤
class MySingleton {
  // 싱글톤 인스턴스가 이미 존재한다면 참조를 반환하고
  // 존재하지 않으면 생성합니다.
  constructor() {
    if (!instance) {
      // 공개된 속성
      this.publicProperty = 'I am also public';
      instance = this;
    }

    return instance;
  }

  // 공개 메서드
  publicMethod() {
    console.log('The public can see me!');
  }

  getRandomNumber() {
    return randomNumber;
  }
}
// [ES2015+] 이름 없이 기본 값으로 내보내기
export default MySingleton;


// 싱글톤에 대한 참조를 가지는 인스턴스
let instance;

// 싱글톤
```

```
class MyBadSingleton {
    // 항상 새로운 싱글톤 인스턴스를 생성
    constructor() {
        this.randomNumber = Math.random();
        instance = this;

        return instance;
    }

    getRandomNumber() {
        return this.randomNumber;
    }
}

export default MyBadSingleton;


// 사용법:
import MySingleton from './MySingleton';
import MyBadSingleton from './MyBadSingleton';

const singleA = new MySingleton();
const singleB = new MySingleton();
console.log(singleA.getRandomNumber() === singleB.getRandomNumber());
// true 출력

const badSingleA = new MyBadSingleton();
const badSingleB = new MyBadSingleton();
console.log(badSingleA.getRandomNumber() !== badSingleB.getRandomNumber());
// true 출력

// 참고: 무작위 수를 사용하고 있기에 수학적으로
// 가능성은 낮지만 두 숫자가 같을 수도 있습니다.
// 그렇다하더라도 앞선의 예제는 유효합니다.
```

싱글톤의 특징은 인스턴스에 대한 전역 접근을 허용한다는 것입니다. GoF의 책 『GoF의 디자인 패턴』(프로텍미디어, 2015)에서는 싱글톤 패턴의 **적합성**을 다음과 같이 말합니다.

- 클래스의 인스턴스는 정확히 하나만 있어야 하며 눈에 잘 보이는 곳에 위치시켜 접근을 용이하게 해야 합니다.
- 싱글톤의 인스턴스는 서브클래싱subclassing을 통해서만 확장할 수 있어야 하고, 코드의 수정 없이 확장된 인스턴스를 사용할 수 있어야 합니다.

두 번째 특징은 코드로 보는 게 이해가 더 빠를 겁니다.

```
constructor() {
    if (this._instance == null) {
        if (isFoo()) {
            this._instance = new FooSingleton();
        } else {
            this._instance = new BasicSingleton();
        }
    }

    return this._instance;
}
```

이 예제에서 constructor은 팩토리Factory 메서드와 비슷하게 기능하기 때문에, 인스턴스에 접근하는 코드를 직접 수정하지 않아도 됩니다. FooSingleton이 BasicSingleton의 서브 클래스가 되어 동일한 인터페이스를 구현할 것입니다.

싱글톤에서는 어째서 지연된 실행이 중요한 걸까요? 예를 들어 C++에서는 개발자에게 제어권을 주어 동적 초기화 순서의 예측 불가능성을 제거하는 역할을 합니다.

싱글톤과 정적 클래스(또는 객체) 사이의 차이점을 명확히 아는 것이 중요합니다. 싱글톤을 정적 인스턴스로 구현했다 하더라도, 필요할 때까지는 리소스나 메모리를 소모하지 않도록 지연 생성될 수도 있습니다.

직접 초기화할 수 있는 정적 객체가 있다고 가정해 봅시다. 그렇다면 코드가 언제나 같은 순서로 실행되는지 확인해야 합니다. 예를 들어 objCar의 초기화 시점에 objWheel이 필요한 경우를 말합니다. 이러한 경우에 확인해야 하는 소스 파일이 많아지면 확장성이 떨어집니다.

싱글톤과 정적 객체는 유용하지만 남용되어서는 안 됩니다. 다른 패턴들도 마찬가지입니다.

앞서 싱글톤 패턴은 시스템 전반에 걸쳐 접근할 수 있는 단 하나의 객체가 필요할 때 사용해야 한다고 했습니다. 다음 예제에서는 싱글톤 패턴을 사용하기 적합한 상황을 다룹니다.

```
// options: 싱글톤의 구성을 담고 있는 객체를 뜻합니다.
```

```
// 예시: const options = { name: "test", pointX: 5};
class Singleton {
    constructor(options = {}) {
      // 싱글톤에 속성을 할당합니다.
      this.name = 'SingletonTester';
      this.pointX = options.pointX || 6;
      this.pointY = options.pointY || 10;
    }
  }

  // 인스턴스를 담을 변수
  let instance;

  // 정적 변수와 메서드의 구현
  const SingletonTester = {
    name: 'SingletonTester',
    // 인스턴스를 가져오는 메서드
    // 싱글톤 객체의 싱글톤 인스턴스를 반환합니다.
    getInstance(options) {
      if (instance === undefined) {
        instance = new Singleton(options);
      }

      return instance;
    },
  };

  const singletonTest = SingletonTester.getInstance({
    pointX: 5,
  });

  // 값을 확인하기 위해 pointX를 출력합니다.
  // 출력: 5
console.log(singletonTest.pointX);
```

싱글톤은 유용합니다. 다만 자바스크립트에서 싱글톤이 필요하다는 것은 설계를 다시 생각해 봐야 한다는 신호일 수도 있습니다. 객체를 생성하기 위해 클래스를 정의해야 하는 C++나 자바와 달리, 자바스크립트는 객체를 직접적으로 생성할 수 있습니다. 따라서 싱글톤 클래스를 만드는 대신에 직접 객체 하나를 생성할 수도 있다는 뜻입니다. 한편 자바스크립트에서 싱글톤 클래스를 사용하는 것에는 다음과 같은 단점들이 있습니다.

싱글톤임을 파악하는 것이 힘들다

큰 모듈을 가져오는 경우, 어떤 클래스가 싱글톤 클래스인지 알아내기 어렵습니다. 그러므로 싱글톤 클래스를 일반 클래스로 착각하여 여러 객체를 인스턴스화하거나 부적절한 방법으로 수정할 수도 있습니다.

테스트하기 힘들다

싱글톤은 숨겨진 의존성, 여러 인스턴스 생성의 어려움, 의존성 대체의 어려움 등 다양한 문제로 테스트하기에 생각보다 더 어려울 수 있습니다.

신중한 조정이 필요하다

싱글톤의 일상적인 사용 사례로는 전역 범위에 걸쳐 필요한 데이터를 저장하는 것이 있습니다. 예를 들어 한 번 설정되고 난 후에 여러 컴포넌트에서 사용할 수 있는 사용자 인증 정보나 쿠키 등이 있습니다. 따라서 데이터가 유효하게 된 뒤에 사용할 수 있도록 올바른 실행 순서를 구현하는 일은 필수적입니다. 하지만 애플리케이션의 크기와 복잡성이 커짐에 따라 어려워질 수 있습니다.

7.5.1 리액트의 상태 관리

리액트를 통해 웹 개발을 한다면 싱글톤 대신 Context API나 리덕스Redux 같은 전역 상태 관리 도구를 이용하여 개발할 수도 있습니다. 싱글톤과는 달리, 이러한 전역 상태 관리 도구는 변경 불가능한 읽기 전용 상태를 제공합니다.

이러한 도구를 사용한다고 해서 전역 상태가 가지는 여러 단점을 손쉽게 처리할 수는 없지만, 적어도 컴포넌트가 전역 상태를 직접 변경할 수 없게 만들어 전역 상태가 의도한 대로 변경될 수 있도록 도와줍니다.

7.6 프로토타입 패턴

GoF는 프로토타입Prototype 패턴을 이미 존재하는 객체를 복제해 만든 템플릿을 기반으로 새 객체를 생성하는 패턴이라고 정의했습니다.

프로토타입 패턴은 프로토타입의 상속을 기반으로 합니다. 이 패턴에서는 프로토타입 역할을 할 전용 객체를 생성하게 됩니다. 이렇게 만들어진 `prototype` 객체는 생성자를 통해 만들어진 객체의 설계도가 됩니다. 예를 들어 생성자 함수의 프로토타입이 `name` 속성을 가지고 있다면, 해당 생성자 함수를 사용해 만들어진 객체들은 모두 `name` 속성을 가지게 됩니다. [그림 7-3]에서 프로토타입 패턴의 구조를 볼 수 있습니다.

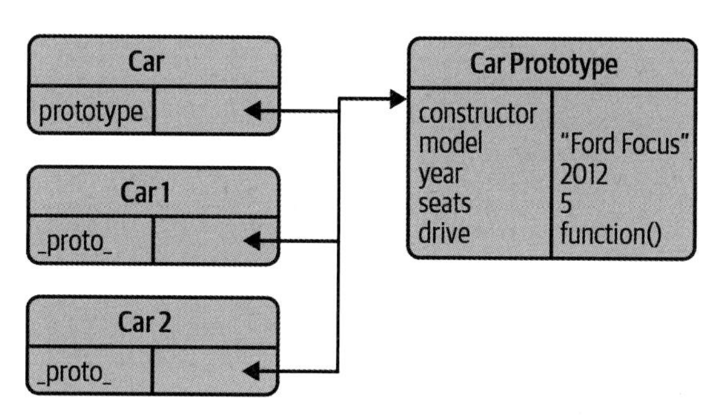

그림 7-3 프로토타입 패턴

자바스크립트 생태계 바깥에서 프로토타입의 정의를 찾아 올라가면 클래스에 대한 언급을 **어쩌면** 찾을 수도 있습니다. 그러나 실제로는 프로토타입 상속과 클래스는 별개로 사용됩니다. 프로토타입 상속은 클래스처럼 따로 정의되는 것이 아니라, 이미 존재하는 다른 객체를 복제하여 새로운 객체를 만들어냅니다.

프로토타입 패턴의 장점은 다른 언어의 기능을 따라 하지 않고, 자바스크립트만이 가진 고유의 방식으로 작업할 수 있다는 것입니다. 다른 디자인 패턴과 구별되는 특징입니다.

프로토타입 패턴은 상속을 구현하는 쉬운 방법일 뿐만 아니라 성능에서의 이점도 챙길 수 있습니다. 객체 내에 함수를 정의할 때 복사본이 아닌 참조로 생성되어 모든 자식 객체가 동일한 함수를 가리키게 할 수 있기 때문입니다.

ES2015+에서는 객체를 생성하기 위해 클래스와 생성자를 사용할 수 있습니다. 이 방법이 코드의 가독성을 높이고 객체 지향 분석 설계object-oriented analysis and design(OOAD) 원칙을 따를 수 있게 해주지만, 클래스와 생성자도 결국 내부적으로는 함수와 프로토타입으로 컴파일됩니다. 즉 클래스와 생성자를 사용한다고 하더라도 여전히 프로토타입의 장점과 동시에 성능상 이점을 누리고 있는 것입니다.

조금 더 알아보자면, ECMAScript 5 표준에 따라 프로토타입의 상속은 `Object.create`를 필요로 합니다. 다시 말해 `Object.create`는 프로토타입 객체를 생성하고 특정 속성을 추가할 수도 있습니다(예: `Object.create(prototype, optionalDescriptorObjects)`).

다음 예제에서 자세히 살펴볼 수 있습니다.

```
const myCar = {
    name: 'Ford Escort',

    drive() {
        console.log("Weeee. I'm driving!");
    },

    panic() {
        console.log('Wait. How do you stop this thing?');
    },
};

// 새로운 car를 인스턴스화하기 위해 Object.create를 사용
const yourCar = Object.create(myCar);

// 프로토타입이 제대로 들어왔음을 알 수 있습니다.
console.log(yourCar.name);
```

`Object.create`는 다른 객체로부터 직접 상속할 수 있게 해주는 차등 상속differential inheritance과 같은 고급 개념을 쉽게 구현할 수 있게 해줍니다. 앞서 보았듯이 `Object.create`는 두 번째 인자를 사용하여 객체의 속성을 초기화할 수 있게 해줍니다. 다음은 그 예제입니다.

```
const vehicle = {
    getModel() {
```

```
        console.log(`The model of this vehicle is...${this.model}`);
    },
};

const car = Object.create(vehicle, {
    id: {
        value: MY_GLOBAL.nextId(),
        // writable:false, configurable:false 가 기본값으로 들어갑니다.
        enumerable: true,
    },

    model: {
        value: 'Ford',
        enumerable: true,
    },
});
```

이 예제는 앞서 봤던 `Object.defineProperties` 와 `Object.defineProperty` 메서드와 비슷한 방식으로 `Object.create`의 두 번째 인자를 사용해 객체의 속성을 초기화하는 방법을 보여줍니다.

허나 프로토타입 관계는 객체의 속성을 나열할 때 문제를 일으킬 수 있으므로, `hasOwnProperty()`로 속성을 체크하는 것을 추천합니다.

`Object.create`를 사용하지 않고 프로토타입 패턴을 구현하고 싶다면 다음과 같이 시도해 볼 수 있습니다.

```
class VehiclePrototype {
  constructor(model) {
    this.model = model;
  }

  getModel() {
    console.log(`The model of this vehicle is... ${this.model}`);
  }

  clone() {}
}
```

```
class Vehicle extends VehiclePrototype {
  constructor(model) {
    super(model);
  }

  clone() {
    return new Vehicle(this.model);
  }
}

const car = new Vehicle('Ford Escort');
const car2 = car.clone();
car2.getModel();
```

NOTE 이 예제의 방식으로는 읽기 전용 속성을 사용할 수 없습니다(vehiclePrototype이 변경될 수 있으므로 주의하세요).

다음은 프로토타입 패턴 구현의 마지막 예제 코드입니다.

```
const beget = (() => {
    class F {
        constructor() {}
    }

    return proto => {
        F.prototype = proto;
        return new F();
    };
})();
```

`vehicle` 함수에서 이 메서드를 참조할 수도 있습니다만 `vehicle`은 프로토타입을 연결하는 것 외에 초기화 개념은 가지고 있지 않고 그저 생성자를 따라 한다는 점에 유의해야 합니다.

7.7 팩토리 패턴

팩토리Factory 패턴은 객체를 생성하는 생성 패턴의 하나입니다. 다른 패턴과 달리 생성자를 필요로하지 않지만, 필요한 타입의 팩토리 객체를 생성하는 다른 방법을 제공합니다(그림 7-4).

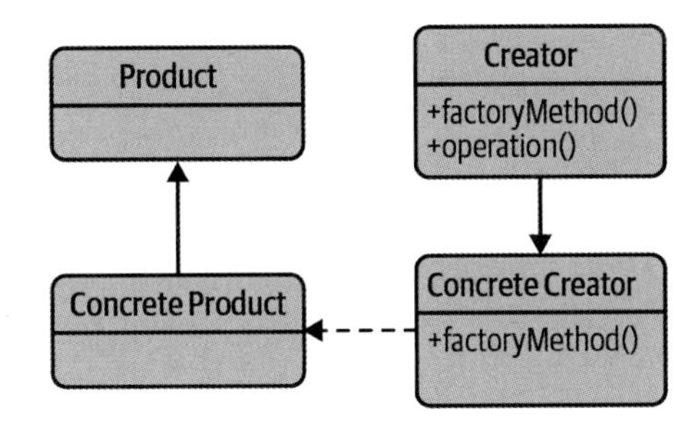

그림 7-4 팩토리 패턴

UI 컴포넌트를 만드는 UI 팩토리를 상상해 봅시다. new 연산자나 생성자를 사용해 직접 만드는 대신 팩토리 객체에 만들어 달라고 할 수도 있습니다. 팩토리 객체에 버튼이나 패널Panel 처럼 어떤 요소가 필요한지 알려주면 결과물을 인스턴스화하여 사용할 수 있도록 준비합니다.

팩토리 패턴은 동적인 요소나 애플리케이션 구조에 깊게 의지하는 등의 상황처럼 객체 생성 과정이 복잡할 때 특히 유용합니다.

다음 예제는 이전에 다뤘던 생성자 패턴을 사용한 코드를 바탕으로 만들어졌습니다. 팩토리 패턴이 `VehicleFactory`을 어떻게 구현하는지 볼 수 있습니다.

```
// Types.js - 백그라운드에서 사용되는 클래스
// 자동차를 정의하는 클래스
class Car {
  constructor({ doors = 4, state = 'brand new', color = 'silver' } = {}) {
    this.doors = doors;
    this.state = state;
    this.color = color;
  }
```

```
}

// 트럭을 정의하는 클래스
class Truck {
  constructor({ state = 'used', wheelSize = 'large', color = 'blue' } = {}) {
    this.state = state;
    this.wheelSize = wheelSize;
    this.color = color;
  }
}

// FactoryExample.js
// 차량 팩토리를 정의
class VehicleFactory {
  constructor() {
    this.vehicleClass = Car;
  }

  // 새 차량 인스턴스를 생성하는 팩토리 함수
  createVehicle(options) {
    const { vehicleType, ...rest } = options;

    switch (vehicleType) {
      case 'car':
        this.vehicleClass = Car;
        break;
      case 'truck':
        this.vehicleClass = Truck;
        break;
      // 해당되지 않으면 VehicleFactory.prototype.vehicleClass에 Car를 할당
    }

    return new this.vehicleClass(rest);
  }
}

// 자동차를 만드는 팩토리의 인스턴스 생성
const carFactory = new VehicleFactory();
const car = carFactory.createVehicle({
  vehicleType: 'car',
  color: 'yellow',
  doors: 6,
});
```

```
// 자동차가 vehicleClass/prototype Car로 생성되었는지 확인
// 출력: true
console.log(car instanceof Car);
// color: "yellow", doors: 6, state: "brand new" 인 자동차 객체 출력
console.log(car);
```

각 차량과 관련된 속성을 설정하는 생성자로 자동차와 트럭 클래스를 정의했습니다. 그리고 VehicleFactory는 전달된 vehicleType에 따라 새 Car 또는 Truck 차량 객체를 생성할 수 있습니다.

VehicleFactory 클래스를 통해 트럭을 만드는 방법은 크게 두 가지가 있습니다.

첫 번째 방법은 Truck 클래스를 사용하도록 VehicleFactory 인스턴스를 수정하는 것입니다.

```
const movingTruck = carFactory.createVehicle({
    vehicleType: 'truck',
    state: 'like new',
    color: 'red',
    wheelSize: 'small',
});

// 트럭이 vehicleClass/prototype Truck으로 생성되었는지 확인
// 출력: true
console.log(movingTruck instanceof Truck);

// color: "red", state: "like new", wheelSize: "small" 인 자동차 객체 출력
console.log(movingTruck);
```

두 번째 방법은 VehicleFactory를 서브클래스화하여 Truck을 만드는 팩토리를 생성하는 것입니다.

```
class TruckFactory extends VehicleFactory {
    constructor() {
        super();
        this.vehicleClass = Truck;
    }
}
```

```
const truckFactory = new TruckFactory();
const myBigTruck = truckFactory.createVehicle({
    state: 'omg...so bad.',
    color: 'pink',
    wheelSize: 'so big',
});

// myBigTruck이 prototype Truck으로 생성되었는지 확인
// 출력: true
console.log(myBigTruck instanceof Truck);

// color: "pink", wheelSize: "so big",
// state: "omg. so bad"를 가진 트럭 객체 출력
console.log(myBigTruck);
```

7.7.1 팩토리 패턴을 사용하면 좋은 상황

팩토리 패턴은 다음과 같은 상황에서 유용합니다.

- 객체나 컴포넌트의 생성 과정이 높은 복잡성을 가지고 있을 때
- 상황에 맞춰 다양한 객체 인스턴스를 편리하게 생성할 수 있는 방법이 필요할 때
- 같은 속성을 공유하는 여러 개의 작은 객체 또는 컴포넌트를 다뤄야 할 때
- 덕 타이핑 duck typing 같은 API 규칙만 충족하면 되는 다른 객체의 인스턴스와 함께 객체를 구성할 때. 또한 디커플링 decoupling에도 유용합니다.

7.7.2 팩토리 패턴을 사용하면 안 되는 상황

잘못된 상황에 팩토리 패턴을 적용하면 애플리케이션의 복잡도가 크게 증가할 수 있습니다. 객체 생성 인터페이스 제공이 작업 중인 라이브러리나 프레임워크의 설계 목표가 아니라면 차라리 위험을 피해 생성자를 사용하는 것이 좋습니다.

팩토리 패턴은 객체 생성 과정을 인터페이스 뒤에 추상화하기 때문에 객체 생성 과정이 복잡할 경우 단위 테스트의 복잡성 또한 증가시킬 수 있습니다.

7.7.3 추상 팩토리 패턴

추상 팩토리Abstract Factory 패턴은 같은 목표를 가진 각각의 팩토리들을 하나의 그룹으로 캡슐화하는 패턴입니다. 또한 객체가 어떻게 생성되는지에 대한 세부사항을 알 필요 없이 객체를 사용할 수 있게 합니다.

객체의 생성 과정에 영향을 받지 않아야 하거나 여러 타입의 객체로 작업해야 하는 경우에 추상 팩토리를 사용하면 좋습니다.

차량 타입을 가져오거나 등록하는 방법을 정의하는 VehicleFactory는 쉽고 간단한 예시입니다. 추상 팩토리라는 뜻에서 AbstractVehicleFactory라고 하는 이 추상 팩토리는 자동차나 트럭과 같은 차량 타입을 정의할 수 있으며, 구체적 팩토리는 차량의 공통된 기능(Vehicle.prototype.drive 및 Vehicle.prototype.breakDown 등)을 충족하는 클래스만 구현합니다.

```
class AbstractVehicleFactory {
  constructor() {
    // 차량 타입을 저장하는 곳
    this.types = {};
  }

  getVehicle(type, customizations) {
    const Vehicle = this.types[type];
    return Vehicle ? new Vehicle(customizations) : null;
  }

  registerVehicle(type, Vehicle) {
    const proto = Vehicle.prototype;
    // 차량 기능을 충족하는 클래스만 등록
    if (proto.drive && proto.breakDown) {
      this.types[type] = Vehicle;
    }
    return this;
  }
}

// 사용법:
const abstractVehicleFactory = new AbstractVehicleFactory();
```

```
abstractVehicleFactory.registerVehicle('car', Car);
abstractVehicleFactory.registerVehicle('truck', Truck);

// 추상 차량 타입으로 새 자동차를 인스턴스화
const car = abstractVehicleFactory.getVehicle('car', {
  color: 'lime green',
  state: 'like new',
});

// 비슷한 방법으로 트럭도 인스턴스화
const truck = abstractVehicleFactory.getVehicle('truck', {
  wheelSize: 'medium',
  color: 'neon yellow',
});
```

7.8 구조 패턴

구조Structural 패턴은 클래스와 객체의 구성을 다룹니다. 상속의 개념을 통해 인터페이스와 객체를 구성하여 새로운 기능을 추가할 수 있는 것처럼 말입니다. 구조 패턴은 클래스와 객체를 체계적으로 구성하는 최고의 방법과 사례를 제공합니다.

다음은 앞으로 다루게 될 자바스크립트의 구조 패턴들입니다.

- 퍼사드 패턴
- 믹스인 패턴
- 데코레이터 패턴
- 플라이웨이트 패턴

7.9 퍼사드 패턴

퍼사드Facade란 실제 모습을 숨기고 꾸며낸 겉모습만을 세상에 드러내는 것을 뜻합니다. 이러한 뜻에서 영감을 받아 지금부터 살펴볼 패턴이 퍼사드 패턴이라고 이름이 지어졌습니다. 퍼사드 패턴은 심층적인 복잡성을 숨기고, 사용하기 편리한 높은 수준의 인터페이스를 제공하는 패턴입니다. 다른 개발자들에게 제공되는 API를 단순화한다고 생각해 봅시다. 이 작업은 곧 사용성을 향상시키게 됩니다(그림 7-5).

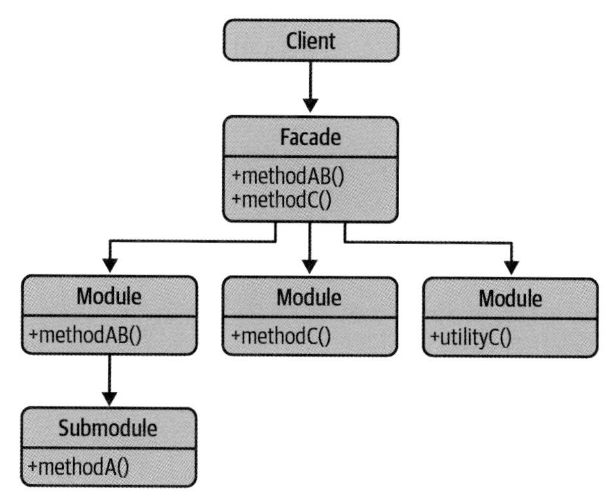

그림 7-5 퍼사드 패턴

퍼사드는 jQuery 같은 자바스크립트 라이브러리에서 흔히 볼 수 있는 구조 패턴입니다. 이와 같은 라이브러리에서는 광범위한 기능 구현을 가지고 있으면서도 퍼사드 특징을 가지거나 제한된 추상화 메서드만이 공개되어 사용할 수 있도록 합니다.

이와 같은 특징으로 인해 숨겨진 하위 시스템이 아니라, 바깥에 나타난 퍼사드와 직접 상호작용할 수 있습니다. 예를 들어 jQuery의 `$(el).css`나 `$(el).animate()` 같은 메서드를 사용할 때마다 퍼사드를 사용하는 것입니다. 이 예제는 jQuery 코어의 많은 내부 메서드를 직접 찾아 실행하는 대신 쉽게 공개된 인터페이스를 사용합니다. 또한 DOM API와 상태를 나타내는 변수를 직접 다룰 필요성을 줄입니다.

jQuery 코어의 메서드는 중간 정도의 추상화 수준을 가지고 있습니다. DOM API는 개발자에게 골칫거리이지만 퍼사드는 jQuery 라이브러리를 통해 DOM API를 쉽게 사용할 수 있도록 도와줍니다.

지금까지 배운 내용을 바탕으로 퍼사드 패턴은 클래스의 인터페이스를 단순화하고 코드의 구현 부분과 사용 부분을 분리합니다. 이를 통해 하위 시스템에 직접 접근하기보단 간접적으로 상호작용하여 에러를 줄일 수도 있습니다. 퍼사드의 장점은 사용하기 쉽다는 점과 패턴 구현에 필요한 코드의 양이 적다는 점입니다.

패턴의 실제 사용 사례를 봅시다. 다음은 최적화되지 않은 예제 코드이지만 퍼사드 패턴을 사용하여 여러 브라우저 환경의 이벤트를 수신하는 인터페이스를 간소화했습니다. 필요한 기능이 브라우저에 존재하는지 확인하는 공통 메서드를 만들어 안전하고 크로스 브라우징을 지원하는 결과물을 만들어냈습니다.

```
const addMyEvent = (el, ev, fn) => {
    if (el.addEventListener) {
      el.addEventListener(ev, fn, false);
    } else if (el.attachEvent) {
      el.attachEvent(`on${ev}`, fn);
    } else {
      el[`on${ev}`] = fn;
    }
};
```

비슷한 사례로는 여러분도 잘 알고 있는 jQuery의 `$(document).ready(...)` 가 있겠습니다. 내부적으로 다음과 같은 작업을 수행하는 `bindReady()` 메서드에 의존하고 있습니다.

```
function bindReady() {
  // 간단한 이벤트 콜백 사용
  document.addEventListener('DOMContentLoaded', DOMContentLoaded, false);
  // window.onload의 대체제이며 언제나 작동합니다.
  window.addEventListener('load', jQuery.ready, false);
}
```

많은 사람이 사용하는 `$(document).ready(...)`만이 밖으로 드러남과 동시에 복잡한 구현은 보이지 않게 숨긴다는 점에서 퍼사드 패턴의 또 다른 예제이기도 합니다.

퍼사드 패턴을 단독으로 사용해야만 하는 것은 아닙니다. 모듈 패턴 같은 다른 패턴과도 어울릴 수 있습니다. 다음 예제는 여러 비공개 메서드를 가진 모듈 패턴의 인스턴스에 대한 것입니다. 여기서 퍼사드 패턴은 모듈 패턴의 메서드에 접근하는 간단한 API를 제공합니다.

```
// privateMethods.js
const _private = {
  i: 5,
  get() {
    console.log(`current value: ${this.i}`);
  },
  set(val) {
    this.i = val;
  },
  run() {
    console.log('running');
  },
  jump() {
    console.log('jumping');
  },
};

export default _private;

// module.js
import _private from './privateMethods.js';

const module = {
  facade({ val, run }) {
    _private.set(val);
    _private.get();
    if (run) {
      _private.run();
    }
  },
};

export default module;

// index.js
import module from './module.js';

// 출력: "current value: 10" and "running"
module.facade({
  run: true,
  val: 10,
});
```

앞선 예제에서 `module.facade()`는 모듈 내부에서 비밀스런 동작을 실행하지만 사용자는 내부에서 무슨 일이 벌어지는지 몰라도 됩니다. 구현 수준의 세부사항을 알지 않고도 훨씬 쉽게 사용할 수 있게 된 것입니다.

7.10 믹스인 패턴

C++나 Lisp 같은 전통적인 프로그래밍 언어에서 믹스인은 서브클래스가 쉽게 상속받아 기능을 재사용할 수 있도록 하는 클래스입니다.

7.11 서브클래싱

ES2015+에서 도입된 기능을 통해 기존 또는 부모 클래스를 확장할 수도, 부모 클래스의 메서드를 호출할 수도 있게 되었습니다. 부모 클래스를 확장하는 자식 클래스를 서브클래스라고 합니다.

서브클래싱이란 부모 클래스 객체에서 속성을 상속받아 새로운 객체를 만드는 것을 뜻합니다. 서브클래스는 부모 클래스에서 먼저 정의된 메서드를 오버라이드override하는 것도 가능합니다. 서브클래스의 메서드는 오버라이드된 부모 클래스의 메서드를 호출할 수도 있는데, 이를 메서드 체이닝method chaining이라고 부릅니다. 마찬가지로 부모 클래스의 생성자를 호출할 수도 있는데, 이를 생성자 체이닝constructor chaining이라고 부릅니다.

서브클래싱을 설명하기 위해 먼저 새 인스턴스를 생성할 수 있는 기반 클래스가 필요합니다. 사람을 예로 들어 접근해 보겠습니다.

```
class Person{
    constructor(firstName, lastName) {
        this.firstName = firstName;
        this.lastName = lastName;
```

```
        this.gender = "male";
    }
}
// Person의 새 인스턴스는 이처럼 쉽게 생성됩니다.
const clark = new Person( 'Clark', 'Kent' );
```

다음으로 Person 클래스의 서브클래스가 되는 새 클래스를 만들어 봅시다. 부모 클래스인 Person의 속성을 상속하면서 Person과 Superhero를 구분할 수 있는 별개의 속성을 추가하고 싶다고 합시다. 슈퍼히어로는 일반 사람과 이름, 성별 등 많은 특징을 공유하기 때문에 서브클래싱을 아주 잘 설명할 수 있을 겁니다.

```
class Superhero extends Person {
    constructor(firstName, lastName, powers) {
         // 부모 클래스의 생성자를 호출합니다.
        super(firstName, lastName);
        this.powers = powers;
    }
}

// Superhero 인스턴스를 만듭니다.

const SuperMan = new Superhero('Clark','Kent', ['flight','heat-vision']);
console.log(SuperMan);

// power를 가진 Person을 출력합니다.
```

Superhero 클래스의 생성자는 Person 클래스를 확장해 인스턴스를 생성합니다. 그리하여 Superhero 객체는 Person 클래스의 속성을 가지고 있습니다. 따라서 Person 클래스에서 기본 값을 설정해 두었더라도 Superhero 클래스에서 상속받은 값을 오버라이드하여 새로 할당할 수 있습니다.

7.12 믹스인

자바스크립트에서는 기능의 확장을 위해 믹스인의 상속을 이용합니다. 새롭게 만들어지는 클래스는 부모 클래스로부터 메서드와 속성을 부여받습니다. 또한 자신만의 속성과 메서드를 정의할 수도 있습니다. [그림 7-6]에 나와 있듯이 함수의 재사용을 향상시키기 위해 이러한 특징을 활용할 수 있습니다.

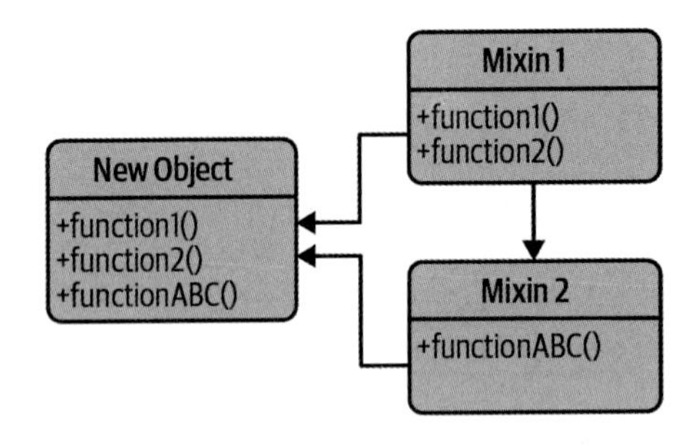

그림 7-6 믹스인

믹스인은 최소한의 복잡성으로 객체의 기능을 빌리거나 상속할 수 있게 해줍니다. 게다가 믹스인은 다른 여러 클래스를 아울러 쉽게 공유할 수 있는 속성과 메서드를 가진 클래스입니다.

자바스크립트의 클래스는 부모 클래스를 하나만 가질 수 있지만 여러 클래스의 기능을 섞는 것으로 문제를 해결할 수 있습니다. 자바스크립트에서 클래스는 표현식expression 뿐만 아니라 문statement으로도 사용할 수 있습니다. 이 표현식은 평가될 때마다 새로운 클래스를 반환합니다. `extends` 절은 클래스나 생성자를 반환하는 임의의 표현식을 허용할 수도 있습니다. 이러한 특징을 통해 부모 클래스를 받아 새로운 서브클래스를 만들어내는 믹스인 함수를 정의할 수 있습니다.

표준 자바스크립트 클래스에서 유틸리티 함수를 포함하는 믹스인을 다음과 같이 정의해 보겠습니다.

```
const MyMixins = superclass =>
    class extends superclass {
        moveUp() {
            console.log('move up');
        }
```

```
        moveDown() {
            console.log('move down');
        }
        stop() {
            console.log('stop! in the name of love!');
        }
    };
```

앞선 설명처럼 동적으로 부모 클래스를 받아 확장하는 MyMixins 함수를 만들었습니다. 이제 MyMixins를 사용하여 기존 클래스의 기능에 더불어 추가 기능을 가진 CarAnimator와 PersonAnimator 서브클래스를 생성하겠습니다.

```
// CarAnimator 생성자의 기본 구조
class CarAnimator {
    moveLeft() {
        console.log('move left');
    }
}
// PersonAnimator 생성자의 기본 구조
class PersonAnimator {
    moveRandomly() {
        /*...*/
    }
}

// MyMixins을 사용하여 CarAnimator 확장.
class MyAnimator extends MyMixins(CarAnimator) {}

// carAnimator의 새 인스턴스 생성
const myAnimator = new MyAnimator();
myAnimator.moveLeft();
myAnimator.moveDown();
myAnimator.stop();

// 출력:
// move left
// move down
// stop! in the name of love!
```

보시다시피 MyMixins를 사용하면 비슷한 기능을 클래스에 추가하는 작업이 꽤 간단해집니다.

다음 예제에서는 Car와 Mixin 클래스가 나옵니다. 이제부터 Car를 확장하여 Mixin에 정의된 driveForward()와 driveBackward() 메서드를 상속하겠습니다.

이 예제를 통해 생성자 함수에서 반복되는 부분을 피해 기능을 확장하는 방법을 보여드리겠습니다.

```
// Car.js
class Car {
  constructor({ model = 'no model provided', color = 'no color provided' }) {
    this.model = model;
    this.color = color;
  }
}

export default Car;

// Mixin.js와 index.js는 변경 없음

// index.js
import Car from './Car.js';
import Mixin from './Mixin.js';

class MyCar extends Mixin(Car) {}

// 새로운 Car 생성
const myCar = new MyCar({});

// 메서드에 접근 가능한지 확인하는 테스트
myCar.driveForward();
myCar.driveBackward();

// 출력:
// drive forward
// drive backward

const mySportsCar = new MyCar({
  model: 'Porsche', // 모델: Porsche
  color: 'red', // 색상: 빨강
});

mySportsCar.driveSideways();
```

```
// 출력:
// drive sideways
```

7.12.1 장점과 단점

믹스인은 함수의 중복을 줄이고 재사용성을 높입니다. 애플리케이션에서 객체 인스턴스 사이에 공유되는 기능이 있다면 믹스인을 통해 기능을 공유하여 중복을 피하고 고유 기능을 구현하는 데에 집중할 수 있습니다.

단, 믹스인의 단점은 아직 논쟁의 여지가 남아 있습니다. 몇몇의 개발자들은 클래스나 객체의 프로토타입에 기능을 주입하는 것을 나쁜 방법이라고 여깁니다. 프로토타입 오염과 함수의 출처에 대한 불확실성을 초래하기 때문입니다. 어쩌면 실제 대규모 시스템에서는 그럴지도 모릅니다.

리액트에서도 ES6 클래스의 도입 이전[11]에는 컴포넌트에 기능을 추가하기 위해 믹스인을 사용하곤 했습니다. 그러나 리액트 개발 팀은 컴포넌트의 유지보수와 재사용을 복잡하게 만든다는 이유로 믹스인을 반대[12]했습니다. 그 대신 고차 컴포넌트나 Hooks의 사용을 장려[13]했습니다.

저는 문서화를 잘해두면 믹스인된 함수의 출처에 대한 혼란을 최소화할 수 있다고 생각합니다. 모든 패턴이 그렇듯, 구현 과정에서 주의를 기울인다면 괜찮을 겁니다.

7.13 데코레이터 패턴

데코레이터Decorator 패턴은 코드 재사용을 목표로 하는 구조 패턴입니다. 믹스인과 마찬가지

11 옮긴이_ *https://ko.legacy.reactjs.org/docs/react-without-es6.html#mixins*

12 *https://oreil.ly/RCMzS*

13 *https://oreil.ly/f1216*

로 객체 서브클래싱의 다른 방법이라고 생각하면 됩니다.

기본적으로 데코레이터는 기존 클래스에 동적으로 기능을 추가하기 위해 사용합니다. 데코레이터 자체는 클래스의 기본 기능에 필수적이지 않다는 생각이었습니다. 필수적이었다면 **부모 클래스**에 이미 구현되었을 것입니다.

데코레이터를 사용하면 기존 시스템의 내부 코드를 힘겹게 바꾸지 않고도 기능을 추가할 수 있게 됩니다. 데코레이터를 사용하는 주된 이유는 애플리케이션의 기능이 다양한 타입의 객체를 필요로 할 수도 있기 때문입니다. 예를 들어 자바스크립트로 만든 게임에 수백 가지 다른 객체 생성자를 정의하는 것을 상상해 보세요(그림 7-7).

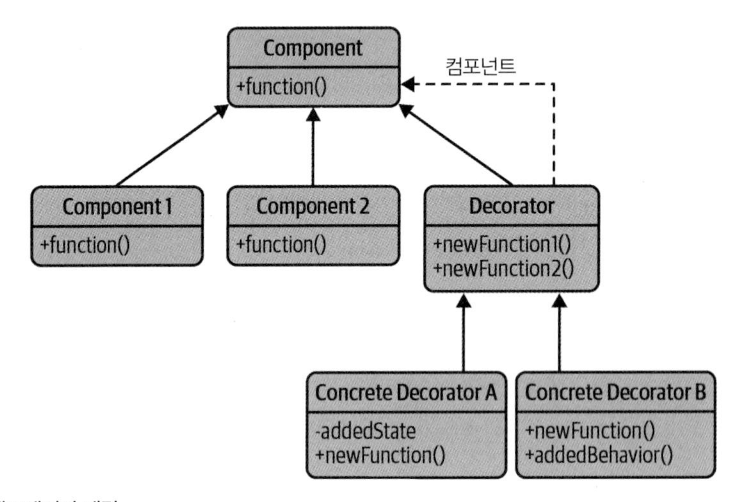

그림 7-7 데코레이터 패턴

객체 생성자는 각자 다른 능력을 가진 캐릭터 타입을 나타낼 수 있습니다. 예를 들어 반지의 제왕 게임에는 `Hobbit`, `Elf`, `Orc`, `Wizard`, `Mountain Giant`, `Stone Giant` 등의 수백 개가 훌쩍 넘는 생성자가 필요할 것입니다. 캐릭터의 능력까지 고려해 `HobbitWithRing`, `HobbitWithSword`, `HobbitWithRingAndSword` 등처럼 능력의 조합에 따라 서브클래스를 만들어야 한다고 상상해 보세요. 전혀 실용적이지 않을 뿐더러 늘어가는 능력의 수를 감당할 수 없을 것입니다.

데코레이터 패턴은 객체의 생성을 신경 쓰지 않는 대신 기능의 확장에 좀 더 초점을 둡니다. 프로토타입의 상속에 의지하기보다는 하나의 베이스 클래스에 추가 기능을 제공하는 데코레이터 객체를 점진적으로 추가합니다. 이는 서브클래싱 대신 베이스 객체에 속성이나 메서드를 추가하여 간소화하겠다는 아이디어입니다.

자바스크립트는 데코레이터를 사용할 수 있는 베이스 클래스를 만들 수 있습니다. 자바스크립트 클래스 인스턴스 객체에 새로운 속성이나 메서드를 추가하는 것은 간단합니다. 이제 간단한 데코레이터를 만들어 봅시다(예제 7-4, 7-5).

예제 7-4 생성자에 데코레이터를 붙여 새로운 기능 추가

```
// Vehicle 생성자
class Vehicle {
    constructor(vehicleType) {
        // 일부 합리적인 기본값
        this.vehicleType = vehicleType || 'car';
        this.model = 'default';
        this.license = '00000-000';
    }
}

// 기본 Vehicle에 대한 테스트 인스턴스
const testInstance = new Vehicle('car');
console.log(testInstance);

// 출력:
// vehicle: car, model:default, license: 00000-000

// 데코레이트될 새로운 차량 인스턴스를 생성합시다.
const truck = new Vehicle('truck');

// Vehicle에 추가하는 새로운 기능
truck.setModel = function(modelName) {
    this.model = modelName;
};

truck.setColor = function(color) {
    this.color = color;
};
```

```
// 값 설정자와 값 할당이 올바르게 작동하는지 테스트
truck.setModel('CAT');
truck.setColor('blue');

console.log(truck);

// 출력:
// vehicle:truck, model:CAT, color: blue

// "vehicle"이 변경되지 않았음을 보여줍니다.
const secondInstance = new Vehicle('car');
console.log(secondInstance);

// 출력:
// vehicle: car, model:default, license: 00000-000
```

이 예제에서 truck은 Vehicle 클래스의 인스턴스이며, setColor와 setModel 메서드를 데코레이터로 추가했습니다.

이러한 단순 구현은 유용하지만 데코레이터의 이점을 모두 보여주기엔 부족합니다. 대신 프리먼Freeman 등이 쓴 『헤드 퍼스트 디자인 패턴』(한빛미디어, 2022)[14]이라는 훌륭한 책의 커피 예제를 맥북 구매 상황으로 바꾸어 설명하겠습니다.

예제 7-5 여러 데코레이터로 객체의 기능 확장하기

```
// 데코레이터를 사용할 생성자
class MacBook {
    constructor() {
        this.cost = 997;
        this.screenSize = 11.6;
    }
    getCost() {
        return this.cost;
    }
    getScreenSize() {
        return this.screenSize;
    }
}
```

14 *https://www.oreilly.com/library/view/head-first-design/0596007124/*

```
// 데코레이터 1
class Memory extends MacBook {
    constructor(macBook) {
        super();
        this.macBook = macBook;
    }

    getCost() {
        return this.macBook.getCost() + 75;
    }
}

// 데코레이터 2
class Engraving extends MacBook {
    constructor(macBook) {
        super();
        this.macBook = macBook;
    }

    getCost() {
        return this.macBook.getCost() + 200;
    }
}

// 데코레이터 3
class Insurance extends MacBook {
    constructor(macBook) {
        super();
        this.macBook = macBook;
    }

    getCost() {
        return this.macBook.getCost() + 250;
    }
}

// 메인 객체 초기화
let mb = new MacBook();

// 데코레이터 초기화
mb = new Memory(mb);
mb = new Engraving(mb);
mb = new Insurance(mb);
```

```
// 출력: 1522
console.log(mb.getCost());

// 출력: 11.6
console.log(mb.getScreenSize());
```

이번 예제에서 맥북의 업그레이드에 필요한 추가 비용을 반환하기 위해 `MacBook` 부모 클래스 객체의 `.getCost()` 함수를 데코레이터로 오버라이드했습니다.

원본 `MacBook` 객체 생성자 메서드 중 오버라이드되지 않은 메서드(`getScreenSize()`)는 그대로 유지되기에 데코레이터를 사용했다고 합니다.

앞의 예제에서는 미리 정의된 인터페이스가 존재하지 않았습니다. 그래서 객체가 인터페이스를 충족하지 않아도 되었습니다.

7.14 의사 클래스 데코레이터

이번엔 더스틴 디아즈Dustin Diaz와 로스 하메스Ross Harmes가 『Pro JavaScript Design Patterns』(Apress, 2007)에서 처음 선보인 데코레이터의 변형 버전을 살펴보겠습니다.

앞의 몇 가지 예제와 달리 디아즈와 하메스는 '인터페이스' 개념을 사용하여 데코레이터가 다른 프로그래밍 언어(자바나 C++)에서는 어떻게 구현되는지에 초점을 두었습니다. 이 인터페이스에 대해 상세히 알아봅시다.

> **NOTE** 데코레이터 패턴의 변형 버전은 참고용입니다. 너무 어렵다고 느껴진다면 앞서 다뤘던 다른 쉬운 패턴을 사용하는 것을 추천드립니다.

7.14.1 인터페이스

『Pro JavaScript Design Patterns』(Apress, 2007)에서는 데코레이터 패턴을 같은 인터페

이스를 가진 서로 다른 객체 내부에 새 객체를 넣어서 사용하는 방법이라고 설명합니다. 인터페이스Interface란 객체가 **가져야 할** 메서드를 정의하는 방법입니다. 그러나 메서드를 어떻게 구현해야 하는지는 직접적으로 명시하지 않습니다. 또한 인터페이스는 메서드가 가지는 매개변수를 선택할 수도 있습니다.

그래서 왜 자바스크립트에서 인터페이스를 사용해야 할까요? 인터페이스는 스스로 문서의 역할을 하고 재사용성을 높이기 때문입니다. 이론적으로 인터페이스의 변경사항이 객체의 구현에도 전달되게 하면서 코드의 안정성을 높입니다.

다음은 덕 타이핑duck-typing을 사용해 자바스크립트의 인터페이스를 구현하는 예제입니다.

```
// 인터페이스 이름과
// 노출할 스켈레톤 메서드를 받아들이는
// Interface 생성자(사전에 정의된)를 사용하여 인터페이스 생성

// 리마인더 예제에서 본
// summary()와 placeOrder()는
// 인터페이스가 지원해야 할 기능
const reminder = new Interface('List', ['summary', 'placeOrder']);

const properties = {
    name: 'Remember to buy the milk',
    date: '05/06/2040',
    actions: {
        summary() {
            return 'Remember to buy the milk, we are almost out!';
        },
        placeOrder() {
            return 'Ordering milk from your local grocery store';
        },
    },
};

// 이제 이러한 속성과 메서드를 구현하는 생성자 생성

class Todo {
    constructor({ actions, name }) {
        // 지원되어야 할 메서드를 명시하고
        // 확인에 사용될 Interface 인스턴스도 명시
```

```
        Interface.ensureImplements(actions, reminder);

        this.name = name;
        this.methods = actions;
    }
}

// Todo 생성자의 새 인스턴스 생성

const todoItem = new Todo(properties);

// 마지막으로 제대로 기능하는지 테스트

console.log(todoItem.methods.summary());
console.log(todoItem.methods.placeOrder());

// 출력:
// Remember to buy the milk, we are almost out!
// Ordering milk from your local grocery store
```

전통적인 방식의 자바스크립트와 ES2015+ 모두 인터페이스를 지원하지 않습니다. 하지만 인터페이스 클래스를 만들 수는 있습니다. 앞선 예제에서 `Interface.ensureImplements`는 엄격한 기능 검사를 제공하며, `Interface.ensureImplements`의 코드와 인터페이스 생성자를 찾을 수 있습니다.

인터페이스에 대해 한 가지 신경 쓰이는 점이 있다면, 자바스크립트에 내장된 기능이 아니라는 점입니다. 따라서 다른 언어에서 쓰이던 기능을 그대로 자바스크립트에서 구현하려고 할 때 문제가 생길 수도 있습니다. 하지만 정말 필요하다면 인터페이스가 내장된 타입스크립트Typescript를 사용하면 됩니다. 가벼운 인터페이스는 자바스크립트에서 큰 성능 비용 없이 사용할 수도 있습니다. 다음 절에서는 같은 개념을 가진 추상 데코레이터Abstract Decorators에 대해 알아보겠습니다.

7.14.2 추상 데코레이터

이번 데코레이터 패턴 변형 버전의 구조를 설명하려면 부모 클래스인 `MacBook`을 다시 기억

속에서 꺼내와야 합니다. 그리고 추가 요금을 지불하면 맥북에 기능을 추가(**데코레이트**)하도록 해주는 상점도 마찬가지입니다.

추가 옵션에는 램 용량, 각인, 패러렐즈 또는 케이스 같은 것들이 포함되어 있습니다. 이러한 추가 옵션의 조합을 개별 서브클래스로 만든다면 다음과 같을 것입니다.

```
const MacBook = class {
    //...
};

const MacBookWith4GBRam = class {};
const MacBookWith8GBRam = class {};
const MacBookWith4GBRamAndEngraving = class {};
const MacBookWith8GBRamAndEngraving = class {};
const MacBookWith8GBRamAndParallels = class {};
const MacBookWith4GBRamAndParallels = class {};
const MacBookWith8GBRamAndParallelsAndCase = class {};
const MacBookWith4GBRamAndParallelsAndCase = class {};
const MacBookWith8GBRamAndParallelsAndCaseAndInsurance = class {};
const MacBookWith4GBRamAndParallelsAndCaseAndInsurance = class {};
```

이는 모든 추가 옵션 조합에 대해 새로운 서브클래스가 필요해지기 때문에 실용적이지 않은 방법입니다. 대부분의 개발자는 코드를 좀 더 간단하게 만들고, 많은 양의 서브클래스를 동시에 관리하지 않길 원하니 데코레이터를 이용해 어떻게 문제를 해결하는지 봅시다.

모든 조합의 서브클래스를 만드는 대신, 5개의 새 데코레이터 클래스를 만듭니다. 추가 옵션 클래스에서 호출 되는 메서드는 MacBook 클래스로 전달됩니다.

다음 예제에서 데코레이터는 컴포넌트의 구조를 유지하면서도 기능을 확장시키며, 같은 인터페이스를 사용하기 때문에 서로 호환성이 높습니다. 맥북을 정의하는 인터페이스는 다음과 같습니다.

```
const MacBook = new Interface('MacBook', [
    'addEngraving',
    'addParallels',
    'add4GBRam',
```

```
    'add8GBRam',
    'addCase',
]);

// MacBook Pro는 다음과 같이 표현될 수 있습니다.
class MacBookPro {
    // MacBook 구현
}

// 내부적으로 같은 구조를 사용하기 때문에
// ES2015+의 Object.prototype을 사용하여 새로운 메서드를 추가할 수도 있습니다.

MacBookPro.prototype = {
    addEngraving() {},
    addParallels() {},
    add4GBRam() {},
    add8GBRam() {},
    addCase() {},
    getPrice() {
        // 기본 가격
        return 900.0;
    },
};
```

나중에 더 많은 옵션을 쉽게 추가할 수 있도록, 추상 데코레이터abstract decorator 클래스는 MacBook 인터페이스를 구현하기 위해 필요한 기본 메서드를 정의하였으며 그 외 나머지 옵션은 서브클래스가 됩니다. 추상 데코레이터는 모든 가능한 조합의 클래스를 따로 정의하지 않고도, 필요한 만큼의 데코레이터만을 사용하여 베이스 클래스에 독립적으로 기능을 추가할 수 있게 해줍니다.

```
// MacBook 추상 데코레이터 클래스

class MacBookDecorator {
    constructor(macbook) {
        Interface.ensureImplements(macbook, MacBook);
        this.macbook = macbook;
    }

    addEngraving() {
        return this.macbook.addEngraving();
```

```
    }

    addParallels() {
        return this.macbook.addParallels();
    }

    add4GBRam() {
        return this.macbook.add4GBRam();
    }

    add8GBRam() {
        return this.macbook.add8GBRam();
    }

    addCase() {
        return this.macbook.addCase();
    }

    getPrice() {
        return this.macbook.getPrice();
    }
}
```

이 예제에서 MacBook 데코레이터는 MacBook 객체를 받아 베이스 컴포넌트로 사용합니다. 이전에 정의했던 MacBook 인터페이스를 사용하며 각 메서드는 컴포넌트에서 같은 이름의 메서드를 호출하면 됩니다. 이제 MacBook 데코레이터를 통해 원하는 추가 옵션 클래스를 생성할 수 있습니다.

```
// 이제 MacBookDecorator를 사용해 CaseDecorator를 확장해 보겠습니다.

class CaseDecorator extends MacBookDecorator {
    constructor(macbook) {
        super(macbook);
    }

    addCase() {
        return `${this.macbook.addCase()}Adding case to macbook`;
    }

    getPrice() {
```

```
        return this.macbook.getPrice() + 45.0;
    }
}
```

앞에서는 addCase()와 getPrice() 메서드를 오버라이드했습니다. 기존 MacBook의 메서드를 호출한 다음 값을 업데이트(45.0 증가)하는 것으로 기능을 확장하고 있습니다.

앞서 많은 것을 다뤄 혼란스러울 수 있으므로, 지금까지 배운 것을 바탕으로 하나의 예제에 통합해 보도록 합시다.

```
// 맥북 인스턴스 생성
const myMacBookPro = new MacBookPro();
// 출력: 900.00
console.log(myMacBookPro.getPrice());
// 맥북 데코레이터 추가
const decoratedMacBookPro = new CaseDecorator(myMacBookPro);
// 945.00 반환
console.log(decoratedMacBookPro.getPrice());
```

데코레이터는 객체를 동적으로 확장할 수 있으므로, 이미 동작하는 시스템의 내용을 변경하기에 매우 적합한 패턴입니다. 가끔은 각 객체 타입의 개별 서브클래스를 관리하는 것보다 객체를 감싸는 데코레이터를 만드는 게 더 쉬울 때도 있습니다. 덕분에 많은 서브클래스 객체가 필요한 애플리케이션을 쉽게 관리할 수 있습니다.

사용된 예제의 함수 버전은 JSBin[15]에서 찾아보실 수 있습니다.

7.15 장점과 단점

많은 개발자는 유연하고 투명하게 사용될 수 있는 데코레이터 패턴을 좋아합니다. 앞에서 보셨다시피 데코레이터 패턴의 객체는 새로운 기능으로 감싸져 확장되거나 '데코레이트'될 수

15 https://jsbin.com/UMEJaXu/1/edit?html,js,output

있으며 베이스 객체가 변경될 걱정 없이 사용할 수 있습니다. 더 넓은 의미에서 봤을 때 수많은 서브클래스에 의존할 필요도 없습니다.

그러나 데코레이터 패턴을 구현할 때 주의해야 할 점이 있습니다. 네임 스페이스에 작고 비슷한 객체를 추가하기 때문에, 잘 관리하지 않는다면 애플리케이션의 구조를 무척 복잡하게 만들 수도 있습니다. 또한 이 패턴에 익숙하지 않은 다른 개발자가 패턴의 사용 목적을 파악하기 어렵게 되어 관리가 힘들어집니다.

후자는 충분한 문서화나 패턴에 대한 이해도를 높임으로써 해결할 수 있습니다. 애플리케이션의 어디서부터 어디까지 데코레이터를 사용하는지 잘 관리하면 전자와 후자 모두 문제없을 것입니다.

7.16 플라이웨이트 패턴

플라이웨이트Flyweight 패턴은 반복되고 느리고 비효율적으로 데이터를 공유하는 코드를 최적화하는 전통적인 구조적 해결 방법입니다. 연관된 객체끼리 데이터를 공유하게 하면서 애플리케이션의 메모리를 최소화하는 목적을 가지고 있습니다. [그림 7-8]에서 애플리케이션 구성과 상태 등을 볼 수 있습니다.

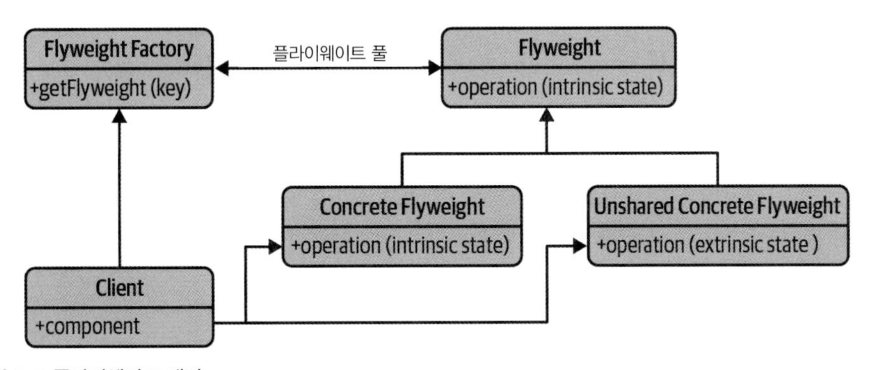

그림 7-8 플라이웨이트 패턴

폴 칼더Paul Calder와 마크 린튼Mark Linton은 1990년에 플라이웨이트 패턴을 처음 고안하였으며 복싱 체급에서 이름을 따왔습니다. 플라이급(플라이웨이트)이라는 이름은 이 패턴의 목표가 메모리 공간의 경량화이기 때문입니다.

실제로 플라이웨이트의 데이터 공유 방식은 여러 비슷한 객체나 데이터 구조에서 공통으로 사용되는 부분만을 하나의 외부 객체로 내보내는 것으로 이루어집니다. 각 객체에 데이터를 저장하기보다는 하나의 의존 외부 데이터에 모아서 저장할 수 있습니다.

7.16.1 사용법

플라이웨이트 패턴을 사용하는 두 가지 방법이 있습니다. 첫 번째는 데이터 레이어에서 메모리에 저장된 수많은 비슷한 객체 사이로 데이터를 공유하는 것입니다.

또한 DOM 레이어에도 플라이웨이트를 적용할 수 있습니다. 예를 들어 비슷한 동작을 하는 이벤트 핸들러를 모든 자식 요소에 등록하기보다는 부모 요소 같은 중앙 이벤트 관리자에게 맡기는 방법이 있습니다.

전통적으로 플라이웨이트 패턴은 데이터 레이어에서 많이 사용되었기 때문에 이 부분을 먼저 살펴보겠습니다.

7.16.2 데이터 공유

전통적인 플라이웨이트 패턴에 대해 몇 가지 더 알고 넘어가야 할 개념이 있습니다. 플라이웨이트 패턴에는 두 가지 개념이 있습니다. 내재적intrinsic 상태와 외재적extrinsic 상태입니다. 내재적 정보는 객체의 내부 메서드에 필요한 것이며, 없으면 절대로 동작하지 않습니다. 반면에 외재적 정보는 제거되어 외부에 저장될 수 있습니다.

같은 내재적 정보를 지닌 객체를 팩토리 메서드를 사용해 만들어진 하나의 공유된 객체로 대체할 수 있습니다. 이를 통해 저장된 내부 데이터의 양을 상당히 줄일 수 있습니다.

이미 공통 부분으로 인스턴스화된 객체를 재사용하면 되기 때문에 객체의 내재적 정보가 다를 경우에만 새로운 객체 복사본을 생성하면 됩니다.

외재적 정보를 다룰 때에는 따로 관리자를 사용합니다. 관리자는 다양한 방법으로 구현할 수 있지만, 그 중 한 가지 방법은 플라이웨이트 객체와 내재적 상태를 보관하는 중앙 데이터베이스를 관리자로 사용하는 것입니다.

7.16.3 전통적인 플라이웨이트 구현 방법

플라이웨이트 패턴은 지금껏 자바스크립트에서 많이 사용되지 않았기 때문에 자바나 C++ 생태계에서 영감을 얻어 구현해 왔습니다.

처음 살펴볼 플라이웨이트 패턴의 코드는 위키피디아[16]에 있는 자바 샘플 코드를 자바스크립트로 변환해 구현한 것입니다.

이 샘플 코드의 구현은 플라이웨이트의 특징 세 가지를 보여줍니다.

- **플라이웨이트**

  외부의 상태를 받아 작동할 수 있게 하는 인터페이스입니다.

- **구체적Concrete 플라이웨이트**

  플라이웨이트 인터페이스를 실제로 구현하고 내부 상태를 저장합니다. 또한 다양한 컨텍스트 사이에서 공유될 수 있어야 하며, 외부 상태를 조작할 수 있어야 합니다.

- **플라이웨이트 팩토리**

  플라이웨이트 객체를 생성하고 관리합니다. 플라이웨이트를 공유할 수 있도록 보장하며, 개별 인스턴스가 필요할 때 재사용할 수 있도록 관리합니다. 쉽게 말해 그룹 내에 객체가 이미 생성되어 있다면, 해당 객체를 반환합니다. 또는 새 객체를 그룹에 추가한 뒤 반환합니다.

16 *https://ko.wikipedia.org/wiki/플라이웨이트_패턴*

다음은 뒷장에서 볼 구현 코드에 대한 설명입니다.

- CoffeeOrder: 플라이웨이트
- CoffeeFlavor: 구체적 플라이웨이트
- CoffeeOrderContext: 헬퍼
- CoffeeFlavorFactory: 플라이웨이트 팩토리
- testFlyweight: 플라이웨이트 활용

'implements' 덕 펀칭하기

덕 펀칭Duck punching[17]은 런타임 소스를 수정할 필요 없이 언어나 솔루션의 기능을 확장할 수 있게 해줍니다. 다음 코드에서는 인터페이스를 구현하기 위해 자바의 키워드(implements)를 필요로 하지만 자바스크립트에는 원래 없는 기능이므로 먼저 덕 펀칭을 해 보겠습니다.

Function.prototype.implementsFor는 객체 생성자에 작용하며 부모 클래스(함수) 또는 객체를 받아들여 일반적인 상속(함수일 때) 또는 가상 상속(객체일 때)을 이용해 상속 받습니다.

```
// 인터페이스의 구현을 시뮬레이션하기 위한 유틸리티 클래스
class InterfaceImplementation {
  static implementsFor(superclassOrInterface) {
    if (superclassOrInterface instanceof Function) {
      this.prototype = Object.create(superclassOrInterface.prototype);
      this.prototype.constructor = this;
      this.prototype.parent = superclassOrInterface.prototype;
    } else {
      this.prototype = Object.create(superclassOrInterface);
      this.prototype.constructor = this;
      this.prototype.parent = superclassOrInterface;
    }
    return this;
  }
}
```

17 옮긴이_ 덕 펀칭이란 자바스크립트에서 객체가 특정 메서드나 속성을 가지고 있는지 동적으로 확인하여, 원래 언어에 없는 기능을 강제로 적용하는 기법입니다. 이를 통해 유연하게 객체의 기능을 확장할 수 있지만, 코드의 명확성과 안정성에 영향을 줄 수 있습니다.

앞선 코드는 implements 키워드의 부재를 보완하여 함수가 인터페이스를 상속할 수 있도록 만들어줍니다. 이제 CoffeeFlavor는 CoffeeOrder 인터페이스를 구현하며, 사용하기 위해서는 인터페이스에 명시된 메서드를 반드시 구현해야 합니다.

```
// CoffeeOrder 인터페이스
const CoffeeOrder = {
  serveCoffee(context) {},
  getFlavor() {},
};

class CoffeeFlavor extends InterfaceImplementation {
  constructor(newFlavor) {
    super();
    this.flavor = newFlavor;
  }

  getFlavor() {
    return this.flavor;
  }

  serveCoffee(context) {
    console.log(`Serving Coffee flavor ${this.flavor} to
       table ${context.getTable()}`); // 커피 제공 로그
  }
}

// CoffeeOrder 인터페이스 구현
CoffeeFlavor.implementsFor(CoffeeOrder);

const CoffeeOrderContext = (tableNumber) => ({
  getTable() {
    return tableNumber;
  },
});

class CoffeeFlavorFactory {
  constructor() {
    this.flavors = {};
    this.length = 0;
  }

  getCoffeeFlavor(flavorName) {
```

```
    let flavor = this.flavors[flavorName];
    if (!flavor) {
      flavor = new CoffeeFlavor(flavorName);
      this.flavors[flavorName] = flavor;
      this.length++;
    }
    return flavor;
  }

  getTotalCoffeeFlavorsMade() {
    return this.length;
  }
}

// 사용 예시:
const testFlyweight = () => {
  const flavors = [];
  const tables = [];
  let ordersMade = 0;
  const flavorFactory = new CoffeeFlavorFactory();

  function takeOrders(flavorIn, table) {
    flavors.push(flavorFactory.getCoffeeFlavor(flavorIn));
    tables.push(CoffeeOrderContext(table));
    ordersMade++;
  }

  // 주문 처리
  takeOrders('Cappuccino', 2);
  // ...

  // 주문 제공
  for (let i = 0; i < ordersMade; ++i) {
    flavors[i].serveCoffee(tables[i]);
  }

  console.log(' ');
  console.log(`total CoffeeFlavor objects made:
    ${flavorFactory.getTotalCoffeeFlavorsMade()}`);
};

testFlyweight();
```

7.16.4 플라이웨이트로 변환하기

이번에는 도서관의 책을 관리하는 시스템을 구현할 때 플라이웨이트를 써봅시다. 책이 가진 필수 메타데이터는 다음과 같습니다.

- ID
- Title
- Author
- Genre
- Page count
- Publisher ID
- ISBN

또한 책을 빌려줄 때 누가 빌려 갔는지, 언제 빌려 갔고, 언제 반납할 것인지에 대해 알기 위해 다음과 같은 속성이 더 필요합니다.

- `checkoutDate`
- `checkoutMember`
- `dueReturnDate`
- `availability`

각각의 책을 나타내는 `Book` 클래스를 다음과 같이 만들었습니다. 아직 플라이웨이트 패턴을 사용해 최적화하기 전입니다. 생성자는 책과 관련된 모든 속성을 받아 할당합니다.

```
class Book {
  constructor(
    id,
    title,
    author,
    genre,
    pageCount,
    publisherID,
    ISBN,
    checkoutDate,
    checkoutMember,
```

```
    dueReturnDate,
    availability
  ) {
    this.id = id;
    this.title = title;
    this.author = author;
    this.genre = genre;
    this.pageCount = pageCount;
    this.publisherID = publisherID;
    this.ISBN = ISBN;
    this.checkoutDate = checkoutDate;
    this.checkoutMember = checkoutMember;
    this.dueReturnDate = dueReturnDate;
    this.availability = availability;
  }

  getTitle() {
    return this.title;
  }

  getAuthor() {
    return this.author;
  }

  getISBN() {
    return this.ISBN;
  }

  // 간결하게 보이도록 다른 게터들은 생략합니다.
  updateCheckoutStatus(
    bookID,
    newStatus,
    checkoutDate,
    checkoutMember,
    newReturnDate
  ) {
    this.id = bookID;
    this.availability = newStatus;
    this.checkoutDate = checkoutDate;
    this.checkoutMember = checkoutMember;
    this.dueReturnDate = newReturnDate;
  }

  extendCheckoutPeriod(bookID, newReturnDate) {
```

```
    this.id = bookID;
    this.dueReturnDate = newReturnDate;
  }

  isPastDue(bookID) {
    const currentDate = new Date();
    return currentDate.getTime() > Date.parse(this.dueReturnDate);
  }
}
```

이 시스템은 처음에 책이 조금만 있을 때는 잘 작동할 겁니다. 하지만 도서관이 확장되며 많은 책의 다양한 버전과 사본이 추가되면서 관리 시스템이 느려지는 것을 체감하게 될 것입니다. 수천 개의 책 객체를 다루는 건 메모리에 부담이 되기 때문입니다. 하지만 플라이웨이트 패턴을 적용하면 시스템을 최적화할 수 있습니다.

우선 내부 상태와 외부 상태로 데이터를 분리합니다. 책에 관련된 데이터(`title`, `author` 등)는 내부 상태로, 대출에 관련된 데이터(`checkoutMember`, `dueReturnDate` 등)는 외부 상태로 간주합니다. 이렇게 하면 책 속성의 각 조합마다 하나의 `Book` 객체만 필요합니다. 여전히 많은 객체가 남지만 이전보다는 확실히 많은 수가 줄었습니다.

특정 title/ISBN을 가진 책 객체의 모든 사본에 대해 다음과 같은 책 메타데이터 조합의 인스턴스가 생성될 겁니다.

```
// 플라이웨이트로 최적화한 버전
class Book {
  constructor({ title, author, genre, pageCount, publisherID, ISBN }) {
    this.title = title;
    this.author = author;
    this.genre = genre;
    this.pageCount = pageCount;
    this.publisherID = publisherID;
    this.ISBN = ISBN;
  }
}
```

보시다시피 외부 상태를 나타내는 부분이 제거되었습니다. 도서 대출에 대한 책임은 관리자로 이동되었고, 객체 데이터가 분리되었기 때문에 인스턴스화를 위한 팩토리를 사용할 수 있게 되었습니다.

7.16.5 기본 팩토리

이제 아주 기본적인 팩토리를 정의해 봅시다. 이 팩토리는 시스템 내부에서 특정 제목의 책이 이미 생성되었는지 확인합니다. 생성된 책이 있다면 반환하고, 없다면 새로운 책을 생성하여 나중에 다시 접근할 수 있도록 저장합니다. 이 방법은 고유한 내부 데이터에 대해 하나의 복사본만 생성되도록 보장합니다.

```
// Book 팩토리의 싱글톤
const existingBooks = {};

class BookFactory {
  createBook({ title, author, genre, pageCount, publisherID, ISBN }) {
    // 주어진 메타데이터 조합과 일치하는 책이 이미 존재하는지 확인
    // 그리고 !! 연산자를 사용해 boolean 형태로 변환
    const existingBook = existingBooks[ISBN];
    if (!!existingBook) {
      return existingBook;
    } else {
      // 존재하지 않는 경우, 새로운 책 인스턴스 생성 후 저장
      const book = new Book({ title, author, genre, pageCount, publisherID,
         ISBN });
      existingBooks[ISBN] = book; // 생성된 책 저장
      return book; // 생성된 책 반환
    }
  }
}
```

7.16.6 외부 상태 관리하기

이제 Book 객체에서 제거된 상태를 어딘가에 저장해야 합니다. 다행히도 제거된 상태를 캡슐화해 줄 관리자(싱글톤)가 있습니다. Book 객체와 해당 도서를 대출한 도서관 회원의 조합

을 Book 레코드record라고 하겠습니다. 다음 예제에서 구현할 관리자는 앞의 두 가지 정보를 모두 저장하며, 플라이웨이트 패턴을 통해 Book 클래스를 최적화하는 과정에서 제거한 대출 관련 로직을 포함하고 있습니다.

```
// Book 레코드 관리자 싱글톤
const bookRecordDatabase = {};

class BookRecordManager {
  // 도서관 시스템에 새로운 도서 추가
  addBookRecord({ id, title, author, genre, pageCount, publisherID, ISBN,
       checkoutDate, checkoutMember, dueReturnDate, availability }) {
    const bookFactory = new BookFactory();
    const book = bookFactory.createBook({ title, author, genre, pageCount,
       publisherID, ISBN });
    bookRecordDatabase[id] = {
      checkoutMember,
      checkoutDate,
      dueReturnDate,
      availability,
      book,
    };
  }

  updateCheckoutStatus({ bookID, newStatus, checkoutDate, checkoutMember,
     newReturnDate }) {
    const record = bookRecordDatabase[bookID];
    record.availability = newStatus;
    record.checkoutDate = checkoutDate;
    record.checkoutMember = checkoutMember;
    record.dueReturnDate = newReturnDate;
  }

  extendCheckoutPeriod(bookID, newReturnDate) {
    bookRecordDatabase[bookID].dueReturnDate = newReturnDate;
  }

  isPastDue(bookID) {
    const currentDate = new Date();
    return currentDate.getTime() >
       Date.parse(bookRecordDatabase[bookID].dueReturnDate);
  }
}
```

이러한 변화의 결과로 Book 클래스에서 추출된 모든 데이터는 BookManager 싱글톤의 속성(BookDatabase)에 저장됩니다. 이 싱글톤은 대량의 객체를 관리하는 이전 버전보다 훨씬 효율적입니다. 도서 대출에 관련된 메서드도 이제 싱글톤 관리자에 위치하게 되는데, 이러한 메서드들은 책 자체의 내부 데이터보다 외부 데이터를 다루기 때문입니다.

이러한 최적화 과정은 최종적으로 복잡성을 더하게 되나, 얻게 될 성능적 이점에 비하면 사소합니다. 데이터 측면에서 볼 때 같은 책에 대해 30권의 사본이 있다고 해도 단 한 번만 저장하면 됩니다. 게다가 모든 함수는 메모리를 차지하지만, 플라이웨이트 패턴을 사용하면 함수들은 모든 객체에 각각 존재하는 게 아니라, 관리자 내부에 한 번만 존재하게 되어 메모리를 절약할 수 있습니다. 앞서 언급한 최적화되지 않은 플라이웨이트의 경우, Book 생성자의 프로토타입을 사용했기 때문에 함수에 대한 참조만 저장합니다. 하지만 다른 방법으로 구현한다면 모든 도서의 인스턴스마다 함수가 생성되었을 것입니다.

7.16.7 플라이웨이트 패턴과 DOM 객체

DOM은 하향식topdown(이벤트 캡처링event capturing)과 상향식bottom-up(이벤트 버블링event bubbling) 두 가지 방식의 이벤트 감지를 지원합니다.

이벤트 캡처링에서는 이벤트가 가장 바깥쪽 요소(상위 요소)에서 감지되어 점차 안쪽 요소(하위 요소)로 전파됩니다. 이벤트 버블링에서는 반대로 가장 안쪽 요소에서 감지되어 점차 바깥쪽 요소로 전파됩니다.

게리 치숄름Gary Chisholm은 플라이웨이트를 비유하여 다음과 같이 말했습니다.

> 플라이웨이트를 연못이라고 상상해 보세요. 물고기가 입을 벌리는 순간(이벤트) 거품이 수면 위로 올라옵니다(버블링). 거품이 수면에 닿으면 그 위에 앉아있던 파리가 날아갑니다(실행되는 동작). 이 예시에서 물고기가 입을 벌리는 것을 버튼이 눌리는 것으로, 거품이 수면 위로 올라오는 것을 버블링으로, 파리가 날아가는 것을 함수가 실행되는 것으로 바꿔 생각해 볼 수 있습니다.

버블링은 DOM 계층 구조에서 발생한 이벤트(예시: 클릭)가 타깃 요소부터 최상위 요소까지 이벤트 핸들러를 거슬러 올라가면서 처리되는 방식입니다. 버블링이 발생하면 이벤트는 가장 하위 레벨의 요소에 정의된 이벤트 핸들러부터 실행합니다. 그리고 상위 요소로 거슬러 올라가며 더 높은 레벨에 정의된 이벤트 핸들러도 실행합니다.

플라이웨이트는 이벤트 버블링 과정을 추가 조정하는 데에 사용할 수 있습니다. 다음 절, '예시: 중앙 집중식 이벤트 핸들링' 에서 더 자세히 살펴봅시다.

7.16.8 예시: 중앙 집중식 이벤트 핸들링

이번에 살펴볼 실전 예제에서는 사용자 액션(예: 클릭, 마우스 오버)에 따라 실행되는 비슷한 동작을 가진 여러 비슷한 요소들이 있다고 가정해 봅시다.

일반적으로 아코디언 컴포넌트, 메뉴 그리고 리스트 기반의 위젯 같은 것들을 설계할 때 부모 컨테이너 내부의 각 링크 요소에 '클릭' 이벤트를 바인딩하곤 합니다(예:`$('ul li a).on(...)`). 하지만 여러 요소들에 하나하나 클릭 이벤트를 바인딩하는 대신, 최상위 컨테이너에 플라이웨이트를 부착하여 하위 요소로부터 전달되는 이벤트를 감지할 수 있습니다. 감지한 이벤트는 필요에 따라 간단하거나 복잡한 로직을 적용하여 원하는 기능을 구현하면 됩니다.

앞서 언급했던 컴포넌트 유형들(예: 아코디언의 각 섹션)은 각 부분마다 반복되고 있기 때문에 클릭된 각 요소의 동작은 꽤 비슷하거나 인접한 클래스와 관련이 있을 확률이 큽니다. 이러한 정보를 이용하여 [예제 7-6]에서 플라이웨이트를 적용한 간단한 아코디언을 만들어 볼 것입니다.

플라이웨이트의 로직을 캡슐화하여 담아두기 위해 `stateManager` 네임 스페이스를 사용하고, `div` 컨테이너에 클릭 이벤트를 바인드하기 위해 jQuery를 사용합니다. 그 전에 `unbind` 이벤트를 통해 컨테이너에 붙은 다른 핸들러를 떼어내도록 합니다.

정확히 어떤 자식 요소가 클릭되었는지 확인하기 위해서 `target`을 체크합니다. `target`은 부모와 상관없이 클릭된 요소가 어떤 것인지에 대한 참조를 제공합니다. 이제 페이지가 로드되고 난 후 모든 자식 요소들에 이벤트를 바인딩할 필요 없이 `click` 이벤트를 다룰 수 있습니다.

예제 7-6 중앙 집중식 이벤트 핸들링

```
<div id="container">
    <div class="toggle">More Info (Address)
      <span class="info">
        This is more information
      </span>
    </div>
    <div class="toggle">Even More Info (Map)
      <span class="info">
        <iframe src="MAPS_URL"></iframe>
      </span>
    </div>
</div>


<script>
    (function() {
      const stateManager = {
        fly() {
          const self = this;
          $('#container')
            .off()
            .on('click', 'div.toggle', function() {
              self.handleClick(this);
            });
        },
        handleClick(elem) {
          $(elem)
            .find('span')
            .toggle('slow');
        },
      };

      // 이벤트 리스너 초기화
      stateManager.fly();
    })();
</script>
```

이러한 방식의 장점은 개별적으로 관리되었던 많은 동작을 공유된 하나의 동작으로 바꾸어 메모리를 절약할 수 있게 해 준다는 점입니다.

7.17 행위 패턴

행위Behavior 패턴은 객체 간의 의사소통을 돕는 패턴입니다. 시스템 내 서로 다른 객체 간의 의사소통 방식을 개선하고 간소화하는 것을 목적으로 합니다.

다음은 앞으로 알아볼 자바스크립트의 행위 패턴들입니다.

- 관찰자 패턴
- 중재자 패턴
- 커맨드 패턴

7.18 관찰자 패턴

관찰자Observer 패턴은 한 객체가 변경 될 때 다른 객체들에 변경되었음을 알릴 수 있게 해주는 패턴입니다. 변경된 객체는 누가 자신을 구독하는지 알 필요 없이 알림을 보낼 수 있습니다. 한 객체(주체subject)를 관찰하는 여러 객체들(관찰자Observer)이 존재하며, 주체의 상태가 변화하면 관찰자들에게 자동으로 알림을 보냅니다. 최신 프레임워크에서는 상태의 변화를 컴포넌트에 알리기 위해 관찰자 패턴을 사용하곤 합니다. [그림 7-9]에서 잘 설명하고 있습니다.

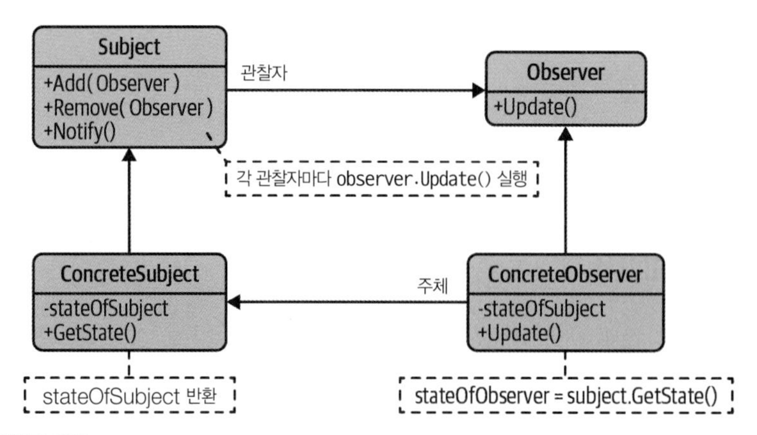

그림 7-9 관찰자 패턴

주체가 관찰자에게 중요한 변경사항을 알려야 할 때, 변경에 대한 알림과 함께 관련 정보를 모든 관찰자에게 전달합니다. 관찰자가 더 이상 주체의 변경에 대한 알림을 받고 싶지 않을 경우, 관찰자 목록에서 제거하면 됩니다.

다양한 언어에 구애받지 않는 디자인 패턴에 대한 정의를 다시 한번 참고하는 것은 사용 방법과 장점에 대한 넓은 이해를 얻는 데에 언제나 도움이 됩니다. 『GoF의 디자인 패턴』(프로텍미디어, 2015)에서는 관찰자 패턴을 다음과 같이 정의합니다.

> 하나 이상의 관찰자들이 주체의 상태에 관심을 가지고 자신들을 주체에 알림 등록합니다. 관찰자가 관심을 가질만한 변경사항이 주체에서 일어났을 경우, 각 관찰자들의 업데이트 메서드를 실행시키는 알림 메시지가 전송됩니다. 관찰자가 더 이상 주체의 변경에 관심이 없어지면 간단히 자신을 알림에서 해제할 수 있습니다.

지금까지 배운 관찰자 패턴의 구성 요소들을 확장해 봅시다.

주체

관찰자 리스트를 관리하고, 추가와 삭제를 가능하게 합니다.

관찰자

주체의 상태 변화 알림을 감지하는 `update` 인터페이스를 제공합니다.

- **구체적 주체(ConcreteSubject)**

  상태 변화에 대한 알림을 모든 관찰자에게 전달하고, ConcreteObserver의 상태를 저장합니다.

- **구체적 관찰자(ConcreteObserver)**

  ConcreteSubject의 참조를 저장하고, 관찰자의 update 인터페이스를 구현하여 주체의 상태 변화와 관찰자의 상태 변화가 일치할 수 있도록 합니다.

ES2015+에서는 notify와 update 메서드를 사용하는 자바스크립트 클래스를 통해 주체와 관찰자를 구현함으로써 관찰자 패턴을 만들 수 있습니다.

먼저, 주체가 가질 수 있는 관찰자 목록을 ObserverList 클래스를 통해 구현해 보겠습니다.

```
class ObserverList {
    constructor() {
        this.observerList = [];
    }

    add(obj) {
        return this.observerList.push(obj);
    }

    count() {
        return this.observerList.length;
    }

    get(index) {
        if (index > -1 && index < this.observerList.length) {
            return this.observerList[index];
        }
    }

    indexOf(obj, startIndex) {
        let i = startIndex;

        while (i < this.observerList.length) {
            if (this.observerList[i] === obj) {
```

```
                return i;
            }
            i++;
        }

        return -1;
    }

    removeAt(index) {
        this.observerList.splice(index, 1);
    }
}
```

다음으로, 주체가 관찰자 목록을 추가하고, 제거하고, 알리는 기능을 구현해 봅시다.

```
class Subject {
  constructor() {
    this.observers = new ObserverList();
  }

  addObserver(observer) {
    this.observers.add(observer);
  }

  removeObserver(observer) {
    this.observers.removeAt(this.observers.indexOf(observer, 0));
  }

  notify(context) {
    const observerCount = this.observers.count();
    for (let i = 0; i < observerCount; i++) {
    this.observers.get(i).update(context);
    }
  }
}
```

그리고 새로운 관찰자들을 추가하는 기본 틀을 구성해 봅시다. 나중에 이 `Update` 기능을 원하는 커스텀 방식으로 재정의할 것입니다.

```
// 관찰자 클래스
class Observer {
    constructor() {}
    update() {
        // ...
    }
}
```

관찰자 패턴의 구성 요소를 가진 예제 애플리케이션에 다음과 같은 기능들을 추가해 봅시다.

- 관찰 가능한 새로운 체크박스를 추가할 수 있는 버튼
- 선택 상태가 변경되면 다른 체크박스에도 같은 상태로 업데이트하라는 알림을 보내는 주체 역할의 체크박스
- 새롭게 추가되는 체크박스를 담을 컨테이너

새로운 관찰자를 추가하고 업데이트 인터페이스를 구현하기 위해 ConcreteSubject와 ConcreteObserver를 정의합니다. 그러기 위해 상속을 사용하여 주체 클래스와 관찰자 클래스를 확장합니다. ConcreteSubject 클래스는 체크박스를 캡슐화하고 주체 체크박스가 클릭되었을 때 알림을 보냅니다. ConcreteObserver클래스는 각각의 관찰자 체크박스를 캡슐화하고 관찰자 체크박스들의 상태를 변경하는 Update 인터페이스를 구현합니다. 다음은 이 클래스들이 어떻게 상호작용하여 작동하는지 볼 수 있는 예제입니다.

HTML 코드는 다음과 같습니다.

```
<button id="addNewObserver">Add New Observer checkbox</button>
<input id="mainCheckbox" type="checkbox"/>
<div id="observersContainer"></div>
```

예제는 다음과 같습니다.

```
// 구체적 주체
class ConcreteSubject extends Subject {
    constructor(element) {
      // 상위 클래스의 생성자 호출
      super();
      this.element = element;
```

```
      // 체크 박스를 클릭하면 관찰자들에게 알림을 전송
      this.element.onclick = () => {
        this.notify(this.element.checked);
      };
    }
  }

  // 구체적 관찰자

  class ConcreteObserver extends Observer {
    constructor(element) {
      super();
      this.element = element;
    }

    // 원하는 업데이트 동작으로 재정의(override)
    update(value) {
      this.element.checked = value;
    }
  }

  // DOM 요소 참조
  const addBtn = document.getElementById('addNewObserver');
  const container = document.getElementById('observersContainer');
  const controlCheckbox = new ConcreteSubject(
    document.getElementById('mainCheckbox')
  );

  const addNewObserver = () => {
    // 새로운 체크박스 생성
    const check = document.createElement('input');
    check.type = 'checkbox';
    const checkObserver = new ConcreteObserver(check);

    // 메인 주체의 관찰자 리스트에 새로운 관찰자 추가
    controlCheckbox.addObserver(checkObserver);

    // 컨테이너에 새로운 체크박스 추가
    container.appendChild(check);
  };

  addBtn.onclick = addNewObserver;
}
```

앞선 예제에서 주체, 관찰자, 구체적 주체(ConcreteSubject), 구체적 관찰자(ConcreteObserver)를 포함하는 관찰자 패턴을 구현하고 사용하는 방법에 대해 알아보았습니다.

7.18.1 관찰자 패턴과 발행/구독 패턴의 차이점

관찰자 패턴에 대해 이해하는 것은 도움이 되지만, 실제 자바스크립트 환경에서는 발행/구독Publish/Subscribe 패턴이라는 변형된 형태의 구현이 더 널리 사용됩니다. 두 패턴이 상당히 유사하기는 해도 둘 사이엔 주목할 만한 차이점이 존재합니다.

관찰자 패턴에서는 이벤트 발생에 대해 알림 받기를 원하는 관찰자 객체가 이벤트를 발생시키는 주체 객체에 알림 대상으로서 등록되어야 합니다. [그림 7-10]에서 이 과정을 확인할 수 있습니다.

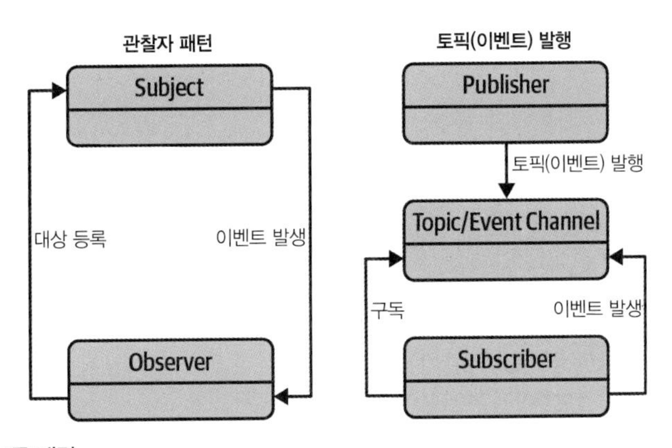

그림 7-10 발행/구독 패턴

반면 발행/구독 패턴에서는 이벤트 알림을 원하는 구독자와 이벤트를 발생시키는 발행자 사이에 토픽/이벤트 채널을 둡니다. 이러한 이벤트 시스템을 통해 애플리케이션에 특화된 이벤트를 정의할 수 있고, 구독자에게 필요한 값이 포함된 커스텀 인자를 전달할 수 있습니다. 발행/구독 패턴의 핵심은 발행자와 구독자를 각자 독립적으로 유지한다는 것입니다.

이러한 점에서 관찰자 패턴과 구별되는데, 발행/구독 패턴에서는 적절한 이벤트 핸들러를 가지고 있는 구독자라면 누구나 발행자가 전파하는 토픽의 알림을 받게 할 수 있습니다.

발행/구독 패턴의 기본 기능인 publish(), subscribe(), unsubscribe() 메서드가 이미 구현되어 있다는 가정하에, 발행/구독 패턴을 어떻게 사용할 수 있는지 예시를 보여드리겠습니다.

```
<!-- 아래 HTML을 추가하세요 -->
<div class="messageSender"></div>
<div class="messagePreview"></div>
<div class="newMessageCounter"></div>
// 간단한 발행/구독 패턴 구현
const events = (function () {
  const topics = {};
  const hOP = topics.hasOwnProperty;

  return {
    subscribe: function (topic, listener) {
      if (!hOP.call(topics, topic)) topics[topic] = [];
      const index = topics[topic].push(listener) - 1;

      return {
        remove: function () {
          delete topics[topic][index];
        },
      };
    },
    publish: function (topic, info) {
      if (!hOP.call(topics, topic)) return;
      topics[topic].forEach(function (item) {
        item(info !== undefined ? info : {});
      });
    },
  };
})();

// 매우 간단한 새 메일 핸들러
// 받은 메시지 수를 세는 카운터 변수
let mailCounter = 0;

// "inbox/newMessage" 라는 이름의 토픽을 구독하는 구독자를 초기화
```

```
// 새 메시지의 미리보기를 렌더링
const subscriber1 = events.subscribe('inbox/newMessage', (data) => {
  // 디버깅을 위해 토픽을 출력
  console.log('A new message was received:', data);

  // 전달 받은 데이터를 사용해 사용자에게 메시지 미리보기를 보여줌.
  document.querySelector('.messageSender').innerHTML = data.sender;
  document.querySelector('.messagePreview').innerHTML = data.body;
});

// 같은 데이터를 사용해 다른 작업을 수행하는 다른 구독자
// 발행자를 통해 새 메시지의 수를 표시하는 카운터 업데이트
const subscriber2 = events.subscribe('inbox/newMessage', (data) => {
  document.querySelector('.newMessageCounter').innerHTML = ++mailCounter;
});

events.publish('inbox/newMessage', {
  sender: 'hello@google.com',
  body: 'Hey there! How are you doing today?',
});

// 나중에 구독자가 새 토픽에 대한 알림을 받고 싶지 않으면
// 다음과 같이 구독 취소
// subscriber1.remove();
// subscriber2.remove();
```

발행/구독 패턴의 핵심은 시스템의 구성 요소 간에 느슨한 결합을 도모한다는 것입니다. 객체(발행자)가 다른 객체(구독자)의 메서드를 직접 호출하는 대신, 구독자는 특정 작업이나 활동을 구독하고 해당 작업이나 활동이 발생했을 때 알림을 받게 됩니다.

7.18.2 장점

관찰자 패턴과 발행/구독 패턴은 애플리케이션의 여러 구성 요소 간의 관계를 심도 있게 고민해 볼 수 있는 기회를 마련해줍니다. 또한 각각의 요소들이 직접 연결되어 있는 곳을 파악하여, 주체와 관찰자의 관계로 대체할 수 있는 부분을 찾아낼 수 있도록 도움을 줍니다. 이를 통해 애플리케이션을 더 작고 느슨하게 연결된 부분으로 나눌 수 있고, 결과적으로 코드의 관리와 재사용성을 높일 수 있습니다.

관찰자 패턴을 사용하는, 또 다른 이유는 클래스를 강하게 결합시키지 않으면서 관련 객체들 사이의 일관성을 유지해야 하는 상황에 있습니다. 예를 들어 어떤 한 객체가 다른 객체들이 어떤 식으로 구현되어 있는지 생각할 필요 없이 알림을 보낼 수 있어야 하는 경우가 있습니다.

관찰자 패턴 또는 발행/구독 패턴을 사용하면 주체와 객체 사이에 동적인 관계가 형성됩니다. 이를 통해 애플리케이션의 여러 부분이 강하게 결합되어 있을 때 구현하기 까다로운 뛰어난 유연성을 쉽게 구현할 수 있습니다.

관찰자 패턴과 발행/구독 패턴이 모든 문제에 대한 최고의 해결책은 아닐지라도, 이 패턴들은 시스템의 구성 요소 간 결합도를 낮추는 훌륭한 도구입니다. 따라서 모름지기 자바스크립트 개발자라면 필수적으로 짚고 넘어가야 할 도구입니다.

7.18.3 단점

하지만 관찰자 패턴과 발행/구독 패턴의 일부 문제점은 이 패턴이 가진 핵심적인 특성에서 비롯됩니다. 발행자/구독 패턴에서는 발행자와 구독자의 연결을 분리함으로써, 애플리케이션의 특정 부분들이 기대하는 대로 동작하고 있다는 것을 보장하기 어려워질 수도 있습니다.

예를 들어 발행자가 한 명 이상의 구독자를 가지고 있다고 가정해 봅시다. 그리고 애플리케이션의 프로세스와 관련된 에러를 로깅하거나 출력한다고 생각해 봅시다. 만약 로깅을 담당하는 구독자의 기능이 중단되거나 갑자기 제대로 작동하지 않는다 해도 발행자는 시스템의 연결이 분리된 특성 때문에 이러한 장애를 알 수 있는 방법이 없습니다.

또 다른 단점은 구독자들이 서로의 존재에 대해 전혀 알 수가 없고 발행자를 변경하는 데 드는 비용을 파악할 수 없다는 점입니다. 구독자와 발행자 사이의 관계가 동적으로 결정되기 때문에 어떤 구독자가 어떤 발행자에 의존하는지 추적하기 어려울 수 있습니다.

7.18.4 발행/구독 패턴 구현하기

발행/구독 패턴은 자바스크립트 생태계와 매우 잘 어울리는데, 왜냐하면 ECMAScript의 구현체가 본질적으로 이벤트 기반이기 때문입니다. 브라우저 환경에서는 DOM을 스크립트를 위한 주요 상호작용 API로써 사용하므로 이벤트 기반의 구조임이 더욱 뚜렷합니다.

이와는 별개로, ECMAScript와 DOM 모두 구현 코드에서 커스텀 이벤트 시스템을 만들기 위한 기본 객체나 메서드를 제공하지 않습니다(DOM3 `CustomEvent`는 예외이기는 하나 DOM에 한정되어 있기에 일반적으로 적용하기는 어렵습니다).

발행/구독 패턴 구현 예제

일반적인 자바스크립트 환경에서 사용되는 관찰자 패턴의 구현 방식을 더 잘 이해하기 위해, 제가 깃허브Github에 공개한 'pubsubz'[18] 프로젝트를 참고하여 발행/구독 패턴의 간단한 예제를 살펴봅시다. 해당 예제는 구독, 발행 그리고 구독 취소의 핵심 개념을 보여줍니다.

이 프로젝트를 예제로 참고한 이유는 자바스크립트의 관찰자 패턴에서 볼 수 있는 메서드명과 그 구현 방식에 매우 가깝게 구현되어 있기 때문입니다.

```
class PubSub {
    constructor() {
        // 알림을 보내거나 받을 수 있는 토픽을 저장
        this.topics = {};

        // 토픽 식별자
        this.subUid = -1;
    }

    publish(topic, args) {
        if (!this.topics[topic]) {
            return false;
        }

        const subscribers = this.topics[topic];
```

18 https://github.com/addyosmani/pubsubz

```
        let len = subscribers ? subscribers.length : 0;

        while (len--) {
            subscribers[len].func(topic, args);
        }

        return this;
    }

    subscribe(topic, func) {
        if (!this.topics[topic]) {
            this.topics[topic] = [];
        }

        const token = (++this.subUid).toString();
        this.topics[topic].push({
            token,
            func,
        });
        return token;
    }

    unsubscribe(token) {
        for (const m in this.topics) {
            if (this.topics[m]) {
                for (let i = 0, j = this.topics[m].length; i < j; i++) {
                    if (this.topics[m][i].token === token) {
                        this.topics[m].splice(i, 1);

                        return token;
                    }
                }
            }
        }
        return this;
    }
}

const pubsub = new PubSub();

pubsub.publish('/addFavorite', ['test']);
pubsub.subscribe('/addFavorite', (topic, args) => {
    console.log('test', topic, args);
});
```

앞서 기본적인 PubSub 클래스를 정의했습니다. 이 클래스는 다음을 포함하고 있습니다.

- 토픽 리스트와 해당 토픽을 구독한 구독자 리스트
- `Subscribe` 메서드: 토픽과 구독자를 식별하는 고유 토큰을 발행하여 특정 토픽에 대한 새로운 구독자를 생성합니다.
- `Unsubscribe` 메서드: 전달받은 고유 토큰 값을 기반으로 구독자를 알림 목록에서 제거합니다.
- `Publish` 메서드: 해당 토픽을 구독한 모든 구독자에게 알림을 보내 모든 구독자의 등록된 함수를 실행합니다.

예제 활용하기

이제 예제 코드를 사용해 원하는 이벤트를 발행하고 구독할 수 있습니다. [예제 7-7]을 참고하시기 바랍니다.

예제 7-7 발행/구독 패턴 **예제** 활용하기

```
// 또 다른 간단한 메시지 핸들러

// 구독자를 통해 수신된 모든 토픽과 데이터를 로깅하는 간단한 메시지 로깅 함수
const messageLogger = (topics, data) => {
    console.log(`Logging: ${topics}: ${data}`);
};

// 구독자들은 구독한 토픽의 알림을 감지하여
// 콜백 함수(예: messageLogger)를 호출합니다.
const subscription = pubsub.subscribe('inbox/newMessage', messageLogger);

// 발행자는 토픽이나 알림을 발행하는 역할을 합니다.
// 문자열 메시지를 발행

pubsub.publish('inbox/newMessage', 'hello world!');

// 배열 형태의 메시지를 발행
pubsub.publish('inbox/newMessage', ['test', 'a', 'b', 'c']);

// 객체 형태의 메시지를 발행
pubsub.publish('inbox/newMessage', {
    sender: 'hello@google.com',
    body: 'Hey again!',
```

```
});

// 알림을 보내기 싫으면 구독 취소도 가능합니다.
pubsub.unsubscribe(subscription);

// 구독 취소 후에는 messageLogger가 실행되지 않습니다.
// 구독자가 더 이상 알림을 받고 있지 않기 때문입니다.
pubsub.publish('inbox/newMessage', 'Hello! are you still there?');
```

알림 UI 구현하기

이번에는 실시간 주식 정보를 보여주는 웹 애플리케이션을 생각해 보겠습니다.

애플리케이션은 주식 정보를 보여주는 그리드와 마지막으로 업데이트된 시간을 나타내는 카운터를 갖고 있습니다. 데이터 모델이 변경되면 그리드와 카운터를 업데이트해야 합니다. 이 상황에서 토픽과 알림을 발행할 주체는 데이터 모델이고 구독자는 그리드와 카운터입니다.

구독자는 모델이 변경되었다는 알림을 받으면, 자신을 스스로 업데이트할 수 있습니다.

이번 예제에서는 구독자는 `newDataAvailable`이라는 토픽을 구독하고 있기에 해당 토픽에 새로운 주식 정보 업데이트가 있다는 알림이 오면 구독자는 업데이트됩니다. 토픽에 의해 새로운 알림이 전달되면 `newDataAvailable`의 구독자들은 `gridUpdate` 메서드를 실행하여 그리드에 새로운 데이터 행을 추가합니다. 또한 마지막으로 업데이트된 시간을 나타내는 `last updated` 카운터도 업데이트합니다(예제 7-8).

예제 7-8 알림 UI 구현하기

```
// 나중에 UI에서 사용할 현재 로컬 시간을 반환
getCurrentTime = () => {
    const date = new Date();
    const m = date.getMonth() + 1;
    const d = date.getDate();
    const y = date.getFullYear();
    const t = date.toLocaleTimeString().toLowerCase();

    return `${m}/${d}/${y} ${t}`;
  };
```

```
  // 가상 그리드 컴포넌트에 새로운 데이터 행 추가
  const addGridRow = data => {
    // ui.grid.addRow( data );
    console.log(`updated grid component with:${data}`);
  };

  // 마지막 업데이트 시간을 보여주기 위해 가상 그리드를 업데이트
  const updateCounter = data => {
    // ui.grid.updateLastChanged( getCurrentTime() );
    console.log(`data last updated at: ${getCurrentTime()} with ${data}`);
  };

  // 구독자에게 전달된 데이터를 사용하여 그리드를 업데이트
  const gridUpdate = (topic, data) => {
    if (data !== undefined) {
      addGridRow(data);
      updateCounter(data);
    }
  };


// newDataAvailable 토픽에 대한 구독 생성
const subscriber = pubsub.subscribe('newDataAvailable', gridUpdate);

// 다음은 데이터 레이어에 대한 업데이트를 나타냅니다.
// 애플리케이션 각 부분에 새로운 데이터를 사용할 수 있다고
// 전달하는 ajax 요청에 의해 이루어질 수 있습니다.

// 새로운 항목을 나타내는 gridUpdated 토픽에 변경사항을 발행
pubsub.publish('newDataAvailable', {
  summary: 'Apple made $5 billion',
  identifier: 'APPL',
  stockPrice: 570.91,
});

pubsub.publish('newDataAvailable', {
  summary: 'Microsoft made $20 million',
  identifier: 'MSFT',
  stockPrice: 30.85,
});
```

벤 알먼의 발행/구독 패턴 구현 예시를 사용해 애플리케이션 결합도 낮추기

다음 영화 평점 매기기 예제에서는 벤 알먼Ben Alman의 jQuery로 구현한 발행/구독 패턴[19]을 사용하여 UI의 결합도를 낮추는 방법을 소개하겠습니다. 평점을 제출하는 것이 단지 새로운 사용자와 평점이 생성되었다는 사실을 알리도록 구현되어 있음에 주목하세요.

데이터를 어떻게 처리할지는 각 토픽의 구독자가 결정합니다. 예제 코드에서는 기존 배열에 새로운 데이터를 추가한 다음, Lodash 라이브러리의 `.template()` 메서드를 사용하여 템플릿과 함께 렌더링하고 있습니다.

[예제 7-9]에서 HTML/템플릿 코드를 확인할 수 있습니다.

예제 7-9 발행/구독을 위한 HTML/템플릿 코드

```
<script id="userTemplate" type="text/html">
   <li><%- name %></li>
</script>


<script id="ratingsTemplate" type="text/html">
   <li><strong><%- title %></strong> was rated <%- rating %>/5</li>
</script>


<div id="container">

   <div class="sampleForm">
       <p>
           <label for="twitter_handle">Twitter handle:</label>
           <input type="text" id="twitter_handle" />
       </p>
       <p>
           <label for="movie_seen">Name a movie you've seen this year:</label>
           <input type="text" id="movie_seen" />
       </p>
       <p>

           <label for="movie_rating">Rate the movie you saw:</label>
```

19 *https://gist.github.com/cowboy/661855*

```
        <select id="movie_rating">
              <option value="1">1</option>
               <option value="2">2</option>
               <option value="3">3</option>
               <option value="4">4</option>
               <option value="5" selected>5</option>

       </select>
     </p>
     <p>

         <button id="add">Submit rating</button>
     </p>
 </div>



 <div class="summaryTable">
     <div id="users"><h3>Recent users</h3></div>
     <div id="ratings"><h3>Recent movies rated</h3></div>
 </div>

</div>
```

자바스크립트 코드는 [예제 7-10]에 있습니다.

예제 7-10 발행/구독을 구현하는 자바스크립트

```
;($ => {
    // 템플릿을 미리 컴파일하고 클로저를 사용하여 "캐시"
    const userTemplate = _.template($('#userTemplate').html());

    const ratingsTemplate = _.template($('#ratingsTemplate').html());

    // 새 사용자 토픽을 구독하며, 리뷰를 제출한 사용자 목록에 사용자를 추가
    $.subscribe('/new/user', (e, data) => {
      if (data) {
        $('#users').append(userTemplate(data));
      }
    });

    // 제목과 평점으로 구성된 새 평점 토픽 구독
```

```
  // 새로운 평점은 사용자 평점 목록에 추가
  $.subscribe('/new/rating', (e, data) => {
    if (data) {
      $('#ratings').append(ratingsTemplate(data));
    }
  });

  // 새 사용자를 추가하는 핸들러
  $('#add').on('click', e => {
    e.preventDefault();

    const strUser = $('#twitter_handle').val();
    const strMovie = $('#movie_seen').val();
    const strRating = $('#movie_rating').val();

    // 새 사용자 알림 전송
    $.publish('/new/user', {
      name: strUser,
    });

    // 새 평점 알림 전송
    $.publish('/new/rating', {
      title: strMovie,
      rating: strRating,
    });
  });
})(jQuery);
```

Ajax 기반 jQuery 애플리케이션 결합도 낮추기

마지막 예제에서는 개발 초기에 발행/구독 패턴을 사용하여 코드의 결합도를 낮추는 것이 나중에 있을지 모르는 고통스러운 리팩터링 과정을 어떻게 줄여줄 수 있는지에 대해 실전 눈높이로 살펴보도록 하겠습니다.

Ajax를 사용하는 애플리케이션에서는 요청에 대한 응답 로직에 하나의 동작이 아닌 복합적인 동작을 정의하는 경우가 많습니다. 요청 성공 시에 실행되는 콜백에 후속 로직을 넣을 수도 있지만, 이 방법에는 단점이 있습니다.

모듈 간 높은 결합도를 가진 애플리케이션은 코드 사이에 의존성이 증가하여 기능을 재사용하기 어렵게 만들 수 있습니다. 결과를 한 번만 가져오는 경우에는 요청 이후에 실행될 후속 로직을 콜백 함수에 직접 하드코딩하여 넣는 것도 괜찮을 수 있습니다. 하지만 이 방법은 이후에 같은 데이터 소스에 대해 다른 Ajax 요청을 하려고 하면 여러 코드를 반복해서 수정해야 하므로 적절하지 않습니다. 같은 데이터 소스를 다루는 여러 요청을 나중에 하나하나 수정하는 대신에 처음부터 발행/구독 패턴을 사용하면 시간을 절약할 수 있었을 것입니다.

관찰자 패턴을 사용한다면 애플리케이션 전반에 걸쳐 발생하는 다양한 이벤트의 알림을 원하는 만큼 자세한 수준으로 분리할 수 있습니다. 이런 기능은 다른 패턴에서는 구현하기 어려운 기능입니다.

예제를 살펴보면 사용자가 검색을 원한다고 요청을 보냈을 때와 데이터가 서버로부터 전송되어 사용 가능할 때 등 상황에 따라 서로 다른 토픽의 알림이 발생하는 것을 알 수 있습니다. 이러한 이벤트에 대한 지식(또는 반환된 데이터)을 어떻게 사용할지에 대한 결정은 구독자에게 달렸습니다. 이러한 구조의 장점은 반환된 데이터를 다루는 10개의 구독자가 필요에 따라 존재할 수 있지만 Ajax 계층은 신경 쓸 필요 없다는 점입니다. Ajax 계층의 유일한 역할은 데이터를 요청하고 반환하는 것이며, 반환된 데이터를 어떻게 사용할지는 구독자에게 맡기면 됩니다. 이러한 관심사 분리는 코드의 전반적인 설계를 보다 깔끔하게 만들어줍니다.

[예제 7-11]에서 HTML/템플릿 코드를 볼 수 있습니다.

예제 7-11 Ajax 예제를 위한 HTML/템플릿 코드

```
<form id="flickrSearch">
   <input type="text" name="tag" id="query"/>
   <input type="submit" name="submit" value="submit"/>
</form>


<div id="lastQuery"></div>
<ol id="searchResults"></ol>
```

```
<script id="resultTemplate" type="text/html">
    <% _.each(items, function( item ){ %>
        <li><img src="<%= item.media.m %>"/></li>
    <% });%>
</script>
```

[예제 7-12]는 자바스크립트 코드의 예제입니다.

예제 7-12 자바스크립트로 구현한 Ajax 예제

```
($ => {
    // 템플릿을 미리 컴파일하고 클로저를 사용하여 "캐시"
    const resultTemplate = _.template($('#resultTemplate').html());

    // 새로운 검색 태그 토픽을 구독
    $.subscribe('/search/tags', (e, tags) => {
      $('#lastQuery').html(`Searched for: ${tags}`);
    });

    // 새로운 결과 토픽을 구독
    $.subscribe('/search/resultSet', (e, results) => {
      $('#searchResults')
        .empty()
        .append(resultTemplate(results));
    });

    // 검색 쿼리를 제출하고 /search/tags 토픽에 태그를 발행
    $('#flickrSearch').submit(function(e) {
      e.preventDefault();
      const tags = $(this)
        .find('#query')
        .val();

      if (!tags) {
        return;
      }

      $.publish('/search/tags', [$.trim(tags)]);
    });
```

```
  // 새로 발행된 태그를 구독하고 이를 사용하여 검색 쿼리를 수행합니다.
  // 데이터가 반환되면, 이 데이터를 애플리케이션의 나머지 부분이
  // 사용할 수 있도록 발행합니다.
  // 데이터 구조에서 개별 변수로 값을 분해할 수 있게 하는
  // 구조 분해 할당 문법을 사용했습니다.

  $.subscribe('/search/tags', (e, tags) => {
    $.getJSON(
      'http://api.flickr.com/services/feeds/photos_public.gne?jsoncallback=?',
      {
        tags,
        tagmode: 'any',
        format: 'json',
      },
      // 함수 매개변수로써의 구조 분해 할당
      ({ items }) => {
        if (!items.length) {
          return;
        }
        // 객체 생성 시 객체 키와 동일한 변수 이름에 대한 단축형 속성 이름
        $.publish('/search/resultSet', { items });
      }
    );
  });
})(jQuery);
```

리액트 생태계에서의 관찰자 패턴

RxJS는 관찰자 패턴을 사용하는 대표적인 라이브러리입니다. RxJS의 공식 문서[20]에서는 다음과 같이 설명합니다.

> ReactiveX는 관찰자 패턴, 이터레이터 패턴 그리고 함수형 프로그래밍 등의 개념을 결합하여, 이벤트의 시퀀스를 관리하는 데에 이상적인 방법을 제공합니다.

RxJS에서는 관찰자를 만들어 특정 이벤트를 구독할 수 있습니다! RxJS 공식 문서에 있던 예제를 살펴보겠습니다. 이 예제는 사용자가 문서 내에서 드래그하고 있었는지를 기록합니다.

20 *https://rxjs.dev/guide/overview*

```
import ReactDOM from "react-dom";
import { fromEvent, merge } from "rxjs";
import { sample, mapTo } from "rxjs/operators";

import "./styles.css";

merge(
  fromEvent(document, "mousedown").pipe(mapTo(false)),
  fromEvent(document, "mousemove").pipe(mapTo(true))
)
  .pipe(sample(fromEvent(document, "mouseup")))
  .subscribe(isDragging => {
    console.log("Were you dragging?", isDragging);
  });

ReactDOM.render(
  <div className="App">Click or drag anywhere and check the console!</div>,
  document.getElementById("root")
);
```

관찰자 패턴은 애플리케이션의 설계에서 여러 요소들 간의 결합도를 낮추는 데에 유용한 패턴입니다. 아직 사용해 보지 않았다면, 앞서 다뤘던 예제 코드 중 하나를 선택해서 한번 활용해 보는 것을 추천드립니다. 이해하고 적용하기 쉬우면서도 활용도가 매우 높은 강력한 디자인 패턴 중 하나이기 때문입니다.

7.19 중재자 패턴

중재자Mediator 패턴은 하나의 객체가 이벤트 발생 시 다른 여러 객체들에게 알림을 보낼 수 있는 디자인 패턴입니다. 이 패턴은 하나의 객체가 다른 객체에서 발생한 특정 유형의 이벤트에 대해 알림을 받을 수 있다는 점입니다. 반면에 관찰자 패턴은 하나의 객체가 다른 객체에서 발생하는 다수의 이벤트를 구독할 수 있도록 합니다.

관찰자 패턴에 대해 설명하는 부분에서 여러 개의 이벤트 소스를 하나의 객체로 보내는 방법에 대해 다룬 적이 있습니다. 이는 발행/구독 또는 이벤트 집합Event Aggregation이라고도 합니다.

개발자들은 이러한 문제에 직면했을 때 중재자 패턴을 고려하는 경우가 많은데, 둘이 어떻게 다른지 알아보겠습니다.

사전에서는 중재자를 '중립적인 입장에서 협상과 분쟁 해결을 돕는 자'라고 정의합니다. 컴퓨터 과학의 세계에서의 중재자는 행위 디자인 패턴이며, 시스템의 여러 부분이 통신할 수 있는 통합 인터페이스를 제공합니다.

시스템의 구성 요소들 사이에 직접적인 관계가 너무 많은 것 같다면 중앙 통제 포인트를 두어서 모든 구성 요소들이 이를 통해 간접적으로 소통하도록 할 때가 된 것일 수도 있습니다. 중재자 패턴은 구성 요소 간의 관계를 관리함으로써 직접 참조를 없애고 느슨한 결합을 가능하게 합니다. 이는 시스템의 결합도를 낮추고 구성 요소의 재사용성을 높여줍니다.

현실에서 유사한 사례를 찾는다면 일반적인 항공 교통 관제 시스템을 들 수 있겠습니다. 관제탑(중재자)은 항공기의 모든 통신(이벤트 알림)이 관제탑을 거쳐 이루어지고, 항공기끼리 직접 통신하지 않게 하는 것으로 항공기의 이착륙을 관리합니다. 중앙 집중식 통제는 이 시스템의 핵심이며, 소프트웨어 설계에서 중재자가 수행하는 역할이기도 합니다(그림 7-11).

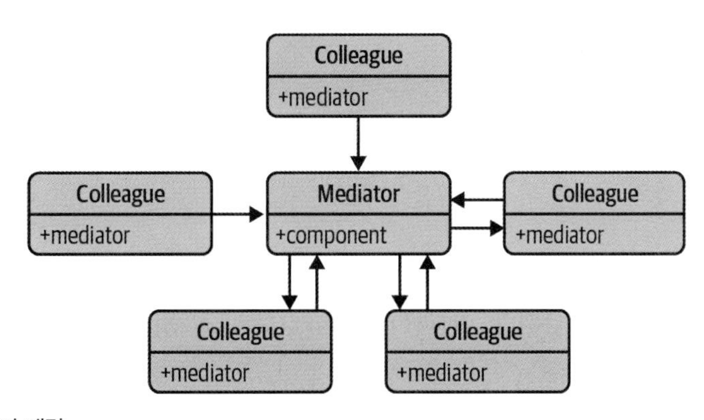

그림 7-11 중재자 패턴

다른 사례로는 DOM의 이벤트 버블링과 이벤트 위임event delegation을 들 수 있습니다. 시스템의 모든 이벤트 등록이 이벤트가 일어날 개별 DOM 노드 대신 최상위 Document 객체를 대상으로 했을 경우 Document 객체는 사실상 중재자 역할을 하게 되는 것입니다. 다시 말해 개별 노드 대신 Document 객체에 이벤트를 연결하고, 이벤트가 발생하면 Document 객체가 개별 노드에 알려주는 방식입니다.

중재자 패턴과 이벤트 집합 패턴의 구현이 비슷할 수 있어서 겉으로 보기엔 서로 호환이 가능해 보일 수도 있습니다. 하지만 두 패턴의 의미와 의도는 매우 다릅니다.

설령 두 패턴의 구현이 유사한 핵심 구조를 사용한다 하더라도, 그 안에는 근본적인 차이가 존재합니다. 따라서 이 두 패턴이 가지는 차이점을 명확하게 이해해야 하며, 뒤섞이거나 혼동해서 사용하면 안 됩니다.

7.19.1 간단한 중재자 구현

중재자는 여러 객체 간의 상호작용(로직과 행동)을 조율하는 객체입니다. 중재자는 다른 객체들의 행동과 입력에 따라 언제 어느 객체를 호출할지 결정합니다.

다음과 같은 한 줄의 코드로도 중재자를 구현할 수 있습니다.

```
const mediator = {};
```

네, 맞습니다. 사실 이 코드는 그저 자바스크립트의 객체 리터럴입니다. 다시 한번 말씀드리지만, 지금 의미적인 부분만을 이야기하고 있습니다. 중재자는 객체 간의 워크플로를 제어합니다. 이를 위해 객체 리터럴 이상의 복잡한 구조는 필요하지 않습니다.

다음 예제는 이벤트를 발생시키고 구독할 수 있는 몇 가지 유틸리티 메서드를 가진 기본적인 중재자 객체의 구현을 보여줍니다. 여기서 `orgChart` 객체는 특정 이벤트가 발생하면 수행될 동작을 지정하는 중재자 역할을 합니다. 이 예제에서는 신규 직원의 정보 입력이 완료될 때 관리자가 직원에게 배정되고 직원 기록이 저장됩니다.

```
const orgChart = {
    addNewEmployee() {
        // getEmployeeDetail이 사용자가 상호작용하는 뷰를 제공
```

```
        const employeeDetail = this.getEmployeeDetail();

        // 직원 정보 입력이 완료되면,
        // 중재자('orgchart' 객체)가 다음 행동을 결정
        employeeDetail.on('complete', employee => {
            // 추가할 이벤트를 가진 객체를 추가하고,
            // 중재자가 추가적인 작업을 하도록 설정
            const managerSelector = this.selectManager(employee);
            managerSelector.on('save', employee => {
                employee.save();
            });
        });
    },

    // ...
};
```

과거에는 이런 종류의 객체를 '워크플로' 객체라고 언급한 적이 많습니다. 하지만 사실 이게 바로 중재자 객체입니다. 이 중재자 객체는 여러 객체 간의 워크플로를 처리하며, 이를 통해 워크플로의 관리 책임을 단일 객체에 집중시킵니다. 그 결과 워크플로를 보다 쉽게 이해하고 유지할 수 있습니다.

7.19.2 유사점과 차이점

앞서 보여드린 중재자 패턴과 이벤트 집합 패턴의 예시에는 분명히 유사한 점이 있습니다. 유사점은 '이벤트'와 '서드 파티 객체'라는 두 가지 핵심 요소로 요약할 수 있습니다. 하지만 차이점은 어디까지나 표면적인 수준입니다. 패턴의 의도를 파악해 보고 구현 방식이 상당히 다를 수 있다는 점을 깨닫는다면, 두 패턴의 근본적인 차이가 더욱 명확해집니다.

이벤트

앞선 예시에서 이벤트 집합 패턴과 중재자 패턴 모두 이벤트를 사용합니다. 이벤트 집합 패턴이 이벤트를 다루는 패턴이라는 것은 그 이름에서 알 수 있듯 명백합니다. 반면에 중재자

패턴은 최신 자바스크립트 웹 애플리케이션 프레임워크에서 구현을 단순화하기 위해 이벤트를 활용할 뿐입니다. 따라서 중재자 패턴이 반드시 이벤트를 다룰 필요는 없습니다. 대신 중재자 객체에 대한 참조를 하위 객체에 전달하거나 그 외의 수단을 사용하는 등 콜백 메서드를 통해 구현할 수 있습니다.

그러므로 이 두 패턴이 왜 이벤트를 사용하는지에 대해 차이점이 존재합니다. 이벤트 집합 패턴은 그 자체로 이벤트를 처리하기 위한 목적으로 설계된 패턴입니다. 하지만 중재자 패턴은 단순히 편리하기 때문에 이벤트를 활용할 뿐입니다.

서드 파티 객체

설계상, 이벤트 집합 패턴과 중재자 패턴 모두 상호작용을 간소화하기 위해 서드 파티 객체를 사용합니다. 이벤트 집합 패턴 자체는 이벤트 발행자와 구독자에 대해 서드 파티 객체이며, 모든 이벤트가 통과하는 중앙 허브의 역할을 합니다. 중재자 패턴 또한 다른 객체에 대한 서드 파티 객체입니다. 그렇다면 차이점이 무엇일까요? 왜 이벤트 집합 패턴과 중재자 패턴을 구분할까요? 이에 대한 답은 애플리케이션 로직과 워크플로가 어디에 구현되어 있는지에 달려있습니다.

이벤트 집합 패턴에서 서드 파티 객체는 알 수 없는 수의 소스에서 알 수 없는 수의 핸들러로 이벤트가 연결되도록 지원하는 역할만 합니다. 실행되어야 하는 모든 워크플로와 비즈니스 로직은 이벤트를 발생시키는 객체(소스)와 처리하는 객체(핸들러)에 직접 구현됩니다.

중재자 패턴에서 비즈니스 로직과 워크플로는 중재자 내부에 집중됩니다. 중재자는 자신이 보유한 정보를 바탕으로 각 객체의 메서드 호출 시점과 속성 업데이트의 필요성을 판단합니다. 이를 통해 워크플로와 프로세스를 캡슐화하고 여러 객체 사이를 조율해 시스템이 원하는 대로 동작하도록 합니다. 워크플로의 각 객체는 각자의 역할을 수행하는 방법을 알고 있지만, 중재자는 보다 거시적인 차원에서의 결정을 통해 객체들에 적절한 작업 시기를 알려줍니다.

이벤트 집합 패턴은 '발행 후 망각fire and forget' 방식의 소통 모델을 사용합니다. 이벤트를 발생시키는 객체는 구독자의 존재 여부에 상관없이 이벤트를 발행한 후 처리를 위임합니다. 한편, 중재자 패턴은 이벤트를 의사결정에 활용할 수는 있지만 '발행 후 망각'과는 거리가 멉니다. 중재자는 미리 설정해 둔 특정 입력 또는 활동에 주목함으로써 역할이 분명한 참여자(객체) 사이의 행동을 조율하고 촉진합니다.

선택: 언제 무엇을 사용해야 할까

이벤트 집합 패턴과 중재자 패턴의 유사점과 차이점을 이해하는 것은 의미 구분의 측면에서 매우 중요합니다. 또한, 그만큼 각 패턴을 적절한 시기에 활용하는 방법을 아는 것도 중요합니다. 두 패턴의 기본적인 의미와 의도는 각 패턴을 언제 사용해야 할지를 알려주는 근거가 되지만, 실제 사용 경험을 통해 미묘한 차이점과 의사결정이 필요한 복잡한 상황을 이해할 수 있습니다.

7.19.3 이벤트 집합 패턴의 활용

일반적으로 이벤트 집합 패턴은 직접적인 구독 관계가 많아질 경우 또는 전혀 관련 없는 객체들 간의 소통이 필요할 때 사용됩니다.

예를 들어 부모 뷰와 자식 뷰같이 두 객체 간의 직접적인 관계가 존재하는 경우, 이벤트 집합 패턴을 사용하면 이점이 있을 수 있습니다. 자식 뷰가 이벤트를 발생시키면 부모 뷰는 이벤트를 처리할 수 있는데, 이는 자바스크립트 프레임워크인 Backbone[21]의 컬렉션/모델Collection/Model 관계에서 널리 사용됩니다. Backbone은 모든 모델 수준의 이벤트를 상위 컬렉션 단계까지 전파시킵니다. 컬렉션 객체는 이러한 모델의 이벤트를 활용하여 자체 상태 또는 다른 모델의 상태를 변경합니다. 컬렉션 내의 '선택된' 항목을 처리하는 것이 이 패턴의 올바른 활용 사례입니다.

---

21 옮긴이_ backbone.js는 현대 자바스크립트 생태계에서 인지도가 상대적으로 낮은 프레임워크라, 이해를 돕기 위해 리액트의 경우를 간단한 예시로 설명하겠습니다. 리액트의 `useState` Hook `useContext` Hook 사용하여 이벤트 집합 패턴을 쉽게 구현할 수 있습니다. 상위 컴포넌트는 Context API를 통해 상태를 관리하고, 하위 컴포넌트들은 `useContext` Hook을 사용하여 해당 상태를 구독하고 사용할 수 있습니다.

jQuery의 `on()` 메서드는 이벤트를 발생시키는 DOM 요소가 너무 많은 경우에 활용하면 좋은 예시입니다. 10개, 20개, 200개 이상의 DOM 요소에 각각 '클릭' 이벤트를 등록하는 것은 애플리케이션의 성능과 사용자 경험을 떨어뜨릴 수 있습니다. 그 대신 jQuery의 `on()` 메서드를 사용하면 수많은 개별 이벤트 핸들러를 단 하나의 핸들러로 대체할 수 있습니다.

이벤트 집합 패턴은 간접적인 관계를 가진 객체 간의 소통이 필요한 상황에서도 유용하게 활용됩니다. 최신 애플리케이션에서는 직접적인 연관성이 없는 다수의 뷰 객체들이 상호작용하는 것이 일반적입니다. 예를 들어 메뉴 시스템을 구성할 때 메뉴 항목의 클릭 이벤트를 처리하는 전용 뷰가 있을 수 있습니다. 하지만 메뉴가 세부 내용을 표시하는 뷰와 강하게 결합될 경우 코드의 유지보수가 어려워지므로 바람직하지 않습니다. 이러한 문제를 해결하기 위해 이벤트 집합 패턴을 사용할 수 있는데, `menu:click:foo` 같은 이벤트를 호출하여 해당 이벤트를 처리하는 'foo' 객체가 화면에 관련 내용을 표시하도록 할 수 있습니다.

7.19.4 중재자 패턴의 활용

중재자 패턴은 두 개 이상의 객체가 간접적인 관계를 가지고 있고 비즈니스 로직이나 워크플로에 따라 상호작용 및 조정이 필요한 경우에 유용합니다. 마법사wizard 형식의 인터페이스는 이러한 적용 사례의 대표적인 예시입니다. `orgChart` 예제에서 살펴본 것처럼 마법사 인터페이스의 전체 워크플로는 다수의 뷰로 구성됩니다. 중재자 패턴을 도입함으로써 개별 뷰 간의 직접 참조로 인한 강한 결합을 방지하고, 비즈니스 로직에 따른 워크플로를 명확하고 효율적으로 모델링할 수 있습니다.

중재자 패턴은 구현 세부사항에서 워크플로를 추출함으로써 보다 상위 레벨에서 워크플로를 자연스럽게 추상화합니다. 이를 통해 개발자는 워크플로 파악을 위해 개별 뷰를 분석할 필요 없이 전체적인 흐름을 더욱 빠르게 파악할 수 있습니다.

7.19.5 이벤트 집합 패턴(발행/구독)과 중재자 패턴 결합하기

이벤트 집합 패턴과 중재자 패턴의 핵심 차이점 그리고 이 두 패턴이 왜 혼용되면 안 되는지에 대한 이해를 돕기 위해서는 두 패턴을 함께 사용해 보는 것이 가장 효과적입니다. 앞서 살펴본 이벤트 집합 패턴의 메뉴 예제는 중재자 패턴을 도입하기에 최적의 시나리오입니다.

메뉴 항목을 선택하는 것은 애플리케이션 전반에 걸쳐 연쇄적인 변화를 일으킬 수 있습니다. 일부 변화는 서로 독립적이므로 이벤트 집합 패턴을 사용하기 적합합니다. 그러나 상호 연관성을 갖는 변화가 존재할 경우 중재자 패턴을 사용하여 구현하는 것이 적합합니다.

중재자 객체는 이벤트 집합 패턴과 연동될 수 있습니다. 중재자는 이벤트 집합 패턴의 이벤트를 수신하여 자체 로직에 따라 관련 객체들을 조율하고 처리합니다. 이러한 연동을 통해 원본 이벤트의 소스와는 직접적인 연관성이 없는 여러 객체 간의 효율적인 상호작용을 구현할 수 있습니다.

```
const MenuItem = MyFrameworkView.extend({
    events: {
        'click .thatThing': 'clickedIt',
    },

    clickedIt(e) {
        e.preventDefault();

        // "menu:click:foo"를 실행한다고 가정
        MyFramework.trigger(`menu:click:${this.model.get('name')}`);
    },
});

// 애플리케이션의 다른 곳에서 구현

class MyWorkflow {
    constructor() {
        MyFramework.on('menu:click:foo', this.doStuff, this);
    }

    static doStuff() {
        // 이곳에 여러 객체를 인스턴스화
        // 객체의 이벤트 핸들러 설정
```

```
        // 모든 객체를 의미 있는 워크플로로 조정
    }
}
```

이 예제에서는 MenuItem이 클릭될 때 menu:click:foo 이벤트가 발생합니다. MyWorkflow 클래스의 인스턴스가 이 이벤트를 처리하고 모든 객체를 조율하여 이상적인 사용자 경험과 워크플로를 구현합니다.

이벤트 집합 패턴과 중재자 패턴을 결합함으로써 코드와 애플리케이션 구현 양쪽에서 유의미한 사용자 경험을 만들어냈습니다. 이벤트 집합 패턴을 통해 메뉴와 워크플로 사이의 명확한 분리를 구현할 수 있었고, 중재자 패턴을 통해 워크플로의 관리 및 유지보수성을 강화하였습니다.

7.19.6 최신 자바스크립트에서의 중재자 패턴과 미들웨어

Express.js[22]는 널리 사용되는 웹 애플리케이션 서버 프레임워크입니다. Express.js에서는 사용자가 접근할 수 있는 특정 경로에 콜백 함수를 추가할 수 있습니다.

예를 들어 사용자가 루트 경로(/)에 접근할 때 해당 요청에 헤더를 추가하려는 경우, 미들웨어를 사용해 쉽게 구현할 수 있습니다.

```
const app = require("express")();

app.use("/", (req, res, next) => {
  req.headers["test-header"] = 1234;
  next();
});
```

Express.js에서는 next() 메서드를 통해 요청과 응답 사이클의 다음 콜백 함수를 호출할 수 있습니다. 여기에 더해 요청과 응답 사이에 미들웨어를 구성함으로써 요청과 응답 간 흐름을

22 https://expressjs.com/

제어할 수 있습니다. 미들웨어 함수는 요청 객체를 추적 및 수정할 수 있어 하나 이상의 미들웨어를 통해 요청의 수정도 가능합니다.

```
const app = require("express")();
const html = require("./data");

  app.use(
    "/",
    (req, res, next) => {
      req.headers["test-header"] = 1234;
      next();
    },
    (req, res, next) => {
      console.log(`Request has test header: ${!!req.headers["test-header"]}`);
      next();
    }
  );

  app.get("/", (req, res) => {
    res.set("Content-Type", "text/html");
    res.send(Buffer.from(html));
  });

  app.listen(8080, function() {
    console.log("Server is running on 8080");
  });
```

7.19.7 중재자 패턴 vs 퍼사드 패턴

참고로 몇몇 개발자들은 퍼사드 패턴과 중재자 패턴과의 유사점을 궁금해할 수도 있습니다. 두 패턴 모두 기존 모듈의 기능을 추상화하지만 미묘한 차이점이 존재합니다.

중재자 패턴은 모듈이 명시적으로 중재자를 참조함으로써 모듈 간의 상호작용을 중앙집중화합니다. 이는 본질적으로 다방향성을 지닙니다. 반면에 퍼사드 패턴은 모듈 또는 시스템에 직관적인 인터페이스를 제공하지만 추가 기능을 구현하지는 않습니다. 시스템 내 다른 모듈은 퍼사드의 개념을 직접적으로 인지하지 못하므로 단방향성을 지닙니다.

7.20 커맨드 패턴

커맨드Command 패턴은 메서드 호출, 요청 또는 작업을 단일 객체로 캡슐화하여 추후에 실행할 수 있도록 해줍니다. 이를 통해 실행 시점을 유연하게 조정하고 호출을 매개변수화할 수도 있습니다. 또한 커맨드 패턴은 명령을 실행하는 객체와 명령을 호출하는 객체 간의 결합을 느슨하게 하여 구체적인 **클래스**(객체)의 변경에 대한 유연성을 향상시킵니다.

구체concrete 클래스(또는, 구상 클래스)는 클래스 기반 프로그래밍 언어에서 중요한 개념으로, 추상 클래스와도 연관이 있습니다. **추상**abstract 클래스는 인터페이스를 제공하지만 모든 멤버 함수의 구현을 제공하지는 않습니다. 추상 클래스는 상속을 통해 구체화되는 기초 클래스의 역할을 합니다. 이렇게 추상 클래스를 상속받아 필요한 기능을 모두 구현한 클래스를 구체 클래스라고 합니다(그림 7-12). 자바스크립트(ES2015+)에서는 `extends` 키워드를 사용하여 기초 클래스와 구체 클래스 구조를 구현할 수 있습니다.

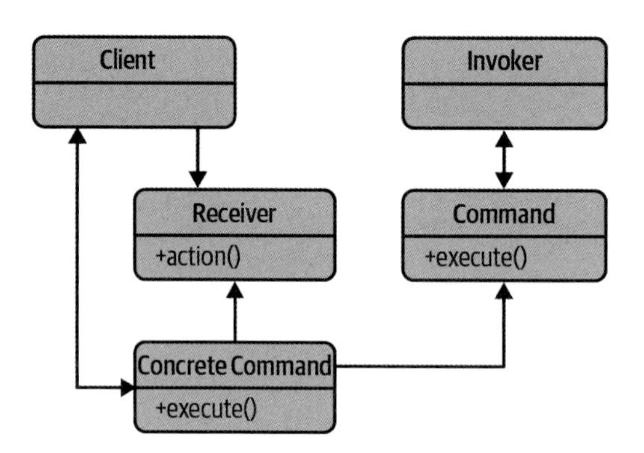

그림 7-12 커맨드 패턴

커맨드 패턴의 기본 원칙은 명령을 내리는 객체와 명령을 실행하는 객체의 책임을 분리한다는 것입니다. 커맨드 패턴은 이러한 책임을 다른 객체에 위임함으로써 역할 분리를 실현합니다.

구현 측면에서 단순 커맨드 객체는 '실행할 동작'과 '해당 동작을 호출할 객체'를 연결합니다. 커맨드 객체는 실행을 위한 동작(예: `run()` 또는 `execute()`)을 포함합니다. 커맨드 패턴의 주요 장점은 인터페이스가 동일한 모든 커맨드 객체를 쉽게 교체할 수 있다는 점입니다. 이러한 특징을 더 잘 이해하기 위해 간단한 자동차 구매 서비스를 커맨드 패턴으로 구현해 보겠습니다.

```
const CarManager = {
        // 정보 조회
        requestInfo(model, id) {
            return `The information for ${model} with ID ${id} is foobar`;
        },

        // 자동차 구매
        buyVehicle(model, id) {
            return `You have successfully purchased Item ${id}, a ${model}`;
        },

        // 시승 신청
        arrangeViewing(model, id) {
            return `You have booked a viewing of ${model} ( ${id} ) `;
        },
    };
```

CarManager 객체는 자동차 정보 조회, 구매, 시승 신청의 명령을 실행하는 커맨드 객체입니다. 이 객체의 메서드를 직접 호출하는 것도 가능하며, 기술적으로 문제가 되지 않습니다. 하지만 특정 상황에서는 이러한 직접 호출이 문제가 될 수도 있습니다.

예를 들어 CarManager 객체 내부의 핵심 API가 변경된다고 가정해 봅시다. 이러한 경우 메서드를 직접 호출하는 애플리케이션 내 모든 객체를 수정해야 하는 문제가 발생합니다. 이러한 종류의 강한 결합은 객체 지향 프로그래밍(OOP)에서 지향하는 '객체 간의 느슨한 결합' 원칙에 위배됩니다. 대신 이 문제는 API를 보다 추상화함으로써 해결할 수 있습니다.

커맨드 패턴의 이점을 살리기 위해 CarManager 객체를 확장해 보겠습니다. CarManager 객체에서 실행할 수 있는 메서드의 이름과 데이터(차량 모델, ID 등)를 매개변수로 받아 처리하는 구조로 개선합니다.

다음은 구현하고자 하는 기능입니다.

```
CarManager.execute('buyVehicle', 'Ford Escort', '453543');
```

이 구조에 맞춰 carManager.execute 메서드의 정의를 추가합니다.

```
carManager.execute = function(name) {
    return (
        carManager[name] &&
        carManager[name].apply(carManager, [].slice.call(arguments, 1))
    );
};
```

최종 코드는 다음과 같습니다.

```
carManager.execute('arrangeViewing', 'Ferrari', '14523');
carManager.execute('requestInfo', 'Ford Mondeo', '54323');
carManager.execute('requestInfo', 'Ford Escort', '34232');
carManager.execute('buyVehicle', 'Ford Escort', '34232');
```

7.21 마치며

이제 클래스, 객체, 모듈 설계 시 활용할 수 있는 전통적인 디자인 패턴에 대한 설명을 마무리하도록 하겠습니다. 이번 장에서는 생성, 구조, 행위 패턴을 적절하게 조합하여 다루었습니다. 또한 자바나 C++ 같은 전통적인 객체 지향 프로그래밍 언어에서 사용되던 패턴들을 자바스크립트의 환경에 맞춰 적용해 보았습니다.

앞서 살펴본 패턴들은 애플리케이션의 비즈니스 모델을 구성하든 다양한 도메인 특화 객체(예: 장바구니, 차량, 책)를 효과적으로 설계하는 데 도움이 됩니다. 다음 장에서는 이렇게 설계된 비즈니스 모델Model이 뷰View 또는 프리젠터Presenter와 같은 다른 애플리케이션 계층과 연동되어 구조화되는 방식을 살펴볼 것입니다.

CHAPTER

08

자바스크립트 MV* 패턴

애플리케이션 설계에는 객체의 설계와 애플리케이션 아키텍처라는 두 가지 중요한 측면이 있습니다. 앞 장에서는 객체의 설계와 관련된 패턴을 살펴보았습니다. 이번 장에서는 3가지 기본 아키텍처 패턴인 MVC(모델Model–뷰View–컨트롤러Controller), MVP(모델Model–뷰View–프리젠터Presenter), MVVM(모델Model–뷰View–뷰모델ViewModel)을 살펴볼 것입니다. 이 패턴들은 과거에 데스크톱 애플리케이션과 서버 사이드 애플리케이션의 구조화에 주로 사용되어 왔지만, 현재는 자바스크립트 환경에도 적용되어 사용되고 있습니다.

대부분의 자바스크립트 개발자들이 MVC 또는 MV* 같은 구조를 구현할 때 다양한 라이브러리나 프레임워크를 활용하는 것을 선호하므로, 이러한 라이브러리와 프레임워크 솔루션들이 전통적인 MVC 패턴과 어떻게 다른지 비교해 볼 것입니다.

> **NOTE** MVC/MVVM 패턴을 사용하는 대부분의 최신 웹 UI 프레임워크에서는 모델과 뷰 계층을 쉽게 구별할 수 있습니다. 하지만 세 번째 구성 요소의 이름과 기능은 프레임워크마다 다를 수 있습니다. 따라서 MV*에서 '*'는 프레임워크에 따라 다양한 형태로 구현되는 세 번째 구성 요소를 의미합니다.

8.1 MVC 패턴

MVC 패턴은 애플리케이션의 구조를 개선하기 위해 관심사의 분리를 활용하는 아키텍처 디자인 패턴입니다. 비즈니스 데이터(모델)과 UI(뷰)를 분리하고, 세 번째 구성 요소(컨트롤러)가 로직과 사용자 입력을 관리하는 구조입니다. 이 패턴은 트리베 린스카우그Trygve Reenskaug가 Smalltalk–80 (1979)[01]의 작업 중 처음 설계했으며, 당시에는 'Model–View–Controller–Editor'라고 불렸습니다. MVC는 나중에 GoF의 책 『GoF의 디자인 패턴』(프로텍미디어, 2015)에서 자세히 설명되었고, MVC 패턴의 대중화에 크게 기여했습니다.

---

01 옮긴이_ 모든 것을 객체로 취급하는 순수 객체 지향 프로그래밍 언어입니다. 그래픽 사용자 인터페이스(GUI) 개발에 영향을 미친 최초의 시스템 중 하나로, 이후의 많은 개발 환경과 프로그래밍 언어 디자인에 영향을 끼쳤습니다.

8.1.1 Smalltalk-80의 MVC 패턴

먼저 원래의 MVC 패턴이 목표로 했던 문제점을 이해하는 것이 중요합니다. MVC 패턴은 처음 나타난 이후로 큰 변화를 겪었기 때문입니다. 1970년대에는 GUI라는 것이 거의 존재하지 않았습니다. 실제 세계의 아이디어(예: 사진, 사람)를 모델링하는 도메인 객체와 사용자의 화면에 렌더링되는 프레젠테이션 객체 사이를 명확하게 구분하기 위한 수단으로 '분리된 프레젠테이션Separated Presentation'이라는 개념이 유명해졌습니다.

Smalltalk-80에서 구현된 MVC는 이 '분리된 프레젠테이션' 개념을 한 단계 더 발전시켜 애플리케이션의 로직과 UI를 분리하는 것을 목표로 했습니다. 이러한 설계의 기본 개념은 애플리케이션의 일부분을 분리함으로써 모델을 애플리케이션의 다른 인터페이스에서도 재사용할 수 있다는 점이었습니다. Smalltalk-80의 MVC 아키텍처에는 다음과 같은 주목할만한 특징이 있습니다.

- **모델**Model: 도메인 관련 데이터를 표현했으며 UI(뷰와 컨트롤러)에 대해서는 관여하지 않았습니다. 모델이 변경되면 자신의 관찰자observer 객체에게 알림을 보냈습니다.
- **뷰**View: 모델의 현재 상태를 표현했습니다. 관찰자 패턴을 사용해 모델이 변경되거나 수정될 때마다 뷰가 알아차릴 수 있도록 했습니다. 또한 뷰는 화면에 보여지는 프레젠테이션 부분만을 담당했지만, 화면에 표시되는 각 섹션 또는 요소에는 언제나 뷰-컨트롤러 쌍이 존재했습니다.
- **컨트롤러**Controller: 키보드 입력이나 클릭 같은 사용자의 상호작용을 처리하고 뷰에 무엇을 보여줄지, 사용자 입력을 어떻게 처리할지 등을 결정하는 역할을 했습니다.

개발자들은 관찰자 패턴(오늘날 대부분 발행자/구독자 패턴으로 변형되어 구현됨)이 수십 년 전에 MVC 아키텍처의 일부로 포함되었다는 사실을 알고 놀라곤 합니다. Smalltalk-80의 MVC에서 뷰는 모델을 관찰합니다. 앞서 언급된 것처럼 모델이 변경될 때마다 뷰가 반응합니다. 이에 대한 간단한 예시로 주식 시장 데이터 기반 애플리케이션을 들 수 있습니다. 애플리케이션은 모델의 데이터가 변경될 때마다 뷰가 즉시 새로 변경되어야 합니다.

마틴 파울러Martin Fowler[02]는 오랜 시간에 걸쳐 MVC의 기원에 대한 훌륭한 글[03]을 써왔습니다.

---

02 옮긴이_ 마틴 파울러는 소프트웨어 개발 분야에서 매우 유명한 전문가로, 많은 책과 블로그 글을 저술했습니다. 대표적인 저서로는 『리팩터링 2판』(한빛미디어, 2020)이 있습니다.

03 https://oreil.ly/yTX-F

Smalltalk-80 시대의 MVC에 대한 추가적인 역사적 정보를 찾고 계신다면, 그의 글을 읽어 보는 것을 추천드립니다.

8.2 자바스크립트의 MVC

1970년대를 살펴보았으니, 다시 현재로 돌아와 보겠습니다. 현대에 와서는 MVC 패턴이 다양한 프로그래밍 언어와 애플리케이션 환경에서 사용됩니다. 물론 자바스크립트로 예외는 아닙니다. 현재 자바스크립트는 MVC(또는 다른 MV* 변형 패턴)를 지원하는 여러 프레임워크를 갖추고 있어, 쉽게 MVC 패턴을 사용해 볼 수 있습니다.

가장 먼저 알아볼 프레임워크는 Backbone.js, Ember.js, AngularJS가 있습니다. 그리고 더욱 최근에는 리액트React, 앵귤러Angular[04], Vue.js 생태계에서 MV* 패턴의 다양한 변형 버전이 구현되었습니다. 구조의 결함 때문에 읽기가 어렵고 유지 관리하기 힘든 코드를 뜻하는 '스파게티 코드'를 피하는 것이 중요하다는 점을 고려할 때, 현대 자바스크립트 개발자는 MVC 패턴과 그 변형 버전들이 제공하는 장점을 이해해야 합니다. 이를 통해 프레임워크를 활용했을 때 달라지는 개발 방식을 효과적으로 파악할 수 있을 것입니다(그림 8-1).

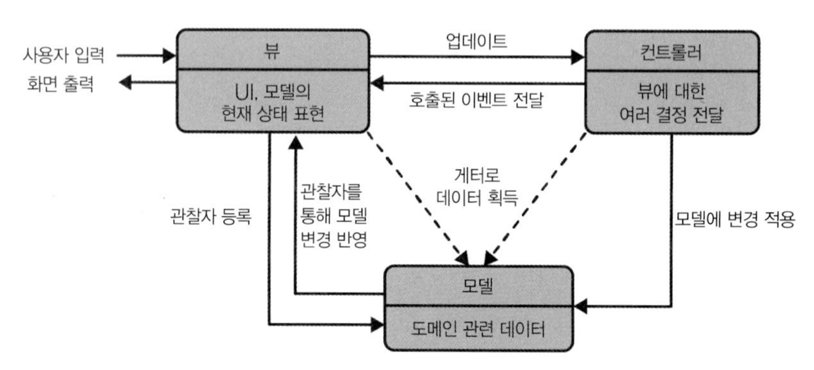

그림 8-1 MVC 패턴

04 옮긴이_ 앵귤러와 AngularJS는 다릅니다. AngularJS가 타입스크립트 기반으로 개편되면서 JS를 떼고 그냥 Angular로 불리게 되었습니다.

MVC는 세 가지 핵심 요소로 구성됩니다. 이어지는 절에서 모두 살펴보겠습니다.

8.2.1 모델

모델은 애플리케이션의 데이터를 관리하는 역할을 합니다. UI나 프레젠테이션 계층은 담당하지 않고, 애플리케이션에 필요한 고유 데이터 형식을 나타냅니다. 모델이 변경될 때(예: 업데이트) 관찰자(예: 뷰 – 뒤에서 자세히 다룰 예정)에게 변경사항을 알립니다. 이렇게 함으로써 관찰자가 변경된 내용에 알맞게 능동적으로 대응할 수 있게끔 합니다.

모델을 더 깊게 이해하기 위해서 사진 갤러리 애플리케이션을 예로 들어 봅시다. 사진 갤러리에서는 고유한 도메인 관련 데이터를 보여주므로 '사진'이 독자적인 모델이 될 수 있습니다. 이러한 모델에는 설명, 이미지 소스, 추가 메타데이터와 같은 관련 속성들이 포함될 수 있습니다. 특정 사진은 모델의 인스턴스로 저장되어 재사용도 가능합니다.

모델의 내장 기능은 프레임워크마다 다를 수 있습니다. 그러나 대개 모델의 속성(예: 모델 식별자)을 검증하는 기능을 지원합니다. 실제 애플리케이션에서 모델을 사용할 때는 일반적으로 모델의 데이터가 지속적으로 유지되기를 원하게 됩니다. 이러한 지속성을 이용하면 가장 최근 상태가 메모리나 로컬 저장소에 저장되거나 데이터베이스와도 동기화될 것이라는 것을 전제로 모델을 수정하고 업데이트할 수 있습니다.

한 가지 모델을 여러 뷰가 관찰할 수도 있습니다. 예를 들어, 위치 정보(경도와 위도), 사진에 등장하는 친구들(식별자 목록), 태그 목록 등의 메타데이터가 포함된 사진 모델의 경우, 개발자는 이런 세 가지 측면 각각을 표시하는 뷰를 제공하기로 결정할 수 있습니다.

MVC/MV* 프레임워크에서는 모델을 컬렉션으로 그룹화하는 기능을 제공하는 경우가 많습니다. 모델을 그룹으로 관리하면 그룹 내의 특정 모델이 변경될 때 그룹의 알림을 기반으로 애플리케이션 로직을 작성할 수 있어, 개별 모델 인스턴스를 직접 관찰할 필요가 없어집니다.

과거 MVC에 대한 자료에서 모델이 애플리케이션의 상태를 관리한다고 언급되는 경우가 있습니다. 하지만 자바스크립트 애플리케이션에서는 '상태state'라는 용어가 다르게 해석되는데, 보통은 사용자의 화면에 특정 시점에 나타나는 '상태'(즉, 특정 데이터를 포함한 뷰 또는 서브 뷰)를 의미합니다. 특히 SPASingle Page Application를 다룰 때는 이 '상태'의 개념이 중요한데, SPA 환경에서는 이러한 상태를 시뮬레이션할 필요가 있기 때문입니다.

정리하자면, 모델은 비즈니스 데이터와 주로 관련이 있습니다.

8.2.2 뷰

뷰는 모델에 대한 시각적인 표현으로, 현재 상태의 특정 부분만 보여줍니다. Smalltalk의 뷰가 비트맵을 생성하고 관리하는 역할이라면, 자바스크립트의 뷰는 여러 DOM 요소의 집합을 생성하고 정리하는 역할을 합니다.

일반적으로 뷰는 모델을 관찰하고, 모델에 변화가 생기면 알림을 받습니다. 이를 통해 뷰는 스스로를 업데이트할 수 있습니다. 디자인 패턴 관련 자료에서는 뷰를 종종 둔하다dumb고도 하는데, 뷰는 애플리케이션 내의 모델이나 컨트롤러에 대한 정보를 제한적으로 갖기 때문입니다.

사용자는 뷰와 상호작용할 수 있습니다. 여기에는 모델의 데이터를 읽고 수정(모델의 속성값을 가져오거나 설정)하는 기능도 포함됩니다. 뷰는 프레젠테이션 계층이기 때문에 편집과 업데이트 기능을 유저 친화적으로 제공합니다. 예를 들어 앞에서 얘기했던 사진 갤러리 애플리케이션의 경우 특정 사진을 선택한 사용자가 해당 사진의 메타데이터를 편집할 수 있는 '편집 뷰'를 제공함으로써 모델 편집을 용이하게 할 수 있습니다.

모델을 실제로 업데이트하는 작업은 컨트롤러(조금 후에 다룰 것입니다)가 담당합니다.

이제 기존의 자바스크립트 코드 예제를 통해 뷰에 대해 더 알아보겠습니다. 여기에서 하나의 사진 뷰를 생성하는 함수를 볼 수 있는데, 이 함수는 모델과 컨트롤러 인스턴스 모두를 사용합니다.

뷰 내부에 `render()` 유틸 함수를 정의합니다. 이 유틸 함수는 자바스크립트 템플릿 엔진

(Lodash 템플릿[05])을 사용하여 photoModel의 내용을 렌더링하고, photoEl이 참조하는 뷰의 내용을 업데이트 하는 역할을 합니다.

그리고 나서 photoModel은 render() 콜백 함수를 구독자로 추가합니다. 이렇게 하면 모델이 변경될 때 관찰자 패턴을 사용하여 뷰가 업데이트되도록 알림을 보낼 수 있습니다.

여기서 사용자의 상호작용은 어디서 일어날까요? 사용자가 뷰 내의 요소를 클릭하면, 뷰는 그 다음에 무엇을 해야할지 알지 못합니다. 대신 뷰는 이 결정을 컨트롤러에 위임합니다. 예제 코드에서는 photoEl에 이벤트 리스너를 추가하여, 클릭 동작을 처리하는 역할을 컨트롤러에 위임합니다. 필요한 경우를 대비하여 컨트롤러에 모델 정보도 함께 전달합니다.

이 아키텍처의 장점은 애플리케이션이 올바르게 작동하도록 각 구성요소가 제 역할을 한다는 것입니다.

```
const buildPhotoView = (photoModel, photoController) => {
  const base = document.createElement( "div" );
  const photoEl = document.createElement( "div" );

  base.appendChild(photoEl);

  const render = () => {
        // 사진 항목에 대한 HTML을 생성하기 위해
        // Lodash의 템플릿 메서드를 사용
        photo entry
        photoEl.innerHTML = _.template("#photoTemplate", {
            src: photoModel.getSrc()
        });
    };

  photoModel.addSubscriber( render );

  photoEl.addEventListener( "click", () => {
    photoController.handleEvent( "click", photoModel );
  });
```

05 옮긴이_ Lodash 템플릿은 데이터를 HTML이나 텍스트 템플릿에 삽입해 동적으로 마크업을 생성하는 Lodash 라이브러리의 기능입니다.

```
  const show = () => {
    photoEl.style.display = "";
  };

  const hide = () => {
    photoEl.style.display = "none";
  };

  return {
    showView: show,
    hideView: hide
  };
};
```

8.2.3 템플릿

MVC/MV* 패턴을 지원하는 자바스크립트 프레임워크를 사용할 때 자바스크립트 템플릿template에 대해 언급하지 않고 넘어갈 수는 없습니다. 앞서 말했듯이 템플릿은 뷰와 연관됩니다.

문자열의 연결concat을 통해 메모리에 큰 HTML 마크업 블록을 수동으로 생성하는 것은 성능적으로 나쁜 작업으로 오랫동안 간주(그리고 입증)되어 왔습니다. 개발자들은 데이터를 비효율적으로 반복하고, 중첩된 `div`로 감싸고, `document.write` 같은 구식 기술을 사용해 생성된 '템플릿'을 DOM에 주입하는 잘못된 방법에 빠지기도 합니다. 이러한 방식은 보통 스크립트로 동적 생성된 마크업을 표준 마크업에 포함시키게 되는데, 마크업의 가독성이 빠르게 저하될 뿐만 아니라, 복잡한 애플리케이션에서 이러한 코드 관리는 유지보수의 재앙을 불러일으킬 수도 있습니다.

최신 자바스크립트 템플릿 솔루션은 ES6(ECMAScript 2015)의 강력한 기능인 태그 템플릿 리터럴tagged template literals[06]의 사용으로 방향을 전환했습니다. 태그 템플릿 리터럴을 사용하면 자바스크립트의 템플릿 리터럴 문법과 함께 템플릿을 조작하고 데이터를 채우는 데 사용할

06 옮긴이_ styled-components에서 태그에 스타일을 적용하는 문법을 떠올리시면 됩니다(예: styled.div`...`).

수 있는 커스텀 처리 함수를 통해 재사용 가능한 템플릿을 만들 수 있습니다. 이 접근 방식은 별도의 템플릿 라이브러리의 필요성을 제거하고, 동적인 HTML 콘텐츠를 생성하는 간결하고 유지보수가 용이한 방법을 제공합니다.

태그된 템플릿 리터럴 내의 변수는 `${variable}` 구문을 사용하여 쉽게 추가할 수 있습니다. 이 구문은 `{{name}}`과 같은 기존의 변수 구분자보다 간결하고 읽기 쉬워 모델과 템플릿을 깔끔하게 유지할 수 있도록 도와줍니다. 또한, 프레임워크가 모델로부터 템플릿을 생성하는 대부분의 작업을 처리하도록 합니다. 이러한 방식은 특히 템플릿을 외부에서 저장할 때 많은 장점이 있습니다. 대규모 애플리케이션을 구축할 때 템플릿을 필요에 따라 동적으로 가져올 수 있기 때문입니다.

[예제 8-1] 과 [예제 8-2]는 자바스크립트 템플릿을 사용한 두 가지 예제입니다. 하나는 태그 템플릿 리터럴을, 나머지 하나는 Lodash 템플릿을 사용합니다.

예제 8-1 태그 템플릿 리터럴 코드

```
// Sample data
const photos = [
  {
    caption: 'Sample Photo 1',
    src: 'photo1.jpg',
    metadata: 'Some metadata for photo 1',
  },
  {
    caption: 'Sample Photo 2',
    src: 'photo2.jpg',
    metadata: 'Some metadata for photo 2',
  },
];

// 태그 템플릿 리터럴을 위한 함수
function photoTemplate(strings, caption, src, metadata) {
  return strings[0] + caption + strings[1] + src + strings[2] + metadata
     + strings[3];
}

// 태그 템플릿 리터럴 문자열로 템플릿 정의
```

```
const template = (caption, src, metadata) => photoTemplate`<li class="photo">
  <h2>${caption}</h2>
  <img class="source" src="${src}"/>
  <div class="metadata">
    ${metadata}
  </div>
</li>`;

// 데이터를 돌며 템플릿을 추가
const photoList = document.createElement('ul');
photos.forEach((photo) => {
  const photoItem = template(photo.caption, photo.src, photo.metadata);
  photoList.innerHTML += photoItem;
});

// DOM에 만들어진 템플릿 추가
document.body.appendChild(photoList);
```

예제 8-2 Lodash 템플릿

```
<li class="photo">
  <h2><%- caption %></h2>
  <img class="source" src="<%- src %>"/>
  <div class="metadata">
    <%- metadata %>
  </div>
</li>
```

템플릿 자체가 뷰는 아니라는 점을 명심해야 합니다. 뷰는 모델을 관찰하고 시각적 표현(UI)을 최신 상태로 유지하는 객체입니다. 프레임워크가 템플릿 명세에 따라 뷰를 생성할 수 있도록, 템플릿은 뷰 객체의 일부 또는 전체를 선언적으로 지정하는 방법이 **될 수** 있습니다.

또한 기억해야 할 점은, 전통적인 웹 개발 환경에서는 독립적인 뷰 간 이동을 위해 페이지 새로고침이 필요했다는 것입니다. 하지만, SPA 자바스크립트 애플리케이션에서는 서버로부터 데이터를 받아온 후에, 페이지 새로고침 없이도 동일한 페이지 내에서 새로운 뷰로 동적 렌더링할 수 있습니다. 이로 인해, 애플리케이션 상태 관리를 돕는 라우터가 페이지 이동의 역할을 맡게 됩니다(예를 들어, 사용자가 이동한 특정 뷰를 북마크할 수 있도록 지원합니다).

그러나 라우터는 MVC의 일부분이 아니며, 모든 MVC 유사 프레임워크에 존재하는 것도 아니므로, 이번 절에서는 자세히 다루지 않겠습니다.

요약하자면, 뷰는 애플리케이션 데이터를 시각적으로 표현하고, 템플릿은 뷰를 생성하기 위해 사용될 수 있습니다. 태그 템플릿 리터럴과 같은 최신 템플릿 기법은 자바스크립트 애플리케이션에서 동적인 HTML 콘텐츠를 깔끔하고, 효율적이며, 유지보수가 용이한 방식으로 만들 수 있도록 해줍니다.

8.2.4 컨트롤러

컨트롤러는 모델과 뷰 사이의 중재자 역할을 하며, 일반적으로 사용자가 뷰를 조작할 때 모델을 업데이트하는 역할을 합니다. 컨트롤러는 애플리케이션 내에서 모델과 뷰 간의 로직 그리고 연동을 관리합니다.

8.3 MVC를 사용하는 이유는?

MVC에서의 관심사 분리는 애플리케이션의 기능을 더 간단한 모듈로 나눌 수 있도록 해주며, 다음과 같은 이점을 제공합니다.

- **전반적인 유지보수의 단순화**: 애플리케이션을 업데이트해야 할 때, 변경사항이 데이터 중심인지 (모델과 컨트롤러의 변경) 아니면 단순히 시각적인 변경인지 (뷰의 변경) 명확하게 구분할 수 있습니다.
- **모델과 뷰의 분리**: 비즈니스 로직에 대한 단위[unit] 테스트의 작성이 훨씬 간편해집니다.
- 애플리케이션 전반에서 하위 수준의 모델 및 컨트롤러 코드 중복이 제거됩니다.
- 애플리케이션의 규모와 역할의 분리 정도에 따라, 모듈화를 통해 코어 로직을 담당하는 개발자와 UI 작업을 담당하는 개발자가 동시에 작업할 수 있습니다.

8.4 자바스크립트와 Smalltalk-80의 MVC

대부분의 최신 자바스크립트 프레임워크는 웹 애플리케이션 개발의 다양한 요구사항에 맞추기 위해 MVC 패러다임을 발전시키려고 합니다. 하지만, Smalltalk-80에서 찾을 수 있는 패턴의 순수한 형태를 고수하려는 프레임워크도 있습니다. 피터 미쇼Peter Michaux의 Maria.js[07]는 MVC의 근본에 충실한 구현을 제시합니다('모델은 모델이고, 뷰는 뷰이며, 컨트롤러는 컨트롤러 그 이상도 그 이하도 아닙니다'). 일부 개발자들은 MV* 프레임워크가 더 많은 관심사를 다뤄야 한다고 생각할 수도 있지만, 자바스크립트로 오리지널 MVC의 구현을 원한다면 Maria.js는 유용한 참고 자료입니다.

COLUMN MVC의 또 다른 관점

이쯤이면 MVC 패턴에 대한 기본적인 이해도를 가지고 있을 것입니다. 하지만 여전히 알아두면 흥미로운 정보들이 남아있습니다.

GoF는 MVC를 디자인 패턴으로 언급하지 않고 **UI를 구축하기 위한 클래스의 집합으로 간주합니다.** GoF의 관점에서 MVC는 관찰자, 전략strategy, 컴포지트composite의 세 가지 전통적인 디자인 패턴의 변형입니다. 프레임워크에서 MVC가 구현된 방식에 따라 팩토리, 템플릿 패턴도 사용될 수 있습니다. GoF 책은 MVC 작업 시 이러한 패턴들이 유용한 추가 요소가 될 수 있다고 언급합니다.

앞서 얘기했듯이, 모델은 애플리케이션의 데이터를 표현하고, 뷰는 사용자에게 화면에 표시되는 것을 나타냅니다. MVC는 이러한 핵심 커뮤니케이션의 일부에 관찰자 패턴을 사용합니다(놀랍게도 많은 MVC 관련 글에서 다루지 않는 부분입니다). 모델이 변경되면 변경사항에 대한 알림을 관찰자 (뷰)에게 보내는데, 이게 바로 MVC에서 아마 가장 중요한 관계일 것입니다. 또한, 이 관계에서 사용된 관찰자 패턴의 특성으로 인해 여러 뷰가 동일한 모델에 연결되는 것도 가능합니다.

MVC의 분리된 특성에 관심이 있는 개발자들을 위해 설명하자면, 이 패턴의 목표 중 하나는 토픽과 그 토픽을 관찰하는 관찰자들 간의 일대다(1:N) 관계를 정의하는 것입니다. 토

07 https://github.com/petermichaux/maria

픽이 변경되면 관찰자는 업데이트됩니다. 이에 비해 뷰와 컨트롤러는 조금 다른 관계를 가지고 있습니다. 컨트롤러는 뷰가 사용자 입력에 응답할 수 있도록 지원하며, 이는 전략 패턴의 한 예시이기도 합니다.

8.5 MVC 정리

이제 전통적인 MVC 패턴을 살펴보았으므로, MVC가 어떻게 애플리케이션 내 관심사를 명확하게 분리할 수 있게 하는지 이해했을 것입니다. 또한, 자바스크립트 MVC 프레임워크가 MVC 패턴을 어떤 식으로 해석하는지 알게 되었을 것입니다. 비록 다양한 변형이 가능하긴 하지만, 여전히 원래 패턴이 제공했던 몇 가지 근본적인 개념은 공유하고 있습니다.

새로운 자바스크립트 MVC/MV* 프레임워크를 검토할 때는, 한 걸음 물러서서 프레임워크의 아키텍처 접근 방식을 살펴보는 것이 유용할 수 있습니다. 특히 모델, 뷰, 컨트롤러 등 기타 요소들을 구현하는 방식을 중점적으로 본다면, 프레임워크를 가장 효과적으로 사용하는 방법을 더 잘 이해grok할 수 있을 것입니다.

8.6 MVP 패턴

MVPModel-View-Presenter 패턴은 프레젠테이션 로직의 개선에 초점을 맞춘 MVC 디자인 패턴의 파생입니다. MVP는 1990년대 초반, Taligent[08]라는 회사가 C++ CommonPoint[09]용 모델을 작업하던 중에 처음 등장했습니다. MVC와 MVP 모두 여러 구성 요소 간의 관심사 분리를 목표로 하지만, 몇 가지 근본적인 차이점이 있습니다.

여기에서는 웹 기반 아키텍처에 가장 적합한 MVP 버전에 초점을 맞추겠습니다.

---

08 *https://en.wikipedia.org/wiki/Taligent*

09 옮긴이_ Taligent에서 개발한 C++ 프레임워크로, 다양한 플랫폼에서 동작하는 객체 지향 애플리케이션 개발이 목적입니다.

8.6.1 모델, 뷰, 프리젠터

MVP에서 P는 프리젠터Presenter를 의미합니다. 프리젠터는 뷰에 대한 UI 비즈니스 로직을 담당하는 구성 요소입니다. MVC와 달리, 뷰에서의 이벤트 호출은 프리젠터로 위임됩니다. 프리젠터는 뷰와 분리되어 있으며, 인터페이스를 통해 뷰와 통신합니다. 이 방식은 단위 테스트에서 뷰를 모킹mocking[10]할 수 있는 등의 많은 장점을 제공합니다(그림 8-2).

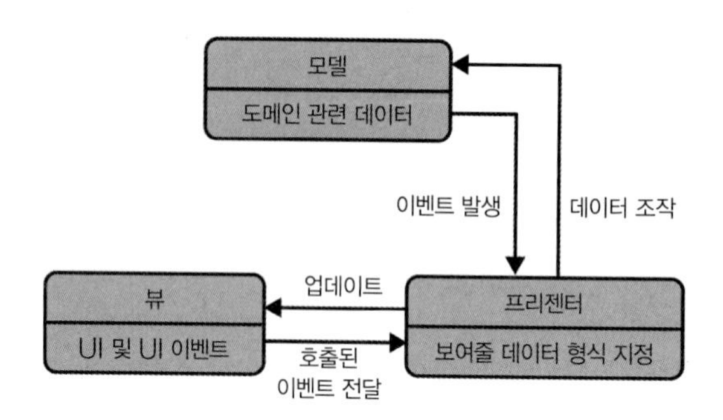

그림 8-2 MVP 패턴

MVP는 주로 '둔한' 수동형passive 뷰를 활용하는 구현 방식이 가장 널리 사용됩니다. 수동형 뷰는 로직을 거의 가지고 있지 않습니다. MVC와 MVP는 C(컨트롤러)와 P(프리젠터)의 역할이 다르기 때문에 구분됩니다. MVP에서 P는 모델을 관찰하고 모델이 변경될 때 뷰를 업데이트합니다. P는 모델과 뷰를 효과적으로 연결하는데, 이건 원래 MVC에서 컨트롤러가 담당하던 역할입니다.

뷰의 요청에 따라, 프리젠터는 사용자 요청과 관련된 작업을 수행하고 데이터를 뷰로 다시 전달합니다. 이를 위해 프리젠터는 데이터를 가져오고, 조작하고, 이 데이터가 어떻게 뷰에 표시되어야 하는지 결정합니다. 일부 구현에서는 프리젠터는 모델에 데이터를 저장하기 위해 서비스 계층과 상호작용하기도 합니다. 모델이 이벤트를 발생시킬 수도 있지만, 이벤트를 구독하여 뷰를 업데이트할 수 있도록 하는 것이 프리젠터의 역할입니다. 이러한 수동형 아키텍처에서는 직접적인 데이터 바인딩의 개념이 없습니다. 대신 뷰는 프리젠터가 데이터를 설정하는 데 사용할 수 있는 세터를 제공합니다.

---

10 옮긴이_ 모킹은 테스트 코드의 효율성을 높이기 위해 실제 객체를 대신하는 가짜 객체를 만드는 방법입니다.

MVC에서 MVP로의 변화는 애플리케이션의 테스트 용이성을 높이고 뷰와 모델 간의 분리를 더욱 명확하게 해준다는 장점이 있습니다. 그러나 MVP 패턴에는 데이터 바인딩이 지원되지 않기 때문에, 작업을 별도로 처리해야 하는 비용이 발생할 수 있습니다.

수동형 뷰를 구현하는 일반적인 방법은 뷰가 인터페이스를 구현하는 것이지만, 이벤트 사용 등 뷰와 프리젠터를 분리할 수 있는 다른 방법들도 있습니다. 자바스크립트에는 인터페이스라는 구조가 없기 때문에 명시적인 인터페이스보다는 프로토콜 형태를 사용하게 됩니다. 그래도 엄밀히 말하면 API에 속하기에, 이러한 관점에서 본다면 인터페이스라고 부르는 것도 적절해 보입니다.

MVP의 변형인 감독 컨트롤러Supervising Controller 패턴[11]도 있습니다. 감독 컨트롤러 패턴은 모델의 데이터를 바로 뷰에 바인딩할 수 있도록 해준다는 점에서 MVC와 MVVM[12] 패턴에 더 가깝습니다.

8.6.2 MVP vs MVC

지금까지 MVP와 MVC에 대해 알아보았습니다. 그런데 내 애플리케이션에 적합한 패턴은 둘 중 무엇일까요?

MVP는 일반적으로 프레젠테이션 로직을 최대한 재사용해야 하는 엔터프라이즈 수준의 애플리케이션에서 사용됩니다. 뷰가 매우 복잡하고 사용자와의 상호작용이 많은 애플리케이션에서는 MVC가 적합하지 않을 수 있습니다. 이런 문제를 MVC로 해결하려면 여러 컨트롤러에 크게 의존해야 할 수 있기 때문입니다. MVP에서는 이 모든 복잡한 로직을 프리젠터 안에 캡슐화할 수 있어 유지보수가 훨씬 간단해집니다.

MVP의 뷰는 인터페이스를 통해 정의되고, 인터페이스가 시스템과 뷰(프리젠터 제외) 간의 유일한 접점이므로, 이 패턴을 사용하면 개발자는 디자이너가 애플리케이션의 레이아웃과

---

11 *https://martinfowler.com/eaaDev/SupervisingPresenter.html*

12 *https://ko.wikipedia.org/wiki/모델-뷰-뷰모델*

그래픽을 완성하기를 기다리지 않고도 프레젠테이션 로직을 작성할 수 있습니다.

MVP는 구현 방식에 따라 MVC보다 단위 테스트가 더 쉬울 수 있습니다. 프리젠터를 UI의 완전한 모킹으로 사용하여 다른 구성 요소와 독립적으로 단위 테스트를 할 수 있기 때문입니다. 제 경험상, 이러한 차이는 MVP를 구현하는 개발 언어의 영향이 큽니다(예를 들어, 자바스크립트 프로젝트와 ASP.NET 프로젝트에서 MVP를 사용하는 것에는 상당한 차이가 있습니다).

MVC와 MVP 간의 차이점이 대부분 의미론적인 수준이므로, MVC에 존재하는 근본적인 문제점들은 MVP에도 동일하게 존재할 가능성이 큽니다. 하지만 모델, 뷰, 컨트롤러(또는 프리젠터)로 관심사를 명확히 분리하기만 한다면, 어떤 패턴을 선택하든지 간에 대부분 동일한 장점을 얻을 수 있을 것입니다.

전통적인 형태의 MVC나 MVP 패턴을 구현하는 자바스크립트 아키텍처 프레임워크는 거의 없습니다. 많은 자바스크립트 개발자는 MVC와 MVP를 상호 배타적인 것으로 보지 않습니다(MVP는 ASP.NET 또는 Google Web Toolkit 같은 웹 프레임워크에서 보다 엄격하게 구현되는 경향이 있습니다). 왜냐하면 애플리케이션에 프리젠터/뷰 로직을 추가하더라도 여전히 MVC 패턴의 한 종류로 여길 수 있기 때문입니다.

8.7 MVVM 패턴

MVVM[Model-View-ViewModel] 패턴은 MVC와 MVP를 기반으로 하는 아키텍처 패턴으로, 애플리케이션의 UI 개발 부분과 비즈니스 로직, 동작 부분을 명확하게 분리합니다. 많은 MVVM의 구현 방식은 선언적 데이터 바인딩을 활용하여 뷰에 대한 작업을 다른 계층과 분리할 수 있도록 합니다.

이러한 기법을 통해 동일한 코드베이스 내에서 UI 작업과 개발 작업을 거의 동시에 진행할 수 있습니다. UI 개발자는 문서 마크업 (HTML) 내에서 뷰모델에 대한 바인딩을 작성하는 한편, 애플리케이션 로직을 담당하는 개발자들은 모델과 뷰모델을 관리하게 됩니다(그림 8-3).

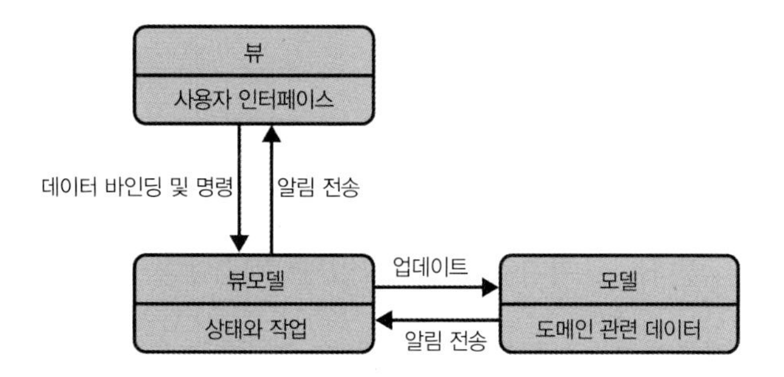

그림 8-3 MVVM 패턴

8.7.1 역사

MVVM 패턴은 원래 마이크로소프트에 의해 윈도우 프레젠테이션 파운데이션Windows Presentation Foundation (WPF)[13] 과 Silverlight[14] 용도로 발명되었으며, 2005년에 Avalon(WPF의 코드네임)에 대한 존 고스만John Gossman의 블로그 글에서 공식적으로 발표된 바 있습니다. 어도비 플렉스Adobe Flex 커뮤니티에서도 MVC 패턴을 대체재로써 인기를 얻었습니다.

마이크로소프트가 MVVM이라는 명칭을 채택하기 전에, 커뮤니티 내에서는 MVP에서 MVPM Model-View-Presentation Model으로 발전하려는 움직임이 있었습니다. 더 알고 싶다면 마틴 파울러가 2004년에 쓴 프레젠테이션 모델Presentation Model에 대한 글[15]을 참고하세요. 프레젠테이션 모델의 개념은 마틴 파울러의 글보다 훨씬 오래전부터 존재했지만, 해당 글은 이 개념에 대해 중요한 전환점이 되었고 대중화에 크게 기여했습니다.

마이크로소프트가 MVPM의 대안으로 MVVM을 발표하자 'alt.net'[16] 커뮤니티에서 상당한 논란이 일었습니다. GUI 분야에서 마이크로소프트의 지배력이 커뮤니티를 장악하게 되었으며, 마케팅 목적으로 기존의 개념을 마음대로 이름만 바꾸었다고 주장했습니다. 진보적인 아이디어를 가진 사람들은 MVVM과 MVPM이 사실상 같은 개념이지만, 약간의 차이가 있다

13 *https://ko.wikipedia.org/wiki/윈도우_프레젠테이션_파운데이션*

14 *https://oreil.ly/78R8q*

15 *https://martinfowler.com/eaaDev/PresentationModel.html*

16 옮긴이_ .NET 개발 커뮤니티로, 전통적인 .NET 개발 방식 외에 대안적인 개발 방식과 기술을 탐색하고 채택하는 개발자들의 커뮤니티를 지칭합니다.

는 점을 인식했습니다.

MVVM은 초기에 KnockoutJS, Kendo MVVM, Knockback.js 같은 구조적 프레임워크의 형태로 자바스크립트에 구현되었고, 커뮤니티에서 전반적으로 긍정적인 반응을 얻었습니다.

이제 MVVM을 구성하는 세 가지 요소에 대해 살펴보겠습니다.

- **모델**: 도메인에 관련된 정보를 전달합니다.
- **뷰**: 사용자 인터페이스(UI) 입니다.
- **뷰모델**: 모델과 뷰 사이의 인터페이스 역할을 합니다.

8.7.2 모델

다른 MV* 패턴들과 마찬가지로, MVVM의 모델은 우리 애플리케이션이 사용할 도메인 관련 데이터나 정보를 제공합니다. 도메인 관련 데이터의 대표적인 예로는 사용자 계정(이름, 아바타, 이메일) 또는 음악 트랙(제목, 연도, 앨범) 등이 있습니다.

모델은 보통 정보를 담고 있지, 동작을 다루지 않습니다. 모델은 정보 형식을 지정하지 않고, 데이터가 브라우저에 어떻게 표현될지에 영향을 미치지 않습니다. 이러한 역할은 모델의 책임이 아니기 때문입니다. 대신에 데이터 형식 지정은 뷰가 담당하고, 동작은 모델과 상호작용하는 또 다른 계층인 뷰모델에서 캡슐화하여 처리해야 하는 비즈니스 로직으로 간주됩니다.

모델의 역할 중 유일한 예외는 데이터 유효성 검사입니다. 기존 모델을 정의하거나 업데이트하는 데 사용되는 데이터에 대한 유효성 검사는 모델에서 수행하는 것이 허용됩니다(예: 입력된 이메일 주소가 특정 정규식의 요구 조건을 충족하는가?).

8.7.3 뷰

MVC와 마찬가지로, 뷰는 애플리케이션에서 사용자가 상호작용하는 유일한 부분이고, 뷰모델의 상태를 표현하는 상호작용이 가능한 UI입니다. 이러한 점에서 뷰는 수동적이라기보다는 능동적으로 볼 수 있으며, MVC와 MVP의 뷰도 마찬가지입니다. 허나 MVC, MVP, MVVM에서 뷰는 수동적일 수도 있다고 하는데 무슨 뜻일까요?

수동적 뷰는 단순히 화면을 출력할 뿐 사용자의 입력을 받아들이지 않습니다. 이러한 뷰는 애플리케이션의 모델에 대한 구체적인 정보를 가지고 있지 않을 수 있으며, 프리젠터에 의해 조작될 수 있습니다. 반면, MVVM의 능동적 뷰는 데이터 바인딩, 이벤트, 동작들을 포함하고 있어 뷰모델에 대한 이해를 필요로 합니다. 비록 이러한 동작들이 속성에 연결될 수는 있지만, 뷰모델로부터 발생한 이벤트를 처리하는 책임은 여전히 뷰가 갖고 있습니다.

중요한 점은 뷰는 상태를 관리할 책임이 없다는 것입니다. 뷰는 뷰모델과 정보 또는 상태를 항상 동기화된 상태로 유지하기 때문입니다.

8.7.4 뷰모델

뷰모델ViewModel은 데이터 변환기의 역할을 하는 특수한 컨트롤러로 볼 수 있습니다. 모델의 정보를 뷰가 사용할 수 있는 형태로 변환하고, 뷰에서 발생한 명령(사용자의 조작이나 이벤트)을 모델로 전달합니다.

예를 들어, UNIX 포맷의 날짜 속성(예: 1333832407)을 가지고 있는 모델이 있다고 가정해 봅시다. 모델이 사용자가 보게 될 날짜 표시 방식(예: 04/07/2012 @ 5:00 pm)으로 형식을 바꾸어 저장하는 게 아니라, 원시 포맷 그대로 유지합니다. 뷰에는 포맷된 날짜가 표시되고, 뷰모델은 뷰와 모델 둘 사이를 잇는 다리 역할을 수행합니다.

이러한 관점에서, 뷰모델은 뷰라기보다는 모델에 더 가깝다고 볼 수 있습니다. 그러나 동시에 뷰의 디스플레이 로직 대부분을 처리합니다. 뷰모델은 뷰의 상태를 유지하고, 뷰에서 발생한 동작에 기반해 모델을 업데이트하며, 뷰에 이벤트를 발생시키는 등의 기능을 수행하기 위한 메서드도 제공할 수 있습니다.

정리하자면, 뷰모델은 UI 계층의 뒤에 위치합니다. 뷰가 필요로 하는 데이터를 (모델로부터 가져와) 제공하며, 데이터와 사용자의 동작 모두를 뷰가 참조하는 출처의 역할을 할 수 있습니다.

8.7.5 뷰와 뷰모델 복습

뷰와 뷰모델은 데이터 바인딩과 이벤트를 통해 소통합니다. 앞서 뷰모델의 초기 예제에서 살펴본 것처럼, 뷰모델은 모델의 속성을 단순히 제공하는 것뿐만 아니라, 데이터 유효성 검사 같은 다른 메서드와 기능에 대한 접근도 허용합니다.

뷰는 자체 UI 이벤트를 처리하고, 필요에 따라 뷰모델에 연결mapping합니다. 모델과 뷰모델의 속성은 양방향 데이터 바인딩을 통해 동기화되고 업데이트됩니다.

또한, 데이터 트리거를 사용하면 모델 속성의 상태 변화에 추가적으로 대응할 수도 있습니다.

8.7.6 뷰모델 vs 모델

MVVM에서 뷰모델은 모델에 대해 전적인 책임을 지지만, 이 관계에는 고려해야 할 몇 가지 중요한 점이 있습니다. 뷰모델은 데이터 바인딩을 위해 모델 또는 모델의 속성을 가져올 수 있고, 뷰에 제공되는 속성을 가져오거나 조작하기 위한 인터페이스를 포함할 수 있습니다.

8.8 장단점

이제 MVVM이 무엇이고, 어떻게 작동하는지에 대해 잘 이해하고 있을 것입니다. 다음은 이 패턴을 사용함에 따르는 장단점을 살펴보겠습니다.

8.8.1 장점

- MVVM은 UI와 이를 구동하게 해주는 요소를 동시에 개발할 수 있도록 합니다.
- MVVM은 뷰를 추상화함으로써 뷰의 뒤에 작성되는 비즈니스 로직(또는 연결 코드)의 양을 줄여줍니다.
- 뷰모델은 이벤트 중심 코드에 비해 단위 테스트가 더 쉽습니다.
- 뷰모델은 (뷰보다는 모델에 가까우므로) UI 자동화나 상호작용에 대한 고려 없이도 테스트가 가능합니다.

8.8.2 단점

- 단순한 UI의 경우, MVVM은 과도한 구현overkill이 될 수 있습니다.
- 데이터 바인딩은 선언적이고 사용하기 편리할 수 있지만, 단순히 중단점breakpoints을 설정하는 명령형 코드에 비해 디버깅이 더 어려울 수 있습니다.
- 복잡한 애플리케이션에서는, 데이터 바인딩이 상당한 관리 부담을 만들어 낼 수 있습니다. 또한 바인딩 코드가 바인딩 대상 객체보다 더 무거운 상황도 피하고 싶습니다.
- 대규모 애플리케이션에서는 필요한 일반화를 제공하기 위해 뷰모델을 미리 설계하는 것이 어려울 수 있습니다.

8.9 MVC vs MVP vs MVVM

MVP와 MVVM은 모두 MVC에서 파생된 패턴입니다. MVC와 이 파생 패턴들 사이의 핵심 차이점은 각 계층이 다른 계층에 대해 갖는 의존성과, 서로 얼마나 강하게 연결되어 있는지에 있습니다.

MVC에서는 뷰가 아키텍처의 최상단에 위치하고 그 옆에는 컨트롤러가 있습니다. 모델은 컨트롤러 아래에 있기 때문에, 뷰는 컨트롤러에 대해 알고 있고, 컨트롤러는 모델에 대해 알고 있습니다. 이 구조에서 뷰는 모델에 직접 접근할 수 있습니다. 하지만 전체 모델을 뷰에 노출하는 것은 애플리케이션의 복잡도에 따라 보안 및 성능에 문제를 일으킬 수 있습니다. MVVM은 이러한 문제를 피하기 위한 패턴입니다.

MVP에서는 컨트롤러의 역할이 프리젠터로 대체됩니다. 프리젠터는 뷰와 동일한 계층에 존재하며, 뷰와 모델 양쪽에서 발생하는 이벤트를 수신하고 이들 간의 동작을 조정합니다. MVVM과는 달리, 뷰와 뷰모델을 바인딩하는 메커니즘이 없기 때문에, 각 뷰는 프리젠터가 뷰와 상호작용할 수 있도록 인터페이스를 구현합니다.

결과적으로, MVVM을 사용하면 상태와 로직 정보를 포함할 수 있는 뷰와 관련된 모델 일부를 생성할 수 있습니다. 이를 통해 전체 모델을 뷰에 노출하는 것을 피할 수 있습니다. MVP의 프리젠터와 달리, 뷰모델은 뷰를 참조할 필요가 없습니다. 뷰는 뷰모델의 속성을 바인딩하여 모델에 포함된 데이터를 뷰에 표현할 수 있습니다. 앞서 언급했듯이 뷰가 추상화되기 때문에 뷰에 필요한 로직의 양이 줄어듭니다.

그러나 이러한 뷰와 뷰모델 분리의 단점은 둘 사이에 일정 수준의 변환이 필요해 성능에 영향을 줄 수 있다는 점입니다. 변환의 복잡도 또한 다양할 수 있는데, 단순한 데이터 복사일 수도 있고 뷰에 표시하기 위해 데이터를 조작하는 복잡한 과정일 수도 있습니다. MVC에서는 모델 전체에 바로 접근할 수 있어 변환 조작이 필요하지 않으므로, MVVM 같은 성능 문제가 발생하지 않습니다.

8.10 최신 MV* 패턴

Backbone, KnockoutJS와 같이 초기 MVC와 MVVM을 구현하는 데 사용되었던 프레임워크들은 더 이상 인기가 없거나 업데이트되지 않습니다. 이젠 리액트React, Vue.js, 앵귤러Angular, 솔리드Solid 등 다양한 라이브러리와 프레임워크들이 주로 사용됩니다. 하지만, Backbone이나 KnockoutJS의 관점에서 아키텍처를 이해하는 것은 여전히 중요할 수 있습니다. 이를 통해 프레임워크의 기원과, 현대에 와서 어떤 점들이 바뀌었는지를 파악할 수 있기 때문입니다.

MV* 패턴은 최신 바닐라 자바스크립트로 구현할 수 있습니다. 할 일 목록을 MVC로 구현한 애플리케이션[17]의 예제도 그러합니다. 하지만 개발자들은 대규모의 확장 가능한 애플리케이션을 구축할 때는 일반적으로 라이브러리나 프레임워크를 사용해 개발하기를 선호합니다.

기술적으로 리액트나 Vue.js와 같은 최신 라이브러리와 프레임워크는 애플리케이션의 뷰 또는 프레젠테이션 계층을 구성합니다. 대부분의 경우에 이 프레임워크들은 모델 구현 방식과 애플리케이션의 상태 관리에 대해 유연합니다. Vue.js는 공식적으로 뷰모델을 사용하는 MVVM 패턴이라고 주장합니다. 리액트에서는 MV* 패턴에 대한 몇 가지 추가적인 고려사항이 있습니다.

---

17 *https://github.com/1Marc/modern-todomvc-vanillajs*

8.10.1 MV* 패턴과 리액트

분명히 말하자면, 리액트는 MVC 프레임워크가 아닙니다. 리액트는 UI 구축을 위한 자바스크립트 라이브러리이며, 주로 SPA Single Page Application 개발에 사용됩니다.

리액트는 백엔드에서 전통적으로 구현되고, 사용되는 MVC 패턴과 잘 맞지 않기 때문에 MVC로 분류되지 않습니다. 리액트는 뷰 계층을 원하는대로 구성하게 해주는 렌더링 라이브러리입니다. 기존 MVC와 같이 중앙 제어 역할을 하는 컨트롤러, 혹은 라우터 기능이 포함되어 있지 않습니다.

리액트는 선언형 프로그래밍 방식을 따릅니다. 즉, 개발자는 애플리케이션이 원하는 상태를 기술하고, 리액트는 그 상태를 기반으로 적절한 뷰를 렌더링합니다. 리액트를 MVC 디자인 패턴에서 사용하지 않는 이유는 리액트에서는 서버가 브라우저에 '뷰'를 직접 제공하지 않고, '데이터'를 제공하기 때문입니다. 리액트는 이 데이터를 브라우저에서 구문 분석하여 실제 뷰를 생성합니다. 이러한 관점에서, 리액트를 MVC 패턴의 뷰(V)라고 할 수는 있지만, 전통적인 의미에서의 MVC 프레임워크는 아닙니다.

다른 관점에서 보면 리액트는 MVC를 기술에 따라 수평적으로 나누는 대신, 관심사에 따라 수직적으로 나눕니다. 리액트의 컴포넌트는 상태(모델), 렌더링(뷰), 제어 흐름 로직(소규모의 지역화된 컨트롤러)를 담고 있는 작은 수직 분할형 MVC로 시작했다고 볼 수 있습니다.

최근에는 많은 컴포넌트 로직이 Hooks로 구성됨에 따라, 컴포넌트를 뷰로, Hooks를 컨트롤러로 볼 수 있습니다. '모델 ⇒ 비동기 데이터, 뷰 ⇒ 컴포넌트, 컨트롤러 ⇒ Hook'으로 이해하는 것도 도움이 될 수 있지만, 단순히 개념 파악을 위한 비유일 뿐 엄밀한 뜻은 아닙니다.

Next.js는 리액트를 기반으로 만들어진 프레임워크로, 서버 사이드 렌더링 Server Side Rendering (SSR)을 쉽게 구현할 수 있도록 해줍니다. Next.js는 자동 코드 분할, 성능 최적화, 간단한 프로덕션 환경 배포 등 다양한 기능을 포함합니다. 리액트와 마찬가지로 Next.js도 MVC 프레임워크는 아니지만, 서버 사이드 렌더링(SSR) 또는 정적 사이트 생성 Static Site Generation (SSG)을 사용하는 경우 MVC와 유사한 패턴으로 동작할 수 있습니다. Next.js가 백엔드 역할을 수행하여 데이터베이스와 상호작용하고 뷰를 사전 렌더링하면, 이후부터는 리액트의 반응형 기능을 통해 뷰를 동적으로 업데이트함으로써 전통적인 MVC 형태로 동작합니다.[18]

8.11 마치며

지금까지 모델, 뷰, 컨트롤러, 프리젠터, 그리고 뷰모델의 개념을 살펴보았고, 이들이 다양한 아키텍처 패턴에 어떻게 적용되는지 분석했습니다. 최신 자바스크립트 중심의 프론트엔드 개발 환경에서는 이러한 패턴들이 전통적인 형태 그대로 구현되지 않을 수 있습니다. 그러나 이러한 기본 패턴의 이해는 전체 웹 애플리케이션의 아키텍처를 설계하는 데 기초적 가이드라인을 제공할 수 있습니다. 또한 애플리케이션을 수직 분할하여 다수의 컴포넌트로 구성할 때, 개별 프론트엔드 컴포넌트에 뷰모델이나 모델의 개념을 적용하여 컴포넌트의 뷰를 구성하는 데에 도움을 줄 수 있습니다.

앞서 클래스 수준부터 아키텍처 수준까지 다양한 패턴들을 다뤄보았습니다. 다음 장에서는 최신 자바스크립트 애플리케이션의 흐름을 설계하는 데 중요한 비동기 프로그래밍 패턴에 대해서 알아보겠습니다. 이를 통해 브라우저 상에서 오래 실행되는 작업을 보다 효율적으로 관리할 수 있게 될 것입니다.

18 옮긴이_ 예를 들어 실시간 채팅 기능은 SSR을 통해 초기 HTML을 제공하고 클라이언트 사이드에서 리렌더링을 통해 메시지를 실시간으로 업데이트합니다.

CHAPTER

09

비동기 프로그래밍 패턴

비동기 자바스크립트 프로그래밍은 브라우저가 이벤트에 응답하여 다른 코드를 실행하는 동안, 백그라운드에서 오랜 시간이 걸리는 작업을 수행하게 해줍니다. 비동기 프로그래밍은 자바스크립트에서는 비교적 최근에 도입되었으며, 이 책의 초판을 출간했을 때(2012년 7월)에는 비동기 프로그래밍을 지원하는 구문이 존재하지 않았습니다.

프로미스Promise, 비동기Async/await 등의 자바스크립트 개념은 메인 스레드를 차단하지 않으면서도 코드를 깔끔하고 읽기 쉽게 만들어줍니다. `async` 함수는 2016년에 ES7의 일부로 도입되었으며 현재 모든 브라우저에서 지원됩니다. 이러한 기능을 활용해 애플리케이션 흐름을 효율적으로 구성하는 몇 가지 패턴에 대해 살펴보겠습니다.

9.1 비동기 프로그래밍

자바스크립트에서 동기 코드는 블로킹blocking 방식으로 실행됩니다. 이는 코드가 순서대로 한 번에 한 문장씩 실행됨을 의미합니다. 코드에서 다음 줄의 문장은 현재 문장의 실행이 완료된 후에만 실행될 수 있습니다. 동기 함수를 호출하면, 호출자에게 결과를 반환하기 전에 함수 내부의 코드가 처음부터 끝까지 한 줄씩 실행될 것입니다.

반면에 비동기 코드는 논블로킹nonblocking 방식으로 실행됩니다. 즉, 자바스크립트 엔진은 현재 실행 중인 코드가 다른 작업을 기다리는 동안 백그라운드에서 해당 비동기 코드를 실행할 수 있습니다. 비동기 함수를 호출하면, 함수 내부의 코드가 백그라운드에서 실행되며 호출자에게 즉시 결과가 반환됩니다.

다음은 자바스크립트의 동기 코드 예제입니다.

```
function synchronousFunction() {
  // 동기 함수 동작
}

synchronousFunction();
// 이 줄이 오기 전에 함수 내부의 코드를 실행
```

다음은 자바스크립트의 비동기 코드 예제입니다.

```
function asynchronousFunction() {
  // 비동기 함수 동작
}

asynchronousFunction();
// 함수 내부의 코드는 백그라운드에서 실행되며
// 이 줄로 제어권을 반환
```

비동기 코드는 일반적으로 코드의 나머지 부분을 차단하지 않고 오래 실행되는 작업을 수행할 때 유용합니다. 네트워크 요청, 데이터베이스 읽기/쓰기, 또는 기타 I/O(입력/출력) 작업이 비동기 코드를 사용하기 적합합니다.

비동기(async, await), 프로미스(promise)와 같은 자바스크립트 언어의 기능은 비동기 코드를 더 쉽게 작성할 수 있게 해줍니다. 이 기능을 활용하면 비동기 코드를 마치 동기 코드처럼 작동하도록 작성할 수 있어 코드의 가독성과 이해도가 높아집니다.

비동기 프로그래밍의 각 기법을 심층적으로 살펴보기 전에, 콜백(callback), 프로미스(promise), 비동기(async/await)의 차이점을 간략하게 알아보겠습니다.

```
// 콜백 사용 예시
function makeRequest(url, callback) {
  fetch(url)
    .then(response => response.json())
    .then(data => callback(null, data))
    .catch(error => callback(error));
}

makeRequest('http://example.com/', (error, data) => {
  if (error) {
    console.error(error);
  } else {
    console.log(data);
  }
});
```

첫 번째 예제의 makeRequest 함수는 콜백을 사용하여 네트워크 요청의 결과를 반환합니다. 호출자는 makeRequest 함수에 콜백(callback) 함수를 전달하고, 이 콜백 함수는 결과 데이터(data) 또는 에러를 매개 변수로 가져와 사용할 수 있습니다.

```
// promise 사용 예시
function makeRequest(url) {
  return new Promise((resolve, reject) => {
    fetch(url)
      .then(response => response.json())
      .then(data => resolve(data))
      .catch(error => reject(error));
  });
}

makeRequest('http://example.com/')
  .then(data => console.log(data))
  .catch(error => console.error(error));
```

두 번째 예제의 makeRequest 함수는 네트워크 요청의 결과로 해결되거나 에러로 거부되는 Promise 객체를 반환합니다. 호출자는 이 Promise 객체의 .then 메서드와 .catch 메서드를 사용하여 요청 결과를 처리할 수 있습니다.

```
// async/await 사용 예시
async function makeRequest(url) {
  try {
    const response = await fetch(url);
    const data = await response.json();
    console.log(data);
  } catch (error) {
    console.error(error);
  }
}

makeRequest('http://example.com/');
```

세 번째 예제의 makeRequest 함수는 async 키워드로 선언되어, 네트워크 요청의 결과를 기다리기 위해 await 키워드를 사용할 수 있습니다. 호출자는 함수 실행 중 발생할 수 있는 에러를 처리하기 위해 try-catch 키워드를 사용할 수 있습니다.

9.2 배경

자바스크립트에서 콜백 함수는 다른 함수에 인수로서 전달되어, 비동기 작업이 완료된 후 실행됩니다. 콜백 함수는 주로 네트워크 요청이나 사용자 입력과 같은 비동기 작업의 결과를 처리하기 위해 사용되었습니다.

콜백을 사용할 때의 주요 단점 중 하나는 '콜백 지옥'으로 불리는 상황을 초래할 수 있다는 것입니다. 콜백 지옥은 중첩된 콜백 구조로 인해 코드의 가독성과 유지보수성이 크게 저하되는 상황을 뜻합니다. 다음 예제를 통해 자세히 알아보겠습니다.

```
function makeRequest1(url, callback) {
  // 네트워크 요청 생성
  callback(null, response);
}

function makeRequest2(url, callback) {
  // 네트워크 요청 생성
  callback(null, response);
}

function makeRequest3(url, callback) {
  // 네트워크 요청 생성
  callback(null, response);
}

makeRequest1('http://example.com/1', (error, data1) => {
  if (error) {
    console.error(error);
    return;
  }

  makeRequest2('http://example.com/2', (error, data2) => {
    if (error) {
      console.error(error);
      return;
    }

    makeRequest3('http://example.com/3', (error, data3) => {
      if (error) {
        console.error(error);
```

```
      return;
    }

    // data1, data2, data3을 다루기
  });
});
});
```

이 예제의 makeRequest1 함수는 네트워크 요청을 수행하고 요청 결과를 매개변수로 하여 콜백 함수를 호출합니다. 이 콜백 함수는 다시 makeRequest2 함수를 이용하여 또 다른 네트워크 요청을 수행하고, 그에 대한 결과를 또 다른 콜백 함수로 전달합니다. 이러한 패턴은 세 번째 네트워크 요청까지 계속됩니다.

9.3 프로미스 패턴

프로미스Promise는 자바스크립트에서 비동기 작업을 처리하는 최신 방법입니다. 프로미스는 비동기 작업의 결과를 나타내는 객체로, 대기pending, 완료fulfilled, 거부rejected의 세 가지 상태를 가질 수 있습니다. 작업이 성공적으로 완료되었거나 거부되었을 때 결과를 제공하는 일종의 계약서 같은 존재입니다.

프로미스는 Promise 생성자를 사용하여 만들 수 있으며, 이 생성자는 함수를 인수로 받습니다. 또다시 이 함수는 resolve와 reject 두 개의 인수를 전달받습니다. resolve 함수는 비동기 작업이 성공적으로 완료되었을 때 호출되고, reject 함수는 작업이 실패했을 때 호출됩니다.

다음은 네트워크 요청을 위해 프로미스를 사용하는 방법을 보여주는 예시입니다.

```
function makeRequest(url) {
  return new Promise((resolve, reject) => {
    fetch(url)
      .then(response => response.json())
      .then(data => resolve(data))
```

```
      .catch(error => reject(error));
  });
}

makeRequest('http://example.com/')
  .then(data => console.log(data))
  .catch(error => console.error(error));
```

이번 예제에서 makeRequest 함수는 네트워크 요청의 결과를 나타내는 Promise 객체를 반환합니다. HTTP 요청을 수행하기 위해 함수 내부에서 fetch 메서드를 사용합니다. 요청이 성공하면 Promise는 응답을 완료fulfilled하여 데이터를 반환하고, 실패하면 에러와 함께 거부rejected됩니다. 호출자는 반환된 Promise 객체의 .then 및 .catch 메서드를 통해 이러한 요청의 결과를 처리할 수 있습니다.

프로미스를 사용할 때의 주요 장점 중 하나는 콜백보다 체계적이고 가독성이 높은 방법으로 비동기 작업을 처리할 수 있다는 것입니다. 이를 통해 '콜백 지옥'을 피하고, 이해하기 쉽고 유지보수성이 높은 코드를 작성할 수 있습니다.

다음은 자바스크립트에서 활용할 수 있는 다양한 프로미스 디자인 패턴을 이해하는 데 도움이 될 추가 예시들을 소개하겠습니다.

9.3.1 프로미스 체이닝

프로미스 체이닝Promise chaining 패턴을 사용하면 여러 개의 프로미스를 함께 연결하여 보다 복잡한 비동기 로직을 만들 수 있습니다.

```
function makeRequest(url) {
  return new Promise((resolve, reject) => {
    fetch(url)
      .then(response => response.json())
      .then(data => resolve(data))
      .catch(error => reject(error));
  });
}
```

```
function processData(data) {
  // process data
  return processedData;
}

makeRequest('http://example.com/')
  .then(data => processData(data))
  .then(processedData => console.log(processedData))
  .catch(error => console.error(error));
```

9.3.2 프로미스 에러 처리

프로미스 에러 처리 패턴은 catch 메서드를 사용하여 프로미스 체인의 실행 중에 발생할 수 있는 에러를 처리합니다.

```
makeRequest('http://example.com/')
  .then(data => processData(data))
  .then(processedData => console.log(processedData))
  .catch(error => console.error(error));
```

9.3.3 프로미스 병렬 처리

프로미스 병렬 처리 패턴은 Promise.all 메서드를 사용하여 여러 프로미스를 동시에 실행할 수 있게 해줍니다.

```
Promise.all([
  makeRequest('http://example.com/1'),
  makeRequest('http://example.com/2')
]).then(([data1, data2]) => {
  console.log(data1, data2);
});
```

9.3.4 프로미스 순차 실행

프로미스 순차 실행 패턴은 `Promise.resolve` 메서드를 사용하여 프로미스를 순차적으로 실행할 수 있도록 해줍니다.

```
Promise.resolve()
  .then(() => makeRequest1())
  .then(() => makeRequest2())
  .then(() => makeRequest3())
  .then(() => {
    // 모든 요청 완료
  });
```

9.3.5 프로미스 메모이제이션

프로미스 메모이제이션Promise Memoization 패턴은 캐시를 사용하여 프로미스 함수 호출의 결과값을 저장합니다. 이를 통해 중복된 요청을 방지할 수 있습니다.

```
const cache = new Map();

function memoizedMakeRequest(url) {
  if (cache.has(url)) {
    return cache.get(url);
  }

  return new Promise((resolve, reject) => {
    fetch(url)
      .then(response => response.json())
      .then(data => {
        cache.set(url, data);
        resolve(data);
      })
      .catch(error => reject(error));
  });
}
```

이번 예제에서는 `memoizedMakeRequest` 함수를 사용해 중복 요청을 방지하는 방법을 보여 드리겠습니다.

```
const button = document.querySelector('button');
button.addEventListener('click', () => {
  memoizedMakeRequest('http://example.com/')
    .then(data => console.log(data))
    .catch(error => console.error(error));
});
```

이제 버튼을 클릭하면 `memoizedMakeRequest` 함수가 호출됩니다. 요청한 URL이 이미 캐시에 존재한다면 캐시된 데이터가 반환됩니다. 그렇지 않으면 새로운 요청이 발생하고, 나중에 같은 요청이 들어올 때를 대비해 캐시에 저장됩니다.

9.3.6 프로미스 파이프라인

프로미스 파이프라인Promise Pipeline 패턴은 프로미스와 함수형 프로그래밍 기법을 활용하여 비동기 처리의 파이프라인을 생성합니다.

```
function transform1(data) {
  // 데이터 변환
  return transformedData;
}

function transform2(data) {
  // 데이터 변환
  return transformedData;
}

makeRequest('http://example.com/')
  .then(data => pipeline(data)
    .then(transform1)
    .then(transform2))
  .then(transformedData => console.log(transformedData))
  .catch(error => console.error(error));
```

9.3.7 프로미스 재시도

프로미스 재시도Promise Retry 패턴을 사용하면 프로미스가 실패할 때 다시 시도할 수 있습니다.

```
function makeRequestWithRetry(url) {
  let attempts = 0;

  const makeRequest = () => new Promise((resolve, reject) => {
    fetch(url)
      .then(response => response.json())
      .then(data => resolve(data))
      .catch(error => reject(error));
  });

  const retry = error => {
    attempts++;
    if (attempts >= 3) {
      throw new Error('Request failed after 3 attempts.');
    }
    console.log(`Retrying request: attempt ${attempts}`);
    return makeRequest();
  };

  return makeRequest().catch(retry);
}
```

9.3.8 프로미스 데코레이터

프로미스 데코레이터Promise Decorator 패턴은 고차 함수를 사용하여 프로미스에 적용할 수 있는 데코레이터를 생성합니다. 이를 통해 프로미스에 추가적인 기능을 부여할 수 있습니다.

```
function logger(fn) {
  return function (...args) {
    console.log('Starting function...');
    return fn(...args).then(result => {
      console.log('Function completed.');
      return result;
    });
```

```
  };
}

const makeRequestWithLogger = logger(makeRequest);

makeRequestWithLogger('http://example.com/')
  .then(data => console.log(data))
  .catch(error => console.error(error));
```

9.3.9 프로미스 경쟁

프로미스 경쟁Promise Race 패턴은 여러 프로미스를 동시에 실행하고 가장 먼저 완료되는 프로미스의 결과를 반환합니다.

```
Promise.race([
  makeRequest('http://example.com/1'),
  makeRequest('http://example.com/2')
]).then(data => {
  console.log(data);
});
```

9.4 async/await 패턴

async/await는 비동기 코드를 마치 동기 코드처럼 작성할 수 있게 해주는 자바스크립트의 기능입니다. async/await는 프로미스를 기반으로 구축되었으며, 비동기 코드 작업을 보다 쉽고 간결하게 만들어줍니다.

다음은 async/await를 사용하여 비동기 HTTP 요청을 만드는 예시입니다.

```
async function makeRequest() {
  try {
    const response = await fetch('http://example.com/');
```

```
    const data = await response.json();
    console.log(data);
  } catch (error) {
    console.error(error);
  }
}
```

이 예제에서, makeRequest 함수는 async 키워드를 사용하는 비동기 함수입니다. 함수 내부에서 await 키워드는 fetch 호출이 완료될 때까지 함수 실행을 일시 중지합니다. 요청이 성공하면 데이터가 콘솔에 기록되고, 실패하면 에러가 catch 블록에서 처리되어 콘솔에 기록됩니다.

이제 async를 활용하는 다른 패턴들을 살펴보겠습니다.

9.4.1 비동기 함수 조합

비동기 함수 조합async Function Composition 패턴은 여러 비동기 함수를 조합하여 보다 복잡한 비동기 로직을 구성하는 것을 의미합니다.

```
async function makeRequest(url) {
  const response = await fetch(url);
  const data = await response.json();
  return data;
}


async function processData(data) {
  // 데이터 처리
  return processedData;
}

async function main() {
  const data = await makeRequest('http://example.com/');
  const processedData = await processData(data);
  console.log(processedData);
}
```

9.4.2 비동기 반복

비동기 반복async Iteration 패턴은 `for-await-of` 반복문을 사용하여 비동기 반복 가능 객체를 순회할 수 있도록 합니다.

```
async function* createAsyncIterable() {
  yield 1;
  yield 2;
  yield 3;
}

async function main() {
  for await (const value of createAsyncIterable()) {
    console.log(value);
  }
}
```

9.4.3 비동기 에러 처리

비동기 에러 처리async Error Handling 패턴은 `try-catch` 블록을 사용하여 비동기 함수 실행 도중 발생할 수 있는 에러를 처리합니다.

```
async function main() {
  try {
    const data = await makeRequest("http://example.com/");
    console.log(data);
  } catch (error) {
    console.error(error);
  }
}
```

9.4.4 비동기 병렬

비동기 병렬async Parallelism 패턴은 `Promise.all` 메서드를 사용하여 여러 비동기 작업을 동시에 실행할 수 있게 합니다.

```
async function main() {
  const [data1, data2] = await Promise.all([
    makeRequest("http://example.com/1"),
    makeRequest("http://example.com/2"),
  ]);

  console.log(data1, data2);
}
```

9.4.5 비동기 순차 실행

비동기 순차 실행async Sequential Execution 패턴은 `Promise.resolve` 메서드를 사용하여 비동기 작업을 순차적으로 실행할 수 있도록 합니다.

```
async function main() {
  let result = await Promise.resolve();

  result = await makeRequest1(result);
  result = await makeRequest2(result);
  result = await makeRequest3(result);

  console.log(result);
}
```

9.4.6 비동기 메모이제이션

비동기 메모이제이션async Memoization 패턴은 캐시를 사용해 비동기 함수 호출 결과를 저장하여 중복 요청을 방지할 수 있습니다.

```
const cache = new Map();
```

```
async function memoizedMakeRequest(url) {
  if (cache.has(url)) {
    return cache.get(url);
  }

  const response = await fetch(url);
  const data = await response.json();

  cache.set(url, data);
  return data;
}
```

9.4.7 비동기 이벤트 처리

비동기 이벤트 처리async Event Handling 패턴은 비동기 함수를 사용하여 이벤트를 처리할 수 있도록 합니다.

```
const button = document.querySelector("button");

async function handleClick() {
  const response = await makeRequest("http://example.com/");
  console.log(response);
}

button.addEventListener("click", handleClick);
```

9.4.8 async/await 파이프라인

async/await 파이프라인async/await Pipeline 패턴은 async/await와 함수형 프로그래밍 기법을 활용하여 비동기 변환 작업들의 파이프라인을 생성합니다.

```
async function transform1(data) {
  // 변형된 데이터 반환
  return transformedData;
```

```
}

async function transform2(data) {
  // 변형된 데이터 반환
  return transformedData;
}

async function main() {
  const data = await makeRequest("http://example.com/");
  const transformedData = await pipeline(data)
    .then(transform1)
    .then(transform2);

  console.log(transformedData);
}
```

9.4.9 비동기 재시도

비동기 재시도async Retry 패턴을 사용하면 비동기 작업이 실패해도 자동으로 재시도할 수 있습니다.

```
async function makeRequestWithRetry(url) {
  let attempts = 0;

  while (attempts < 3) {
    try {
      const response = await fetch(url);
      const data = await response.json();
      return data;
    } catch (error) {
      attempts++;
      console.log(`Retrying request: attempt ${attempts}`);
    }
  }

  throw new Error("Request failed after 3 attempts.");
}
```

9.4.10 async/await 데코레이터

async/await 데코레이터async/await Decorator 패턴은 고차high-order 함수를 사용하여 데코레이터decorator[01]를 생성합니다. 이 데코레이터는 비동기 함수에 적용되어 추가적인 기능을 제공합니다.

```
function asyncLogger(fn) {
  return async function (...args) {
    console.log("Starting async function...");
    const result = await fn(...args);
    console.log("Async function completed.");
    return result;
  };
}

@asyncLogger
async function main() {
  const data = await makeRequest("http://example.com/");
  console.log(data);
}
```

9.5 실용적인 예제 더보기

앞서 살펴본 패턴 외에도, 자바스크립트에서 async/await를 활용하는 몇 가지 실용적인 예시를 알아보겠습니다.

9.5.1 HTTP 요청 보내기

```
async function makeRequest(url) {
```

01 옮긴이_ 데코레이터는 현재 ECMAScript 표준의 일부로 공식 채택되지는 않았지만, 실험적 기능으로 자바스크립트 개발 환경에서 사용될 수 있습니다. 타입스크립트나 Babel과 같은 트랜스파일러를 사용하면 데코레이터를 적용할 수 있습니다.

```
  try {
    const response = await fetch(url);
    const data = await response.json();
    console.log(data);
  } catch (error) {
    console.error(error);
  }
}
```

9.5.2 파일 시스템에서 파일 읽어오기

```
async function readFile(filePath) {
  try {
    const fileData = await fs.promises.readFile(filePath);
    console.log(fileData);
  } catch (error) {
    console.error(error);
  }
}
```

9.5.3 파일 시스템에 파일 쓰기

```
async function writeFile(filePath, data) {
  try {
    await fs.promises.writeFile(filePath, data);
    console.log("File written successfully.");
  } catch (error) {
    console.error(error);
  }
}
```

9.5.4 여러 비동기 함수를 한 번에 실행하기

```
async function main() {
  try {
    const [data1, data2] = await Promise.all([
      makeRequest1(),
      makeRequest2()
    ]);
    console.log(data1, data2);
  } catch (error) {
    console.error(error);
  }
}
```

9.5.5 여러 비동기 함수를 순서대로 실행하기

```
async function main() {
  try {
    const data1 = await makeRequest1();
    const data2 = await makeRequest2();
    console.log(data1, data2);
  } catch (error) {
    console.error(error);
  }
}
```

9.5.6 함수의 결과를 캐싱하기

```
const cache = new Map();

async function makeRequest(url) {
  if (cache.has(url)) {
    return cache.get(url);
  }

  try {
```

```
    const response = await fetch(url);
    const data = await response.json();
    cache.set(url, data);
    return data;
  } catch (error) {
    throw error;
  }
}
```

9.5.7 async/await로 이벤트 처리하기

```
const button = document.querySelector("button");

button.addEventListener("click", async () => {
  try {
    const data = await makeRequest("http://example.com/");
    console.log(data);
  } catch (error) {
    console.error(error);
  }
});
```

9.5.8 비동기 함수 실패 시 자동으로 재시도하기

```
async function makeRequest(url) {
  try {
    const response = await fetch(url);
    const data = await response.json();
    return data;
  } catch (error) {
    throw error;
  }
}

async function retry(fn, maxRetries = 3, retryDelay = 1000) {
  let retries = 0;
```

```
  while (retries <= maxRetries) {
    try {
      return await fn();
    } catch (error) {
      retries++;
      console.error(error);
      await new Promise((resolve) => setTimeout(resolve, retryDelay));
    }
  }

  throw new Error(`Failed after ${retries} retries.`);
}

retry(() => makeRequest("http://example.com/")).then((data) => {
  console.log(data);
});
```

9.5.9 async/await 데코레이터 작성하기

```
function asyncDecorator(fn) {
  return async function (...args) {
    try {
      return await fn(...args);
    } catch (error) {
      throw error;
    }
  };
}

const makeRequest = asyncDecorator(async function (url) {
  const response = await fetch(url);
  const data = await response.json();
  return data;
});

makeRequest("http://example.com/").then((data) => {
  console.log(data);
});
```

9.6 마치며

이번 장에서는 백그라운드에서 오래 실행되는 작업의 비동기 코드를 작성할 때 유용한 패턴과 예제를 살펴보았습니다. 콜백 함수부터 시작해서 promise와 async/await에 이르기까지, 다양한 비동기 작업을 다루는 방법을 알아보았습니다.

다음 장에서는 애플리케이션 아키텍처 패턴의 또 다른 측면을 살펴볼 것입니다. 모듈형 개발을 위한 패턴이 지금까지 어떻게 진화해왔는지 알아볼 것입니다.

CHAPTER 10

모듈형 자바스크립트 디자인 패턴

확장 가능한 자바스크립트 환경에서 **모듈형**modular이란 서로 의존성이 낮은 기능들이 모듈로 써 저장된 형태를 뜻합니다. 이러한 느슨한 결합은 **의존성**을 제거하여 애플리케이션의 유지 보수를 용이하게 만들어줍니다. 모듈을 적절하게 활용한다면 시스템 어느 한 부분의 변경이 다른 부분에 어떠한 영향을 미칠지 쉽게 파악할 수 있습니다.

앞선 장에서는 모듈형 프로그래밍의 중요성과 모듈형 디자인 패턴을 구현하는 최신 기법에 대해 살펴보았습니다. 자바스크립트는 ES2015[01] 이후부터 네이티브 모듈을 도입했지만, 2015년 이전에도 특정 방식을 사용하여 모듈형 자바스크립트를 작성할 수 있었습니다.

이번 장에서는 전통적인 자바스크립트(ES5)[02] 문법을 사용하는 AMD, CommonJS, UMD 세 가지 방식에 대해 살펴보겠습니다. 자바스크립트 모듈에 대해 더 알아보고 싶다면, ES2015+의 모듈 가져오기, 내보내기 등의 문법을 다루는 5장을 참고하세요.

10.1 스크립트 로더에 대한 참고사항

AMD와 CommonJS 같은 모듈형 자바스크립트를 이해하기 위해서는 스크립트 로더[03]에 대한 설명이 필수적입니다. 스크립트 로더는 모듈형 자바스크립트를 구현하기 위한 핵심적인 도구였으며, 호환 가능한 스크립트 로더를 사용해야만 모듈형 자바스크립트를 구현할 수 있었습니다.

AMD와 CommonJS 형식의 모듈 로딩을 지원하는 대표적인 로더들이 몇 개 있지만, 개인적으로 RequireJS[04]와 curl.js[05]를 선호합니다.

---

01 https://262.ecma-international.org/6.0/

02 옮긴이_ ES5는 2009년에 출시된 자바스크립트 표준 버전으로, 클래스, 모듈 등의 기능을 지원하지 않습니다.

03 http://msdn.microsoft.com/en-us/scriptjunkie/hh227261

04 http://requirejs.org/

05 https://github.com/unscriptable/curl

10.2 AMD

AMD Asynchronous Module Definition 모듈 형식은 모듈과 의존성 모두를 비동기적으로 로드[06]할 수 있도록 설계된 모듈 정의 방식입니다. 이러한 AMD 형식의 주요 목표는 개발자들이 활용할 수 있는 모듈형 자바스크립트 솔루션을 제공하는 것입니다. 또한 AMD 형식은 본래 비동기적이면서도 높은 유연성을 가지고 있어, 개발 과정에서 흔히 발생하는 코드와 모듈 간 긴밀한 결합을 줄여주는 등의 장점을 가지고 있습니다. 많은 개발자가 이러한 AMD 형식을 선호했으며, 당시에는 구현하기 힘들었던 자바스크립트 모듈화[07]를 위한 주춧돌이 되어주었습니다.

AMD는 CommonJS의 모듈 형식에 대한 사양 Specification 초안으로 시작했지만, 도입에 전체적인 합의점을 이루지 못해 추가 개발은 amdjs 그룹[08]으로 넘어가게 되었습니다.

AMD 형식은 Dojo, MooTools, 심지어 jQuery 같은 프로젝트에도 도입되었습니다. **CommonJS AMD 형식**이라는 용어가 가끔 사용되기도 하지만, CommonJS 진영의 모두가 AMD 형식을 지향하는 것은 아니기에 AMD 또는 비동기 모듈 지원이라고 부르는 것이 가장 적절합니다.

> **NOTE** 한때 AMD 형식을 Modules Transport/C 제안이라고 부르기도 했습니다. 그러나 기존의 CommonJS 모듈의 전송이 아니라 모듈 정의 Definition 에 맞추어져 있었기 때문에 AMD Asynchronous Module Definition 라는 이름을 선택하는 것이 더 합리적이었습니다.

10.2.1 모듈 알아보기

AMD에서 주목할만한 가장 중요한 두 가지 개념은 모듈 정의를 구현하는 `define` 메서드와 의존성 로딩을 처리하는 `require` 메서드로 나뉩니다. `define` 메서드는 아래와 같은 구조로 이름이 있는 모듈 혹은 익명 모듈을 정의하는 데 사용됩니다

---

06 *http://dictionary.reference.com/browse/asynchronous*

07 *https://developer.mozilla.org/en-US/docs/Web/JavaScript/Guide/Modules*

08 *https://github.com/amdjs*

```
define(
    module_id /*선택 인자*/,
    [dependencies] /*선택 인자*/,
    definition function {} /*모듈이나 객체를 인스턴스화하는 함수*/
);
```

예제 코드의 주석에서 알 수 있듯이 module_id는 선택사항입니다. 보통 비 AMD 모듈 연결 도구non-AMD concatenation tools를 사용하는 경우에만 필요하지만, 드물게 다른 활용 사례가 있을 수도 있습니다. 여기서 module_id 인자를 생략하면 이 모듈은 '**익명** 모듈'이라고 합니다."

익명 모듈을 사용할 때, 모듈의 아이덴티티인 DRYDon't repeat yourself 원칙에 따라, 파일명과 코드의 중복을 최소화할 수 있습니다. 이렇게 만들어진 익명 모듈은 코드의 재사용성이 높기 때문에, 코드 내용이나 모듈 ID를 변경하지 않고도 다른 영역으로 손쉽게 이동할 수 있습니다. module_id를 폴더 경로의 개념과 유사하게 이해하면 됩니다.

NOTE 개발자는 r.js처럼 CommonJS 환경에서 작동하는 AMD 최적화 도구를 통해 여러 환경에서 동일한 코드를 실행할 수 있습니다.

다시 define 함수로 돌아와서, dependencies 인자는 우리가 정의하고 있는 모듈에서 필요로 하는 의존성 배열을 나타냅니다. 그리고 세 번째 인자(definition function 또는 factory function)는 모듈을 초기화하기 위해 실행되는 함수입니다. 기본적인 모듈 정의 예시는 [예제 10-1]에서 살펴볼 수 있습니다.

예제 10-1 AMD 알아보기: define() 함수

```
// module_id (myModule)는 테스트 용으로 작성되었습니다.
define("myModule",

    ["foo", "bar"],

    // 모듈 정의 함수
    // 의존성(foo, bar)이 함수 파라미터에 연결됩니다.
    function (foo, bar) {
        // 모듈의 반환값 (즉, 외부에 내보낼 기능)을 정의합니다.
```

```
        // 모듈 코드를 작성합니다.
        var myModule = {
            doStuff: function () {
                console.log("Yay! Stuff");
            },
        };

    return myModule;
});

// 다른 예시
define("myModule",

    ["math", "graph"],

    function (math, graph) {

        // 이전과는 약간 다른 방식으로 구현했습니다.
        // AMD는 문법의 유연성 덕분에 다양한 방식으로 모듈을 정의할 수 있습니다.

        return {
            plot: function (x, y) {
                return graph.drawPie(math.randomGrid(x, y));
            },
        };
});
```

반면에, require는 일반적으로 최상위 자바스크립트 파일이나 모듈 내에서 의존성을 동적으로 가져오고자 할 때 사용됩니다. 사용 예시는 [예제 10-2]에 나와있습니다.

예제 10-2 AMD 알아보기: require() 함수

```
// "foo"와 "bar"가 외부 모듈이라고 가정합니다.
// 이 예제에서는 외부에서 로드된 두 모듈이
// 콜백 함수(foo, bar)의 인자로 전달됩니다.

require(["foo", "bar"], function (foo, bar) {
        // 나머지 코드
        foo.doSomething();
});
```

[예제 10-3]은 동적으로 로드된 의존성을 보여줍니다.

예제 10-3 동적으로 로드된 의존성

```
define(function (require) {
    var isReady = false, foobar;

    // 모듈 내부에서 require를 통해 의존성을 가져옵니다.
    require(["foo", "bar"], function (foo, bar) {
        isReady = true;
        foobar = foo() + bar();
    });

    // 이렇게 모듈을 반환할 수 있습니다.
    return {
        isReady: isReady,
        foobar: foobar,
    };
});
```

[예제 10-4]는 AMD 호환되는 플러그인의 정의 방법을 보여줍니다.

예제 10-4 AMD 호환 플러그인 알아보기

```
// AMD를 사용하면 텍스트 파일, HTML 등
// 거의 모든 종류의 리소스를 가져올 수 있습니다.
// 이를 통해, 페이지 로드 시 또는 동적으로 컴포넌트의 스타일을 정의하는 데
// 사용될 수 있는 템플릿 의존성을 가질 수 있습니다.
define(["./templates", "text!./template.md", "css!./template.css"],

    function (templates, template) {
        console.log(templates);
        // 해당 템플릿을 사용하여 작업 수행
    }

});
```

NOTE 앞선 예시에서는 CSS[Cascading Style Sheets] 의존성을 로딩하기 위해 `css!`가 포함되었지만, 이 접근 방식에는 CSS가 완전히 로드되는 시점을 확인할 수 없다는 등 몇 가지의 주의사항이 있다는 점을 유의해

야 합니다. 또한, 빌드 과정의 방식에 따라 CSS가 최종 파일에 의존성으로 포함될 수 있기 때문에, 특별한 경우를 제외하고는 CSS를 의존성으로 가져올 때는 주의해야 합니다. 더 알고 싶다면 @VIISON의 RequireJS CSS 플러그인[09]을 살펴보면 됩니다.

이 예제를 좀더 간단하게 `requirejs(["app/myModule"], function(){})`으로도 볼 수 있으며, 로더의 최상위 전역 객체들이 사용되고 있음을 의미합니다. 이처럼 AMD 로더에 따라 약간의 차이는 있지만, 모듈 최상위 로딩을 시작하는 방식은 비슷합니다. 하지만, `define()` 함수를 모듈 가져오기로 넘겨받는다면, 이후 모든 `require([])` 예제는 curl.js와 RequireJS(예제 10-5와 예제 10-6) 둘 다 적용할 수 있습니다.

예제 10-5 RequireJS로 AMD 모듈 로드하기

```
require(["app/myModule"],

    function (myModule) {
        // 메인 모듈을 실행합니다.
        // 이 과정이 끝난 뒤 이어서 다른 모듈을 로드합니다.
        var module = new myModule();
        module.doStuff();
 });
```

예제 10-6 curl.js로 AMD 모듈 로드하기

```
curl(["app/myModule.js"],

    function (myModule) {
        // 메인 모듈을 실행합니다.
        // 이 과정이 끝난 뒤 이어서 다른 모듈을 로드합니다.
        var module = new myModule();
        module.doStuff();
});
```

다음은 동적으로 의존성을 가져오는 모듈의 예제입니다.

---

09 *https://github.com/pickware/RequireCSS*

```
<pre xmlns="http://www.w3.org/1999/xhtml" id="I_programlisting11_id234274"
data-type="programlisting" data-code-language="javascript">

// 해당 구현은 jQuery Deferred, futures.js 등 다양한 구현과 호환될 수 있습니다.

define(["lib/Deferred"], function( Deferred ){
    var defer = new Deferred();

    require(["lib/templates/?index.html","lib/data/?stats"],
        function( template, data ) {
            defer.resolve( { template: template, data:data } );
        }
    );
    return defer.promise();
});

</pre>
```

앞서 살펴본 것처럼, 디자인 패턴은 일반적인 개발 과정에서 발생하는 문제들을 해결하기 위한 구조화된 접근 방식을 제공하여 그 효율성을 크게 높일 수 있습니다.

10.2.2 AMD 모듈과 jQuery

jQuery는 단 하나의 파일로 제공됩니다. 하지만 jQuery 라이브러리의 플러그인 기반 특성을 고려하면, jQuery를 사용하는 AMD 모듈을 정의하는 것이 얼마나 쉬운지 알 수 있습니다.

```
// app.js 내부 코드.
// baseURl은 jquery, jquery.color, lodash 파일이 있는 lib 폴더로 설정합니다.
define(["jquery", "jquery.color", "lodash"], function ($, colorPlugin, _) {
    // 여기로 jQuery, color 플러그인, Lodash를 전달합니다.
    // 모두 전역 스코프에서 접근할 수 없지만 아래에서 손쉽게 가져올 수 있습니다.

    // 색깔 배열을 무작위로 섞고 첫 번째 요소를 선택합니다.
    var shuffleColor = _.first(_.shuffle(["#AAA", "#FFF", "#111", "#F16"]));
    console.log(shuffleColor);
```

```
    // 페이지 상에서 "item" 클래스를 가진 요소들의 배경색을
    // 위에서 선택한 색깔로 변경하는 애니메이션을 실행합니다.
    $(".item").animate({ backgroundColor: shuffleColor });

    // 반환값은 다른 모듈에서 사용 가능합니다.
    return function () {};
});
```

하지만 이 예제에는 중요한 개념이 하나 빠져있습니다. 바로 비동기 모듈 등록의 개념입니다.

jQuery를 비동기 호환 모듈로 등록하기

jQuery 1.7에 도입된 중요한 기능 중 하나는 바로 jQuery를 비동기 모듈로 등록할 수 있다는 점입니다. RequireJS, curl 등 다양한 호환 가능 스크립트 로더들이 비동기 모듈 형식을 사용할 수 있고, 이를 통해 원활한 동작을 위한 임시방편의 사용을 최소화할 수 있습니다.

AMD를 사용하면서 jQuery의 버전이 전역 공간에 유출되는 것을 원치 않는다면, jQuery를 사용하는 최상위 모듈 내에서 `noConflict`를 호출해야 합니다. 또한, 한 페이지에서 여러 버전의 jQuery를 사용하는 것이 가능하기 때문에, AMD 로더는 특별한 고려사항을 적용해야 합니다. jQuery는 이러한 문제들을 인식하고 있는 로더, 즉 `define.amd.jQuery`를 포함하고 있는 로더에만 AMD 로더로 등록합니다. RequireJS와 curl이 그러한 로더의 대표적인 예시입니다.

변수에 할당된 AMD는 대부분의 사용 사례에 대해 견고하고 안전한 보호 장치를 제공합니다.

```
// 여러 개의 jQuery 전역 인스턴스가 존재한다는 점을 고려하여
// .noConflict()를 테스트합니다.

var jQuery = this.jQuery || "jQuery",
$ = this.$ || "$",
originaljQuery = jQuery,
original$ = $;

define(["jquery"], function ($) {
```

```
    $(".items").css("background", "green");
    return function () {};
});
```

어째서 AMD가 모듈형 자바스크립트 작성에 더 좋을까?

지금까지 AMD의 기능을 보여주는 여러 코드 예시들을 살펴보았습니다. 단순한 모듈 패턴보다는 좋아보이는데, 그렇다면 왜 AMD가 모듈 기반 애플리케이션 개발에 더 나은 선택이 될 수 있을까요?

- 유연한 모듈 정의 방식에 대한 명확한 제안을 제공합니다.
- 기존에 많이 사용되고 있는 전역 네임스페이스나 <script> 태그 방식에 비해 훨씬 더 구조화되어 있습니다. 독립적인 모듈과 의존성을 명확하게 선언할 수 있습니다.
- 모듈 정의가 독립적으로 이루어지기 때문에 전역 네임스페이스의 오염을 방지할 수 있습니다.
- 일부 대체 솔루션 (예를 들어 CommonJS)에 비해 더 효과적이라는 주장이 있습니다. AMD는 다른 크로스 도메인, 로컬 환경, 디버깅 등에서 문제가 없으며, 서버 사이드 툴을 사용할 필요도 없습니다. 대부분의 AMD 로더는 빌드 과정 없이 브라우저에서 모듈을 로딩하는 것을 지원합니다.
- 여러 모듈을 하나의 파일로 가져오기 위한 '전송transport' 방식을 제공합니다. CommonJS와 같은 다른 방식은 아직 전송 형식에 도입하지 못하고 있습니다.
- 스크립트의 지연 로딩lazy-load을 지원합니다.

> **NOTE** 앞서 언급한 대부분의 장점은 YUI[10]의 모듈 로딩 전략에도 적용됩니다.

AMD 관련 참고 자료

- The RequireJS Guide to AMD[11]
- What's the Fastest Way to Load AMD Modules?[12]

---

10 옮긴이_ YUI는 'Yahoo! User Interface'의 약자로, 웹 개발을 위한 오픈 소스 자바스크립트 라이브러리의 모음입니다(*https://github.com/yui/yui3*).

11 *https://oreil.ly/uPEJg*

12 *https://oreil.ly/Z04H9*

- AMD vs. CommonJS, What's the Better Format?[13]
- The Future Is Modules Not Frameworks[14]
- AMD No Longer a CommonJS Specification[15]
- On Inventing JavaScript Module Formats and Script Loaders[16]
- The AMD Mailing List[17]

AMD를 지원하는 스크립트 로더와 프레임워크

브라우저 지원 목록

- RequireJS[18]
- curl.js[19]
- Yabble[20]
- PINF[21]
- 이외 다수

서버 지원 목록

- RequireJS[22]
- PINF[23]

10.2.3 AMD에 대한 결론

여러 프로젝트에서 AMD를 사용해 본 결과, AMD는 탄탄한 애플리케이션을 작성할 수 있는

---

13 *https://oreil.ly/W4Fqi*

14 *https://oreil.ly/A9S7c*

15 *https://oreil.ly/Tkti9*

16 *https://oreil.ly/AB01l*

17 *https://oreil.ly/jdTYO*

18 *https://requirejs.org/*

19 *https://github.com/unscriptable/curl*

20 *https://github.com/jbrantly/yabble*

21 *https://github.com/pinf/loader-js*

22 *https://requirejs.org/*

23 *https://github.com/pinf/loader-js*

등 여러 장점을 제공한다는 결론에 도달했습니다. 전역 객체의 사용에 대한 걱정을 줄여주고, 변수에 모듈을 할당할 수 있게 해주고, 브라우저 환경의 모듈 작동을 위해 서버 사이드에서의 변환이 따로 필요하지 않으며, 의존성 관리 측면에서 매우 효율적입니다.

AMD는 Backbone.js, ember.js 등 구조적 프레임워크를 사용하여 애플리케이션을 체계적으로 개발할 때에도 매우 유용합니다.

AMD가 Dojo와 CommonJS 커뮤니티에서 집중적으로 논의된 만큼, 그 시간 동안 성숙하고 진화해 왔습니다. 또한, IBM이나 BBC iPlayer 등 대기업에서 중요한 애플리케이션 구축을 위해 실제 사용된 사례도 많아 신뢰성이 검증되었습니다. 만약 AMD가 제대로 작동하지 않았다면, 이러한 대기업들이 AMD를 계속해서 사용하지는 않았을 것입니다.

물론 AMD도 완벽한 것은 아닙니다. AMD를 한동안 사용해 본 개발자는 AMD의 초기 설정 코드boilerplate/wrapper code 작성이 다소 귀찮았을 겁니다. 저도 이러한 문제점에 공감하지만, Volo와 같은 도구가 이러한 문제를 해결하는 데 큰 역할을 했습니다. 따라서 제 생각으로는 AMD의 장점이 단점을 훨씬 능가합니다.

10.3 CommonJS

CommonJS는 서버 사이드에서 모듈을 선언하는 간단한 API를 지정하는 모듈 제안입니다. AMD와는 달리 I/O, 파일 시스템, 프로미스 등 더욱 광범위한 부분을 다룹니다.

원래 케빈 당구르Kevin Dangoor가 2009년에 시작한 ServerJS 프로젝트에서 만들어진 이 형식은, 이후 자바스크립트 API의 설계, 프로토타입, 표준화를 목표로 하는 개발자 커뮤니티인 CommonJS 그룹[24]에 의해 공식화되었습니다. CommonJS는 모듈[25]과 패키지[26], 두 가지에 대한 표준을 정립하려 노력했습니다.

---

24 https://wiki.commonjs.org/wiki/CommonJS

25 https://wiki.commonjs.org/wiki/Modules/1.0

26 https://wiki.commonjs.org/wiki/Packages/1.0

10.3.1 CommonJS 시작하기

구조적 관점에서 볼 때, CommonJS 모듈은 재사용 가능한 자바스크립트 코드로써 외부 의존 코드에 공개할 특정 객체를 내보냅니다. AMD와 달리 CommonJS는 모듈을 함수로 감싸는 작업이 필요하지 않습니다(예를 들어 `define`을 사용하지 않습니다).

CommonJS 모듈은 두 가지 핵심 요소로 구성됩니다. `exports` 변수는 다른 모듈에 내보내고자 하는 객체를 담습니다. `require` 함수는 다른 모듈에서 내보낸 객체를 가져올 때 사용하는 함수입니다 (예제 10-7, 10-8, 10-9).

예제 10-7 CommonJS의 `require()`와 `exports` 이해하기

```
// 'package/lib' 외부 라이브러리를 가져옵니다.
var lib = require("package/lib");

// 모듈 내부 로직을 정의합니다
function foo() {
    lib.log("hello world!");
}

// foo 함수를 다른 모듈에서 사용할 수 있도록 내보냅니다.
exports.foo = foo;
```

예제 10-8 `exports`의 기본 사용법

```
// foo 함수를 가진 모듈을 가져옵니다.
var exampleModule = require("./example-10-7");

// 가져온 모듈에서 제공하는 'foo' 함수를 사용합니다.
exampleModule.foo();
```

[예제 10-8]에서, 우선 `require()` 함수를 사용해 [예시 10-7]에 있는 `foo` 함수가 담긴 모듈을 가져옵니다. 그리고 가져온 모듈에서 `foo` 함수를 `exampleModule.foo()` 로 호출하여 사용합니다.

예제 10-9 CommonJS 모듈을 AMD로 변환한 예시

```
// CommonJS 형식의 모듈을 AMD 형식으로 변경한 예시입니다.
define(function (require) {
var lib = require("package/lib");

// 모듈의 내부 로직을 정의합니다.
function foo() {
    lib.log("hello world!");
}

// foo 함수를 외부로 내보냅니다.
return {
    foobar: foo,
};
});
```

AMD가 CommonJS 모듈 형식을 간편하게 변환할 수 있는 기능[27]을 지원하기에 가능한 코드입니다.

10.3.2 여러 의존성 동시에 사용하기

app.js 예시

```
var modA = require("./foo");
var modB = require("./bar");

exports.app = function () {
    console.log("Im an application!");
};

exports.foo = function () {
    return modA.helloWorld();
};
```

27 *https://requirejs.org/docs/whyamd.html#sugar*

bar.js 예시

```
exports.name = "bar";
```

foo.js 예시

```
require("./bar");
exports.helloWorld = function () {
    return "Hello World!!";
};
```

10.3.3 Node.js 환경에서의 CommonJS

최근에는 ES 모듈 형식이 재사용 가능한 자바스크립트 코드를 모듈화하는 표준으로 자리잡았지만, 여전히 Node.js 환경에서는 CommonJS가 기본 형식으로 쓰입니다. CommonJS 모듈은 Node.js에서 사용할 자바스크립트 코드를 패키징하기 위해서 처음 등장했습니다. 물론, Node.js 버전 13.2.0 이후의 안정적인 버전에서는 ES 모듈도 지원하기 시작했습니다.

기본적으로 Node.js는 다음과 같은 파일들을 CommonJS 모듈로 인식합니다.

- `.cjs` 확장자를 가진 파일
- 가장 가까이에 위치한 `package.json` 파일 안에 `type` 항목의 값이 `commonjs`로 되어있는 경우, .js 확장자를 가진 파일
- 가장 가까이에 위치한 `package.json` 파일안에 `type` 항목이 존재하지 않는 경우, `.js` 확장자를 가진 파일
- `.mjs`, `.cjs`, `.json`, `.node`, `.js` 이외의 확장자를 가진 파일

`require()` 함수를 호출하면 항상 CommonJS 모듈 로더가 사용되고, `import()` 함수를 호출하면 항상 ECMAScript 모듈 로더가 사용됩니다. 가장 가까이에 위치한 `package.json` 파일에 설정된 `type` 값과 관계없이 항상 적용됩니다.

많은 Node.js 라이브러리와 모듈은 CommonJS로 작성되어 있습니다. 브라우저 호환을 위해 모든 주요 브라우저에서는 ES 모듈 문법을 지원하며, 리액트나 Vue.js 같은 프레임워크

에서 가져오기/내보내기import/export를 사용할 수 있습니다. 이러한 프레임워크에서는 Babel 같은 트랜스파일러를 사용해 가져오기/내보내기 문법을 구버전 Node.js에서도 작동하는 `require()`로 변환할 수 있습니다. ES6 모듈 문법으로 작성된 라이브러리는 Node.js에서 실행할 경우 내부적으로 CommonJS로 트랜스파일될 것입니다.

10.3.4 CommonJS는 브라우저 환경에 적합할까?

일부 개발자들은 CommonJS가 서버 개발에 더 적합하다고 생각합니다. 이는 ES2015 이전, AMD와 CommonJS 중 어떤 방식이 사실상 표준de facto이 되어야 하는지에 대한 논쟁의 주된 이유 중 하나였습니다. CommonJS 반대파에서는, CommonJS의 많은 API가 서버 환경을 위한 기능들을 다루기 때문에 자바스크립트로는 브라우저 수준에서 구현할 수 없다고 주장하였습니다. 대표적인 예로, `io`, `system`, `js`와 같은 API들은 그 기능 특성상 구현이 불가능할 수 있다는 것이었습니다.

그럼에도 모듈이 다양한 환경에서 사용될 수 있는지를 알기 위해서는, 우선 CommonJS 모듈의 구조를 익히는 게 좋습니다. 클라이언트와 서버 환경 모두에서 사용할 수 있는 모듈에는 데이터 검증, 변환, 템플릿 엔진 등이 있습니다. 일부 개발자들은 모듈 사용 환경을 기준으로 포맷을 선택하기도 합니다. 서버 환경에서 사용될 수도 있는 경우에는 CommonJS를, 그렇지 않다면 AMD 또는 ES2015를 선택하는 방식으로 말입니다.

ES2015와 AMD 모듈은 생성자나 함수 같은 것을 더 세밀하게 정의할 수 있습니다. 반면에 CommonJS는 오직 객체만을 정의할 수 있기 때문에 생성자를 정의하려는 경우 번거로운 작업이 동반될 수 있습니다. 새로운 Node.js 프로젝트의 경우, ES2015 모듈은 서버에서 CommonJS의 대안으로 사용될 수 있으며, 클라이언트와 서버 사이의 사용 방법에 차이가 없습니다. 덕분에 브라우저와 서버 양쪽 환경에서 실행될 수 있는 동형Isomorphic 자바스크립트 코드의 구현이 쉬워졌습니다.

이번 절의 주제에서 잠시 벗어나, AMD와 CommonJS에 대해서 설명할 때 서로 다른 형태의 `require` 메서드가 존재함을 눈치챘을 수도 있습니다. 비슷한 이름을 사용할 경우 혼란을 일으킬 수 있어, 이러한 전역 `require` 함수를 사용할 가치가 있는지에 대해서는 아직 의견이 분분합니다. 존 한은 이름을 모두 `require`로 하면 사용자가 전역과 내부 `require`의 차이를 알 수 없으므로, 전역 로더의 메서드명을 다른 것(예를 들어 해당 라이브러리의 이름)으로 변경하는 것이 더 적절하다고 주장했습니다. curl.js에서 `require`가 아닌 `curl()` 을 사용하는 이유가 바로 여기에 있습니다.

10.3.5 CommonJS 관련 참고 자료

- JavaScript Growing Up[28]
- The RequireJS Notes on CommonJS[29]
- Taking Baby Steps with Node.js and CommonJS—Creating Custom Modules[30]
- Asynchronous CommonJS Modules for the Browser[31]
- The CommonJS Mailing List[32]

10.4 AMD vs CommonJS: 동상이몽

AMD와 CommonJS는 서로 다른 목표를 가진 유효한 모듈 형식입니다.

AMD는 브라우저 우선 접근 방식을 채택하여 비동기 동작과 간소화된 하위 호환성을 선택한 반면, 파일 I/O에 대한 개념은 없습니다. 또한 객체, 함수, 생성자, 문자열, JSON 등 다양한 형태의 모듈을 지원하며 브라우저에서 자체적으로 실행된다는 면에서 대단히 유연한 포맷입니다.

반면에 CommonJS는 서버 우선 접근 방식을 취하며 동기적 작동, 전역 변수와의 독립성

---

28 https://oreil.ly/NeuFT

29 https://oreil.ly/Nb-5e

30 https://oreil.ly/ZpO5u

31 https://oreil.ly/gJhQA

32 https://oreil.ly/rL3C2

그리고 미래의 서버 환경을 고려합니다. 이러한 특징이 의미하는 바는 CommonJS가 언래핑된unwrapped 모듈을 지원하기 때문에 ES2015+ 표준에 조금 더 가깝게 느껴진다는 것입니다. 이를 통해 AMD에서 필수적인 `define()` 함수를 사용하지 않아도 됩니다. 다만, CommonJS 모듈은 오직 객체만을 모듈로써 지원합니다.

10.4.1 UMD: 플러그인을 위한 AMD 및 CommonJS 호환 모듈

브라우저와 서버 환경에서 모두 작동할 수 있는 모듈을 원하는 개발자에게는 기존 AMD와 CommonJS의 약점을 해결하는 방안이 필요했습니다. 이를 위해 제임스 버크James Burke, 저 그리고 여러 개발자들과 협력하여 UMDUniversal Module Definition[33] 형식을 만들었습니다.

UMD는 실험 단계의 모듈 포맷입니다. 개발 당시에 존재했던 주요 스크립트 로딩 기술의 대부분을 활용하여 클라이언트 및 서버 환경 모두에서 작동하는 모듈을 구현할 수 있었습니다. 새로운 모듈 포맷의 등장이 다소 부담스러울 수 있지만 빼놓을 수는 없기에, UMD에 대해 간단히 살펴보겠습니다.

UMD 포맷을 만들 때 AMD 사양에서 지원하는 CommonJS 래퍼wrapper의 간소화된 방식을 참고했습니다. 개발자가 모듈을 CommonJS 방식으로 작성하고자 한다면, 다음과 같은 CommonJS 호환 방식을 사용할 수 있습니다.

기본적인 AMD 혼합 방식

```
define(function (require, exports, module) {

    var shuffler = require("lib/shuffle");

    exports.randomize = function (input) {
        return shuffler.shuffle(input);
    };
});
```

33 *https://github.com/umdjs/umd*

하지만, 모듈에 의존성 배열이 없고, 정의 함수가 최소한 하나 이상의 매개변수를 가질 때에만 CommonJS 모듈로써 작동한다는 점에 유의해야 합니다. 또한 일부 기기 (예: PS3)에서는 올바르게 작동하지 않을 수 있습니다. 이러한 래퍼 방식에 대한 자세한 내용은 RequireJS의 공식 문서[34]를 참고해주세요.

더 나아가, UMD는 AMD와 CommonJS 모두에서 동작할 수 있는 다양한 패턴을 제공하고자 했습니다. 이를 통해 다양한 환경에서 사용 할 수 있는 모듈을 개발할 때 겪는 일반적인 호환성 문제를 해결할 수 있을 것입니다.

다음으로 CommonJS, AMD 또는 브라우저 전역 객체를 활용하여 모듈을 생성하는 방식에 대해 살펴보겠습니다.

CommonJS, AMD 또는 브라우저 전역 객체를 활용하여 모듈 생성하기

b라는 모듈에 의존하는 `commonJsStrict` 모듈을 정의해 봅시다. 파일명은 모듈의 이름에서 유추할 수 있도록 합니다. 이왕이면 파일명과 모듈이 외부에 제공하는 전역 변수의 이름을 동일하게 하는 게 제일 좋습니다.

만약 `b` 모듈 역시 브라우저 환경에서 동일한 구조를 사용한다면, 전역 변수 `.b`가 생성되어 사용됩니다. 브라우저 환경에서 전역 변수를 수정하고 싶지 않다면, 최상위 함수의 첫 인자로 전달되는 `root` 항목을 제거하면 됩니다.

```
(function (root, factory) {
    if (typeof exports === "object") {
        // CommonJS 방식인 경우
        factory(exports, require("b"));

    } else if (typeof define === "function" && define.amd) {
        // AMD 방식인 경우. 익명 모듈로 등록합니다.
        define(["exports", "b"], factory);

    } else {
```

34 https://requirejs.org/docs/api.html#cjsmodule

```
        // 브라우저 전역 변수 사용의 경우
        factory((root.commonJsStrict = {}), root.b);
    }

})(this, function (exports, b) {
    // 'b' 모듈에 정의된 항목들을 사용할 수 있습니다.

    // exports 객체에 추가된 프로퍼티나 메서드가 이 모듈에서 제공됩니다.
    exports.action = function () {};
}));
```

UMD 저장소에는 다양한 모듈 정의 방식을 지원하는 코드들이 포함되어 있습니다. 브라우저 환경에 최적화된 모듈, 내보내기 기능을 최적의 방법으로 사용하는 모듈, CommonJS 환경에 최적화된 모듈, 그리고 심지어 jQuery 플러그인 정의에 최적화된 모듈까지 찾아볼 수 있습니다. 다음으로는 이 중 최적화된 jQuery 플러그인 정의 방식에 대해 살펴보겠습니다.

모든 환경에서 동작하는 jQuery 플러그인

UMD는 jQuery 플러그인을 위한 두 가지 패턴을 제공합니다. 하나는 AMD 및 브라우저 전역 환경에 적합한 플러그인 정의 패턴이고, 나머지 하나는 CommonJS에서도 동작할 수 있는 플러그인 정의 패턴입니다. 일반적인 CommonJS 환경에서는 jQuery를 사용할 일이 거의 없으므로, jQuery를 사용하는 특수한 환경이 아니라면 첫 번째 패턴에 집중하는 것이 좋습니다.

지금부터 코어[core]와 코어의 확장 기능으로 구성된 플러그인을 정의해 볼 것입니다. 코어 플러그인은 `$.core` 네임스페이스에 담기고, 이후 네임스페이스 패턴을 사용하여 쉽게 기능을 확장할 수 있습니다. `script` 태그를 통해 로드된 플러그인은 `$.core` 네임스페이스 하위에 자동으로 `plugin` 네임스페이스를 생성합니다(예: `$.core.plugin.methodName()`).

이 네임스페이스 패턴은 플러그인 확장 기능이 기본적으로 정의된 속성이나 메서드에 접근하거나, 나아가 약간의 조정을 통해 기본 동작을 변경하여 기능을 확장할 수 있기 때문에 유용합니다. 또한, 이 모든 기능을 사용하기 위해 별도의 로더가 필요하지 않습니다.

보다 자세한 동작 방식은 코드 예제의 내부 주석에서 확인하실 수 있습니다.

usage.html

```
<script type="text/javascript" src="jquery.min.js"></script>
<script type="text/javascript" src="pluginCore.js"></script>
<script type="text/javascript" src="pluginExtension.js"></script>

<script type="text/javascript">
$(function () {

    // 이 예제에서 "core" 플러그인은 core 네임스페이스에 담겨 있습니다.
    // 성능을 위해 변수에 캐시해둡니다.
    var core = $.core;

    // 내장된 core 기능 중 일부를 사용해서
    // 페이지 내 모든 div를 하이라이트 처리합니다.
    core.highlightAll();

    // core 모듈의 "plugin" 네임스페이스에 로드된
    플러그인(확장 기능)에 접근합니다.

    // 첫 번째 div의 배경색을 초록색으로 변경합니다.
    core.plugin.setGreen("div:first");
    // 나중에 로드된 플러그인에서도 core의
    // "highlight" 메서드를 사용할 수 있습니다.

    // 마지막 div의 배경색을 core 모듈/플러그인에
    // 정의된 "errorColor" 속성으로 변경합니다.
    // 아래 코드를 통해 core와 다른 플러그인 간에 속성과
    // 메서드를 얼마나 쉽게 공유할 수 있는지 확인할 수 있습니다.
    core.plugin.setRed("div:last");
});
</script>
```

pluginCore.js

```
// 모듈/플러그인 코어
// 참고: 이 모듈 주위를 감싸는 코드는 다양한 모듈 포맷과
// 사양을 지원하기 위한 것입니다.
// 각 포맷에서 요구하는 형태에 맞게 인자들을 연결해줍니다.
```

```
// 실제 모듈의 기능은 코드 하단에 변수에 담긴 모듈과 exports를 통해
// 정의된 부분부터입니다.

// 참고: 의존성 모듈들도 필요하다면 쉽게 선언할 수 있으며,
// 앞서 살펴본 AMD 모듈 예제와 동일하게 동작합니다.

(function (name, definition) {
  var theModule = definition(),
      // 안전하게 실행하기 위한 조건 확인입니다.
      hasDefine = typeof define === "function" && define.amd,
      hasExports = typeof module !== "undefined" && module.exports;

  if (hasDefine) {  // AMD 모듈
    define(theModule);
  } else if (hasExports) {  // Node.js 모듈
    module.exports = theModule;  // NodeJS 방식으로 모듈 정의
  } else {  // 일반적인 네임스페이스나 전역 객체(window)에 할당
    (this.jQuery || this.ender || this.$ || this)[name] = theModule;
  }
})("core", function () {
    var module = this;
    module.plugins = [];
    module.highlightColor = "yellow";
    module.errorColor = "red";

  // 여기서 코어 모듈을 정의하고 외부로 제공할 API를 반환합니다.

  // core의 highlightAll() 메서드와 다양한 색상을 하이라이트하는 플러그인들에서
  // 내부적으로 사용하는 하이라이트 메서드입니다.
  module.highlight = function (el, strColor) {
    if (this.jQuery) { // jQuery가 있다면
      jQuery(el).css("background", strColor); // jQuery 활용
    }
  };
  return {
    highlightAll: function () {
      module.highlight("div", module.highlightColor);
      }
  };
});
```

pluginExtension.js

```
// 코어 모듈 확장

(function (name, definition) {
    var theModule = definition(),
        hasDefine = typeof define === "function",
        hasExports = typeof module !== "undefined" && module.exports;

    if (hasDefine) {  // AMD 모듈
        define(theModule);
    } else if (hasExports) {  // Node.js 모듈
    module.exports = theModule; // Node.js 로 모듈 정의
    } else {

        // 기본 네임스페이스나 전역 객체에 할당
        // 플랫 파일(flat-file)형태나 전역 모듈 확장을 고려
        var obj = null,
            namespaces,
            scope;

        obj = null;
        namespaces = name.split(".");
        scope = this.jQuery || this.ender || this.$ || this;

        for (var i = 0; i < namespaces.length; i++) {
            var packageName = namespaces[i];
            if (obj && i == namespaces.length - 1) {
                obj[packageName] = theModule;
            } else if (typeof scope[packageName] === "undefined") {
                scope[packageName] = {};
            }
            obj = scope[packageName];
        }
    }
})("core.plugin", function () {

    // 여기에서 모듈을 정의하고 공개 API를 반환합니다.
    // 이 코드는 코어와 쉽게 조정될 수 있으며,
    // core의 기능을 확장하는 메서드를 사용해
    // highlight 메서드를 확장할 수 있습니다.
    return {
        setGreen: function (el) {
            highlight(el, "green");
        },
```

```
            setRed: function (el) {
                highlight(el, errorColor);
            }
        };
    });
```

UMD는 AMD나 CommonJS를 대체하기 위한 것이 아니라, 오늘날 다양한 환경에서 코드가 동작할 수 있도록 돕는 보조 도구입니다. 이 실험 단계의 형식에 대한 상세 정보를 원하시거나, 기여하고 싶으시다면 깃허브 저장소[35]를 방문하시기 바랍니다.

UMD와 AMD 관련 참고 자료

- Using AMD Loaders to Write and Manage Modular JavaScript[36]
- AMD Module Patterns: Singleton[37]
- Standards and Proposals for JavaScript Modules and jQuery[38]

10.5 마치며

이번 장에서는 ES2015 이전에 사용된 다양한 모듈 형식을 활용한 모듈형 자바스크립트 작성 방법을 살펴보았습니다.

이러한 모듈 형식들은 단순히 모듈 패턴만 사용하는 것과 비교하여 여러 장점이 있습니다. 대표적으로, 전역 변수 관리의 필요성 감소, 정적/동적 의존성 관리에 대한 향상된 지원, 스크립트 로더와의 높은 호환성, 서버 환경에서의 모듈 호환성 강화 등이 있습니다.

전통적인 디자인 및 아키텍처 패턴에 대한 이야기를 마무리하기 전에, 다음 장인 네임스페이스 패턴에서는 자바스크립트 코드를 구성하고 관리하기 위해 패턴을 적용할 수 있는 한 가지 영역을 소개하고자 합니다.

35 *https://github.com/umdjs/umd*

36 *https://oreil.ly/Zgs_G*

37 *https://oreil.ly/IP22B*

38 *https://oreil.ly/I-3jy*

CHAPTER

11

네임스페이스 패턴

이번 장에서는 자바스크립트 네임스페이스 패턴을 알아보겠습니다. 네임스페이스^Namespace^는 코드 단위를 고유한 식별자로 그룹화한 것을 뜻합니다. 하나의 식별자를 여러 네임스페이스에서 참조할 수 있고, 각 식별자는 중첩된(혹은 하위) 네임스페이스의 계층구조를 가질 수 있습니다.

애플리케이션을 개발할 때 네임스페이스는 여러 곳에서 중요하게 활용됩니다. 자바스크립트의 네임스페이스는 전역 네임스페이스 내에 존재하는 다른 객체나 변수와의 충돌을 방지함에 있어 유용합니다. 또한, 프로그램의 기능들을 체계적으로 구성하여 코드의 재사용성과 관리의 편의성을 높여줍니다.

대규모 스크립트나 애플리케이션에서는 네임스페이스가 매우 중요합니다. 페이지 내 다른 스크립트와 변수 또는 메서드 이름이 **충돌**하여 코드가 실행되지 않는 문제를 방지하기 위해서라도 반드시 필요합니다. 오늘날, 많은 **서드 파티** 스크립트가 페이지에 삽입되는 상황을 고려하면 이런 충돌은 모든 개발자가 언젠가는 직면하게 되는 문제입니다. 전역 네임스페이스를 올바르게 사용하기 위해서는 우리의 코드로 인해 다른 개발자의 스크립트 실행이 방해받지 않도록 최선을 다해야 합니다.

자바스크립트는 다른 언어들처럼 네임스페이스를 기본적으로 지원하지는 않지만, 객체와 클로저를 활용하여 비슷한 효과를 얻을 수 있습니다.

11.1 네임스페이스의 기초

대규모 자바스크립트 애플리케이션은 거의 대부분 네임스페이스를 활용하고 있습니다. 짧은 코드 조각이 아니라면 네임스페이스를 올바르게 구현하는 것이 개발을 어렵지 않게 하는 데에도 매우 중요한데, 외부에서 가져온 코드가 우리의 코드 동작을 방해하는 것을 막아주기 때문입니다. 이번 장에서 살펴볼 네임스페이스 패턴의 종류는 다음과 같습니다.

- 단일 전역 변수
- 접두사 네임스페이스

- 객체 리터럴 표기법
- 중첩 네임스페이스
- 즉시 실행 함수 표현식
- 네임스페이스 주입

11.2 단일 전역 변수 패턴

자바스크립트에서 널리 사용되는 네임스페이스 패턴 중 하나는, 하나의 전역 변수를 주요 참조 객체로 사용하는 방식입니다. 함수와 속성을 가진 객체를 반환하는 기본 구현 예시는 다음과 같습니다.

```
const myUniqueApplication = (() => {
  function myMethod() {
    // 코드
    return;
  }

  return {
    myMethod,
  };
})();

// 사용법
myUniqueApplication.myMethod(); // `myUniqueApplication` 에서 외부로 노출된
                                // `myMethod()` 호출

// 이번 예시에서는 즉시 실행 함수 표현식(IIFE)을 통해 애플리케이션만의
// 고유한 네임스페이스를 생성하고, 이를 myUniqueApplication 변수에 담고 있습니다.
// IIFE는 함수와 속성을 가진 객체를 반환하고,
// 이 객체에 점 표기법(예: myUniqueApplication.myMethod())을 사용해서
// 접근할 수 있습니다.
```

단일 전역 변수 패턴은 특정한 상황에서는 유용할 수 있지만, 가장 큰 문제점은 다른 개발자가 같은 이름의 전역 변수를 이미 사용하고 있을 가능성이 있다는 것입니다. 만약 그렇다면 충돌이 발생할 수 있습니다.

11.3 접두사 네임스페이스 패턴

앞서 언급했던 단일 전역 변수 문제에 대한 해결책 중 하나는 피터 미쇼Peter Michaux가 제안한 접두사 네임스페이스Prefix Namespace 패턴을 활용하는 것입니다. 기본 개념은 간단합니다. 먼저 고유한 접두사(예: `myApplication_`)를 선정한 다음에 모든 메서드, 변수, 객체를 이 접두사 뒤에 붙여서 정의하면 됩니다.

```
const myApplication_propertyA = {};
const myApplication_propertyB = {};
function myApplication_myMethod() {
  //...
}
```

접두사 네임 스페이스 패턴은 전역에서 특정 변수와 이름이 겹칠 가능성을 효과적으로 줄입니다. 하지만 스스로 고유한 이름을 가진 객체도 같은 효과를 낼 수 있습니다.

이 패턴의 가장 큰 문제점은 애플리케이션이 커짐에 따라 많은 전역 객체가 생성된다는 점입니다. 또한 다른 개발자가 같은 접두사를 전역 네임스페이스에서 사용하지 않고 있었을 것이라고 가정하고 있기에, 이 패턴을 선택할 때는 주의해야 합니다.

피터가 단일 전역 변수 패턴에 대해 어떻게 생각하는지 자세히 알아보려면 이 게시글[01]을 참고하세요.

11.4 객체 리터럴 표기법 패턴

객체 리터럴 표기법Object Literal Notation은 일종의 객체로, 키와 값으로 이뤄진 집합을 가지며, 각각의 키와 값은 콜론(:)으로 구분됩니다. 또한 키 자체가 새로운 네임스페이스가 될 수 있습니다. 객체 리터럴 표기법에 대한 자세한 내용은 모듈 패턴 파트에서 다루고 있습니다.

01 *https://oreil.ly/o2dgF*

```
const myApplication = {

    // 앞서 살펴봤듯이, 이 객체 리터럴에 대해 쉽게 함수를 정의할 수 있습니다.
    getInfo() {
      //...
    },

    // 또한 객체 안에 추가로 객체 네임스페이스를 만들어
    // 필요한 요소들을 담을 수도 있습니다.
    models: {},
    views: {
      pages: {},
    },
    collections: {},
};
```

네임스페이스에 속성을 직접 추가하는 방법도 있습니다.

```
myApplication.foo = () => "bar";

myApplication.utils = {
    toString() {
      //...
    },
    export() {
      //...
    },
};
```

객체 리터럴 표기법 패턴은 전역 네임스페이스를 오염시키지 않으면서도 코드와 매개변수를 논리적으로 구성하는 데 도움을 줍니다. 특히 쉽게 읽을 수 있고, 깊은 중첩까지 지원하는 구조를 구현할 때 매우 유용합니다. 또한, 객체 리터럴 표기법 패턴은 일반적인 전역 변수들과 달리 동일한 이름의 변수가 있는지 검사하도록 설계되는 경우가 많아 충돌 가능성을 크게 줄여줍니다.

다음 예제는 객체 네임스페이스가 존재하는지 확인하고, 만약 존재하지 않는다면 새로 정의하는 몇 가지 방법을 보여줍니다.

```
// 이 코드는 전역 네임스페이스에 'myApplication'이
// 존재하는지 확인하지 않습니다.
// 같은 이름의 기존 변수나 네임스페이스를 쉽게 덮어써버릴 수도 있어
// 좋지 않은 방법입니다.
const myApplication = {};

// 아래의 옵션들은 변수/네임스페이스의 존재 여부를 확인합니다.
// 만약 이미 정의되어 있다면, 기존 인스턴스를 사용합니다.
// 그렇지 않으면 myApplication에 새로운 객체 리터럴을 할당합니다.

// 옵션 1: var myApplication = myApplication || {};
// 옵션 2 if( !MyApplication ){ MyApplication = {} };
// 옵션 3: window.myApplication || ( window.myApplication = {} );
// 옵션 4: var myApplication = $.fn.myApplication = function() {};
// 옵션 5: var myApplication = myApplication === undefined ? {} :
myApplication;
```

옵션 1이나 옵션 2를 사용하는 개발자를 많이 볼 수 있는데, 둘 다 간결하면서도 결과적으로는 동일한 효과를 냅니다.

옵션 3은 전역 네임스페이스에 포함되도록 선언하지만, 다음과 같이 작성할 수도 있습니다.

```
myApplication || (myApplication = {});
```

이 형태는 myApplication이 이미 초기화되었다고 가정합니다. 따라서 다음 예시와 같이, 파라미터나 인수로 사용될 경우에만 유용하게 사용할 수 있습니다.

```
function foo() {
    myApplication || (myApplication = {});
}

// myApplication 변수가 초기화되지 않았기 때문에
// foo()를 호출하면 에러가 발생합니다.

foo();

// 하지만 myApplication을 인수로 받는다면

function foo(myApplication) {
```

```
    myApplication || (myApplication = {});
}

foo();

// myApplication 이 정의되지 않았더라도, 에러가 발생하지 않고,
// myApplication 변수가 올바르게 {} (빈 객체)로 설정됩니다.
```

옵션 4는 다음과 같은 jQuery 플러그인 작성에 유용합니다.

```
// 새로운 플러그인을 정의할 때...
var myPlugin = $.fn.myPlugin = function() { ... };

// 나중에는 이렇게 작성하는 대신에
$.fn.myPlugin.defaults = {};

// 이렇게 작성할 수 있습니다.
myPlugin.defaults = {};
```

이 방법은 코드 압축 및 최적화 효과를 높이고, 변수나 함수를 찾기 위해 코드를 검색하는 과정을 줄일 수 있습니다.

옵션 5는 옵션 4와 약간 비슷하지만, myApplication이 정의되어 있는지 여부를 인라인으로 평가합니다. 만약 정의되지 않았다면, myApplication을 객체로 정의합니다. 이미 정의되었다면, myApplication의 현재 값을 그대로 사용합니다.

옵션 5는 혹시 모를 때를 대비해 넣었을 뿐이며, 대부분의 경우엔 옵션 1~4만으로도 요구사항을 충분히 만족시킬 수 있을 것입니다.

물론 코드를 구성 및 관리할 때 객체 리터럴을 사용하는 방법에는 많은 차이가 있을 수 있습니다. 소규모의 애플리케이션에서는 특정 독립 모듈에 대한 중첩 API를 제공하기 위해 노출 모듈 패턴을 사용하는 경우도 있습니다. 노출 모듈 패턴에 대해서는 7장을 참고하세요.

```
const namespace = (() => {
    // 로컬 범위 내에서 정의됨
    const privateMethod1 = () => {
```

```
        /* ... */
    };

    const privateMethod2 = () => {
        /* ... */
    };
    privateProperty1 = "foobar";

    return {

        // 여기에서 반환된 객체 리터럴은 원하는 만큼의 깊이를 가질 수 있습니다.
        // 하지만 개인적인 생각으로는, 이러한 방식은 비교적 소규모의 제한된
        // 범위를 가진 애플리케이션에 적합하다고 생각합니다.
        publicMethod1: privateMethod1,

        // 공개된 속성을 가진 중첩 네임스페이스
        properties: {
            publicProperty1: privateProperty1,
        },

        // 또 다른 중첩된 네임스페이스
        utils: {
            publicMethod2: privateMethod2,
        },
        // ...
    };
})();
```

객체 리터럴의 장점은 키-값 구조이기에 손쉽게 알아볼 수 있다는 것입니다. 덕분에 애플리케이션 내의 서로 다른 로직이나 기능을 쉽게 캡슐화하여 깔끔하게 분리하고, 코드 확장에 있어 든든한 기반을 제공합니다.

```
const myConfig = {

    language: "english",

    defaults: {
        enableGeolocation: true,
        enableSharing: false,
        maxPhotos: 20,
    },
```

```
    theme: {
        skin: "a",
        toolbars: {
          index: "ui-navigation-toolbar",
          pages: "ui-custom-toolbar",
        },
    },
};
```

JSON은 사실 객체 리터럴 표기법의 서브셋subset이며, 문법적으로 약간의 차이만 있습니다(예를 들면, JSON의 키는 문자열이어야 합니다). 만약 애플리케이션의 환경설정 데이터를 저장할 때 JSON을 사용하고 싶다면(예를 들어, 백엔드 서버로 데이터를 전송할 때 단순하게 저장해 보내고 싶다면), 언제든지 원하는대로 사용할 수 있습니다.

11.5 중첩 네임스페이스 패턴

객체 리터럴 패턴을 발전시킨 형태가 바로 중첩 네임스페이스Nested Namespace 패턴입니다. 중첩 네임스페이스 패턴은 다른 패턴에 비해 충돌 위험이 낮은 편입니다. 비록 같은 이름의 네임스페이스가 존재한다고 하더라도, 하위에 중첩된 네임스페이스까지 정확하게 일치할 가능성은 낮기 때문입니다.

예를 들어, 다음과 같은 형태가 있습니다.

```
YAHOO.util.Dom.getElementsByClassName("test");
```

과거 야후의 YUI 라이브러리 구버전에서는 중첩 객체 네임스페이스 패턴을 자주 사용했습니다. 예전에 제가 AOL에서 엔지니어로 일할 때도 대규모 애플리케이션 환경에서 이 패턴을 많이 사용했습니다. 중첩 네임스페이스를 구현한 간단한 예시는 다음과 같습니다.

```
const myApp = myApp || {};
```

```
// 중첩된 하위 속성을 정의할 때에도 비슷한 방법으로 객체 존재 여부를 확인합니다.
myApp.routers = myApp.routers || {};
myApp.model = myApp.model || {};
myApp.model.special = myApp.model.special || {};

// 필요에 따라 중첩 네임스페이스를 복잡하게 만들 수도 있습니다.
// myApp.utilities.charting.html5.plotGraph(/*..*/);
// myApp.modules.financePlanner.getSummary();
// myApp.services.social.facebook.realtimeStream.getLatest();
```

NOTE 이 코드는 YUI3에서 네임스페이싱을 처리하는 방식과 차이가 있습니다. YUI3 모듈은 별도의 API 호스트 객체를 사용하고, 상대적으로 간결하고 얕은 계층의 네임스페이스 구조를 가집니다.

또한, 다음과 같이 새로운 중첩 네임스페이스/속성을 인덱싱된 속성으로 선언할 수도 있습니다.

```
myApp["routers"] = myApp["routers"] || {};
myApp["models"] = myApp["models"] || {};
myApp["controllers"] = myApp["controllers"] || {};
```

두 가지 방법 모두 가독성과 구조성이 뛰어나며, 다른 프로그래밍 언어들에서 사용하는 것과 유사한 네임스페이스 사용을 통해 안전한 애플리케이션 개발을 지원합니다. 하나 주의할 점은, 브라우저의 자바스크립트 엔진이 먼저 **myApp** 객체의 위치를 찾은 후, 실제로 사용하고자 하는 함수가 위치한 곳까지 파고들어가야 한다는 것입니다.

이러한 과정 덕분에 참조해야할 일이 더 많아질 수 있지만, 쥬리 자이체프Juriy Zaytsev[02]같은 개발자들은 단일 객체 네임스페이스 패턴과 중첩 네임스페이스 패턴의 성능 차이가 크지 않다는 것을 사전에 테스트를 통해 발견했습니다.

02 *https://twitter.com/kangax*

11.6 즉시 실행 함수 표현식 패턴

이전에 즉시 실행 함수 표현식Immediately Invoked Function Expressions(IIFE)의 개념에 대해 간략하게 다룬 적이 있습니다. 즉시 실행 함수는 정의 직후 바로 실행되는, 이름이 없는 함수입니다. 아마 익숙하신 분도 계실텐데, 자기 실행(혹은 자기 호출) 익명 함수라고 들어보셨을 겁니다. 저는 개인적으로 벤 알만Ben Alman이 즉시 실행 함수라고 칭한 것이 더 정확하다고 생각합니다. 자바스크립트에서는 즉시 실행 함수로 정의된 내부의 변수와 함수 모두 외부에서 접근할 수 없습니다. 따라서, 함수를 호출하는 것만으로도 쉽게 코드의 은닉성을 구현할 수 있습니다.

즉시 실행 함수는 애플리케이션의 로직을 캡슐화하여 전역 네임스페이스로부터 보호하는 데 널리 사용되는 방법입니다. 하지만 이러한 특징은 네임스페이스의 영역에서도 유용하게 활용될 수 있습니다. 다음은 즉시 실행 함수의 예시입니다.

```
// 즉석에서 호출되는 (익명의) 함수 표현식
(() => { /*...*/})();

// 이름이 있는 즉시 실행 함수 표현식
(function foobar () { /*..*/}());

// 문법적으로는 자기 실행 함수지만 앞의 예시들과는 꽤 다릅니다.
function foobar () { foobar(); }
```

첫 번째 예시를 조금 더 자세히 설명하면 다음과 같습니다.

```
const namespace = namespace || {};

// 함수 매개변수로 네임스페이스 객체를 전달하고,
// 공용 메서드와 속성을 할당합니다.
((o) => {
    o.foo = "foo";
    o.bar = () => "bar";
})(namespace);

console.log(namespace);
```

이해하기 쉬우면서도 실제 개발 환경에서 자주 마주하는 이슈들을 해결하기 위해서 이 예시를 보다 유용하도록 기능을 확장할 수도 있습니다. 예를 들어 명확한 범위의 접근권한(public/private 함수나 변수)과 편리한 네임스페이스 확장 기능 등을 추가할 수 있을 겁니다. 좀 더 자세한 코드를 살펴보도록 하겠습니다.

```
// 네임스페이스의 이름과 undefined 를 인자로 전달합니다.
// 1. 네임스페이스를 지역적으로 변경할 수 있고,
// 함수 컨텍스트 밖에서 덮어쓰여지지 않습니다.
// 2. undefined 값이 정말로 undefined임을 보장합니다.
// ES5 이전 버전의 undefined는 변경될 수 있었기 때문에
// 필요한 과정입니다.

((namespace, undefined) => {
    // 비공개 속성들
    const foo = "foo";

    const bar = "bar";

  // 공개 메서드와 속성
    namespace.foobar = "foobar";
    namespace.sayHello = () => {
        speak("hello world");
    };

  // 비공개 메서드
    function speak(msg) {
        console.log(`You said: ${msg}`);
    }

  // 전역 네임스페이스에 "namespace" 가 존재하는지 검사하고,
  // 없을 경우 window.namespace에 객체 리터럴을 할당합니다.
})((window.namespace = window.namespace || {}));

// 공개된 속성과 메서드를 테스트합니다.
// 출력: foobar
console.log(namespace.foobar);

// 출력: hello world
namespace.sayHello();

// 새로운 속성을 할당합니다.
```

```
namespace.foobar2 = "foobar";

// 출력: foobar
console.log(namespace.foobar2);
```

확장성은 모든 네임스페이스 패턴에서 중요한 요소입니다. 즉시 실행 함수를 사용하면 확장성을 비교적 쉽게 구현할 수 있습니다. 다음 예제에서는 'namespace'를 다시 한번 익명 함수에 인자로 넘겨서, 추가적인 기능으로 확장하거나 수정합니다.

```
// 네임스페이스에 새로운 기능을 추가해 보겠습니다.
((namespace, undefined) => {

  // 공개 메서드
    namespace.sayGoodbye = () => {
        console.log(namespace.foo);
        console.log(namespace.bar);
        speak("goodbye");
    };
})((window.namespace = window.namespace || {}));

// 출력: goodbye
namespace.sayGoodbye();
```

즉시 실행 함수 표현식 패턴에 대해 더 알고 싶다면 벤 알만의 게시글[03]을 참고하는 걸 추천드립니다.

11.7 네임 스페이스 주입 패턴

네임스페이스 주입Namespace injection 패턴은 즉시 실행 함수 패턴의 또 다른 변형입니다. 이 패턴에서는 함수 내에서 this를 네임스페이스의 프록시로 활용하여 특정 네임스페이스에 메서드와 속성을 '주입'합니다. 네임스페이스 주입 패턴의 장점은 여러 객체나 네임스페이스에 기

03 *https://oreil.ly/KSspI*

능적인 동작을 쉽게 적용할 수 있다는 점입니다. 또한 이후에 확장될 기본 메서드(예: 게터와 세터)에 적용할 때 유용합니다.

네임 스페이스 주입 패턴의 단점은, 같은 목적을 달성하는 더 쉽고 효율적인 방법(예: 심층 객체 확장 또는 병합)이 존재할 수도 있다는 것입니다. 이러한 대체 방법에 대해서는 이전에 다룬 적이 있습니다.

이제 네임스페이스 주입 패턴이 실제로 활용되는 예시를 살펴보겠습니다. 여기서는 이 패턴을 사용해 두 개의 네임스페이스에 동작을 채워넣겠습니다. 하나는 이미 정의되어 있는 네임스페이스(`utils`)이고, 다른 하나는 `utils`의 기능을 할당하는 과정에서 동적으로 생성되는 네임스페이스(`tools`)입니다.

```
const myApp = myApp || {};
myApp.utils = {};

(function () {
  let val = 5;

  this.getValue = () => val;

  this.setValue = (newVal) => {
      val = newVal;
  };

  // utils 하위에 새로운 하위 네임스페이스인 tools를 생성합니다.
  this.tools = {};

}).apply(myApp.utils);

// 위에서 utils를 통해 정의한 tools 네임스페이스에 새로운 동작을 추가합니다.

(function () {
  this.diagnose = () => "diagnosis";
}).apply(myApp.utils.tools);

// 주의: 일반적인 즉시 실행 함수에도 이 확장 기법을 적용할 수 있습니다.
// context를 인자로 받아서 'this' 대신 해당 context를 직접 수정하면 됩니다.

// 사용법:
```

```
// 생성된 네임스페이스 구조를 출력
console.log(myApp);

// 출력: 5
console.log(myApp.utils.getValue()); // 5를 출력

// 'val' 값을 변경하고 반환합니다.
myApp.utils.setValue(25);
console.log(myApp.utils.getValue());

// 심층 단계를 테스트합니다.
console.log(myApp.utils.tools.diagnose());
```

이전에 앵거스 크롤Angus Croll은 컨텍스트와 인자를 자연스럽게 분리하고자 call API[04][05]를 사용하기도 했습니다. call API를 사용한 패턴은 모듈 생성자 패턴과 비슷한 느낌을 줄 수 있지만, 일반적인 모듈도 충분히 캡슐화를 지원하기 때문에 간략하게나마 다루어 보겠습니다.

```
// 나중에 사용할 네임스페이스를 정의합니다.
const ns = ns || {};

const ns2 = ns2 || {};

// 모듈/네임스페이스 생성자
const creator = function (val) {
    var val = val || 0;

    this.next = () => val++;

    this.reset = () => {
        val = 0;
    };
};

creator.call(ns);

// 이제 ns.next와 ns.reset 메서드를 사용할 수 있습니다.

creator.call(ns2, 5000);
```

04 *https://learn.microsoft.com/en-us/previous-versions/msdn10/gg578608(v=msdn.10)*

05 옮긴이_ 함수를 호출할 때 현재 실행 중인 함수 내부의 this를 다른 객체로 바꿔줄 수 있는 메서드입니다.

```
// ns2에도 같은 메서드가 생성되지만
// val의 초기값이 5000으로 덮어씌워집니다.
```

앞서 언급했듯이 이러한 유형의 패턴은 여러 모듈이나 네임스페이스에 비슷한 기본 기능들을 할당할 때 유용합니다. 하지만 객체/클로저 내에서 명시적으로 기능을 선언할 때 직접 접근하는 것이 불가능한 상황에서만 사용하는 것을 추천드립니다.

11.8 고급 네임스페이스 패턴

이제부터 대규모 애플리케이션을 개발할 때 유용한 고급 패턴과 유틸리티를 살펴보겠습니다. 이들 중 일부는 기존 네임스페이스의 접근 방식을 다시 생각하게 만들기도 할 겁니다. 이번에 제시하는 방법만 사용하라고 주장하는 것이 아니라, 단지 실제 개발에서 개인적으로 효과적이었던 방법을 소개한다는 점을 미리 말씀드립니다.

11.8.1 중첩 네임스페이스 자동화 패턴

앞서 살펴본 것처럼, 중첩 네임스페이스는 코드에 체계적이고 계층적인 구조를 만들어줍니다. 예를 들어 application.utilities.drawing.canvas.2d라는 네임스페이스는 객체 리터럴 패턴을 이용해 다음과 같이 확장할 수도 있습니다.

```
const application = {
      utilities:{
          drawing:{
              canvas:{
                  paint:{
                          //...
                  }
              }
          }
      }
};
```

이 패턴의 한 가지 명백한 단점은, 추가하고자 하는 계층이 늘어날수록 최상위 네임스페이스에 더 많은 하위 객체들이 정의되어야 한다는 점입니다. 특히 애플리케이션이 복잡해져서 중첩의 깊이가 커질수록 매우 번거로워질 수 있는 작업입니다.

어떻게 하면 이 번거로운 문제를 더 효율적으로 해결할 수 있을까요? 스토얀 스테파노프Stoyan Stefanov는 저서 『자바스크립트 코딩 기법과 핵심 패턴』(인사이트, 2011)에서 기존의 전역 변수 하위에 중첩된 네임스페이스를 자동으로 정의하는 현명한 방법을 제시합니다. 좀 더 자세히 설명하자면, 하나의 문자열 인자를 받아서 파싱한 뒤에 필요한 객체를 기반 네임스페이스에 자동으로 추가하는 간편한 방법입니다.

스토얀 스테파노프가 제시하는 메서드는 다음과 같습니다. 그리고 이 메서드를 수정하여 여러 네임스페이스에서 더 쉽게 재사용할 수 있는 일반화된 함수의 형태로 만들었습니다.

```
// 최상위 네임스페이스에 객체 리터럴을 할당합니다.
const myApp = {};

// 문자열 형식의 네임스페이스를 파싱하고
// 자동으로 중첩 네임스페이스를 생성해주는 간편한 함수입니다.
function extend( ns, ns_string ) {
    const parts = ns_string.split(".");
    let parent = ns;
    let pl;

    pl = parts.length;

    for ( let i = 0; i < pl; i++ ) {
  // 프로퍼티가 존재하지 않을 경우에만 생성합니다.
        if ( typeof parent[parts[i]] === "undefined" ) {
            parent[parts[i]] = {};
        }

        parent = parent[parts[i]];
    }

    return parent;
}
```

```
// 사용법:
// myApp에 깊게 중첩된 네임스페이스를 확장합니다.
const mod = extend(myApp, "modules.module2");

// 올바르게 중첩된 객체를 출력합니다.
console.log(mod);

// mod 인스턴스는 myApp 네임스페이스 밖에서도 확장된
// 클론 객체로 사용할 수 있는지 확인합니다.

// true를 출력합니다.
console.log(mod == myApp.modules.module2);

// extend를 사용하여 더 쉽게 중첩 네임스페이스를 할당하는 또 다른 예시입니다.
extend(myApp, "moduleA.moduleB.moduleC.moduleD");
extend(myApp, "longer.version.looks.like.this");
console.log(myApp);
```

[그림 11-1]은 크롬 개발자 도구의 콘솔 출력창을 보여줍니다. 이전에는 네임스페이스의 다양한 중첩 구조를 객체로 명시적으로 선언해야 했지만, 이제는 훨씬 간결한 한 줄의 코드로 손쉽게 구현할 수 있습니다.

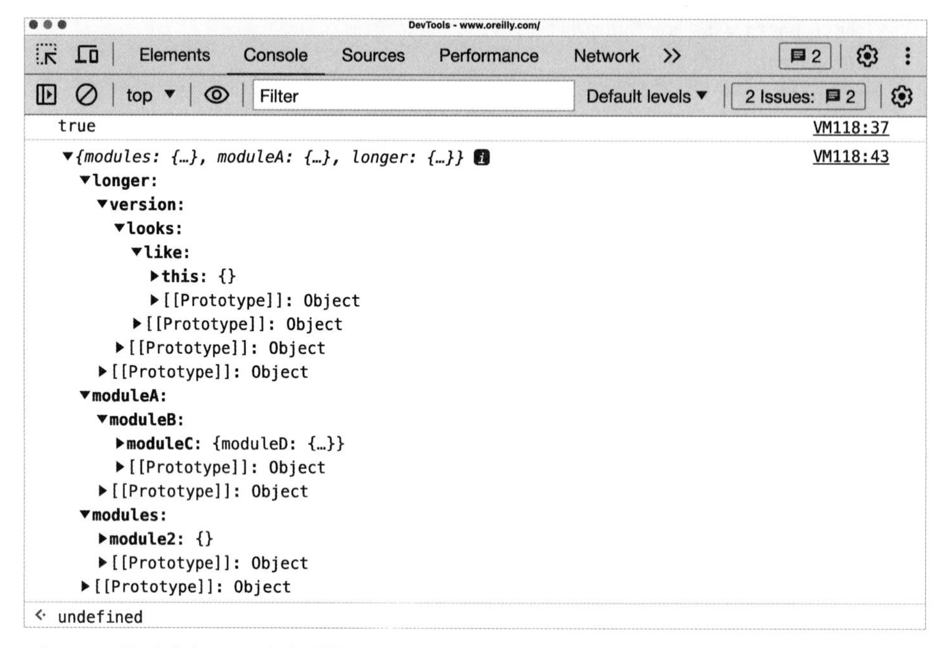

그림 11-1 크롬 개발자 도구 콘솔 출력창

11.8.2 의존성 선언 패턴

이번에는 중첩 네임스페이스 패턴을 약간 변형한 형태인 의존성 선언Dependency Declaration 패턴을 살펴보겠습니다. 객체에 대한 로컬 참조가 전체적인 조회 시간을 단축한다는 사실은 알고 계시리라 생각합니다. 이 원칙을 네임스페이스에 적용해서 실제로는 어떻게 구현되는지 살펴보겠습니다

```
// 중첩된 네임스페이스에 접근하는 일반적인 방법입니다.
myApp.utilities.math.fibonacci(25);
myApp.utilities.math.sin(56);
myApp.utilities.drawing.plot(98, 50, 60);

// 로컬 변수에 캐싱한 참조를 사용합니다.
const utils = myApp.utilities;

const maths = utils.math;
const drawing = utils.drawing;

// 이렇게 하면 네임스페이스에 더 쉽게 접근할 수 있습니다.
maths.fibonacci(25);
maths.sin(56);
drawing.plot(98, 50, 60);

// 로컬 변수를 사용하는 이 방식은 중첩 네임스페이스에
// 수백, 수천번 호출이 발생하는 경우에만 성능이 향상됩니다.
```

로컬 변수를 사용하는 것이 전역 변수(예: `myApp`)를 매번 사용하는 것보다 더 빠릅니다. 또한 후속 작업에서 중첩된 속성이나 하위 네임스페이스에 매번 접근하는 것보다 더 편리하고 성능이 뛰어납니다. 특히 복잡한 애플리케이션에서는 가독성을 높일 수 있습니다.

스토얀은 함수나 모듈에서 사용할 로컬 네임스페이스를 함수 영역의 상단에 선언할 것을 권장하며(단일 변수 패턴 사용), 이 방식을 의존성 선언 패턴이라고 부릅니다. 이렇게 선언하면 의존성을 찾고 해석하는 시간을 줄이는 장점이 있습니다. 또한 필요할 때 동적으로 모듈을 네임스페이스에 추가하는 확장 가능한 아키텍처를 사용하는 경우에도 효과적입니다.

제 생각에 의존성 선언 패턴은 모듈 단위로 작업할 때 가장 효과적입니다. 이 패턴은 특정 메

서드 그룹에서 사용될 네임스페이스를 지역화합니다. 다만 네임스페이스 간의 의존성이 중복되는 경우가 많다면 함수 단위로 네임스페이스를 지역화하는 것은 피하는 것이 좋습니다. 차라리 네임스페이스를 상위 레벨에서 정의하고 모든 함수가 접근할 수 있도록 하는 것이 더 바람직합니다.

11.8.3 심층 객체 확장 패턴

자동 네임스페이스 생성에 대한 또 다른 해결책은 심층 객체 확장Deep Object Extension 패턴입니다. 객체 리터럴 표기법으로 선언된 네임스페이스는 다른 객체(또는 네임스페이스)와 쉽게 확장(또는 병합)될 수 있습니다. 병합 이후에는 두 네임스페이스의 속성과 함수 모두를 동일한 네임스페이스에서 접근할 수 있습니다.

자바스크립트 프레임워크를 사용하면 쉽게 객체를 확장할 수 있습니다(예를 들어 jQuery의 `$.extend`[06]). 하지만 프레임워크 없이 바닐라 자바스크립트만으로 객체(또는 네임스페이스)를 확장하고자 할 때는 다음과 같은 함수를 사용할 수 있습니다

```
// 객체 할당 및 재귀 호출을 사용한 심층 객체 확장
function extendObjects(destinationObject, sourceObject) {
  for (const property in sourceObject) {
    if (
      sourceObject[property] &&
      typeof sourceObject[property] === "object" &&
      !Array.isArray(sourceObject[property])
    ) {
      destinationObject[property] = destinationObject[property] || {};
      extendObjects(destinationObject[property], sourceObject[property]);
    } else {
      destinationObject[property] = sourceObject[property];
    }
  }
  return destinationObject;
}
```

06 *https://api.jquery.com/jQuery.extend*

```
// 사용 예시
const myNamespace = myNamespace || {};

extendObjects(myNamespace, {
  utils: {},
});

console.log("test 1", myNamespace);

extendObjects(myNamespace, {
  hello: {
    world: {
      wave: {
        test() {
          // ...
        },
      },
    },
  },
});

myNamespace.hello.test1 = "this is a test";
myNamespace.hello.world.test2 = "this is another test";
console.log("test 2", myNamespace);

myNamespace.library = {
  foo() {},
};

extendObjects(myNamespace, {
  library: {
    bar() {
      // ...
    },
  },
});

console.log("test 3", myNamespace);

const shorterNamespaceAccess = myNamespace.hello.world;
shorterNamespaceAccess.test3 = "hello again";
console.log("test 4", myNamespace);
```

NOTE 이 구현 방법은 모든 브라우저와 객체에서 완벽하게 호환cross-browser되지 않으며, 개념을 증명하는proof of concept 정도로 보아야 합니다. 실전 프로젝트에서는 Lodash.js의 `extend()`[07]메서드[08]를 사용하는 것이 더 간단하고 브라우저 호환성도 높습니다.

jQuery를 사용하는 개발자라면 다음과 같이 `$.extend`를 이용해서 객체의 네임스페이스를 확장하는 기능을 구현할 수 있습니다.

```
// 최상위 네임스페이스
const myApplication = myApplication || {};

// 중첩 네임스페이스를 직접 할당합니다.
myApplication.library = {
  foo() {
    // ...
  },
};

// 이 네임스페이스를 다른 네임스페이스와
// 확장/병합하여 흥미롭게 만들 수 있습니다.
// 네임스페이스의 이름은 같지만 함수 시그니처가 다르다고 가정해 보겠습니다.
// $.extend( deep, target, object1, object2 )
$.extend(true, myApplication, {
  library: {
    bar() {
      // ...
    },
  },
});

console.log("test", myApplication);
```

문제가 없는지 확실히 하기 위해, 이 부분에 사용된 jQuery의 `$.extend` 함수와 동일한 기능을 하는 다른 네임스페이스 확장 방법[09]을 확인해야 합니다.

07 *https://lodash.com/docs/4.17.15#assignIn*

08 옮긴이_ `assignIn()` 메서드로도 사용합니다.

09 *https://gist.github.com/addyosmani/1221980*

11.9 권장하는 패턴

이번 장에서 살펴본 여러 네임스페이스 패턴 중, 제가 대부분의 대규모 애플리케이션에 개인적으로 사용하는 방법은 객체 리터럴 패턴을 사용한 중첩 네임스페이스 방법입니다. 그리고 가능하다면 중첩 네임스페이스 자동화 패턴을 구현해서 적용하겠습니다. 다만, 이건 단지 제 개인적인 선호일 뿐입니다.

즉시 실행 함수 표현식 패턴과 단일 전역 변수 패턴은 중소 규모의 애플리케이션에서는 잘 작동할 수 있습니다. 하지만 네임스페이스와 심층 하위 네임스페이스가 모두 필요한 대규모 코드베이스의 경우에는 가독성과 확장성을 높여주는 보다 간결한 해결책이 필요합니다. 객체 리터럴을 사용한 중첩 네임스페이스 패턴을 사용한다면 모두 해결할 수 있는 문제입니다.

네임스페이스 확장을 위한 고급 유틸리티 메서드도 사용해 보시는 것을 추천합니다. 장기적인 관점에서 시간을 절약할 수 있습니다.

11.10 마치며

이번 장에서는 자바스크립트와 jQuery 애플리케이션에 네임스페이스를 적용해 구조를 더욱 체계화하고, 변수 및 함수 이름 간의 충돌을 방지하는 방법에 대해 알아보았습니다. 대규모 자바스크립트 애플리케이션에서는 프로젝트 파일을 잘 구성하면 모듈과 네임스페이스를 보다 효율적으로 관리할 수 있으며, 개발 경험 또한 향상시킬 수 있습니다.

지금까지는 바닐라 자바스크립트를 활용한 애플리케이션의 설계와 구조에 대한 다양한 측면을 살펴보았습니다. 도중에 리액트에 대해 간단히 언급은 했지만, 구체적인 리액트 패턴에 대해서는 깊게 다루지 않았습니다. 다음 장에서는 리액트의 디자인 패턴을 집중적으로 다루고자 합니다.

CHAPTER

12

리액트 디자인 패턴

지난 몇 년 동안 자바스크립트를 사용해 UI를 구성하는 간단하고 직관적인 방법에 대한 관심이 증가해 왔습니다. 이에 따라 프론트엔드 개발자들은 다양한 라이브러리 및 프레임워크에서 혁신적인 솔루션을 찾아다니기도 합니다. 그리고 이러한 면에서 리액트는 2013년에 처음 출시된 이후 지금까지 꾸준한 인기를 누리고 있습니다. 이번 장에서는 리액트 환경에서 유용하게 사용할 수 있는 디자인 패턴들에 대해 살펴보겠습니다.

React.js라고도 불리는 리액트[01]는 메타[02]에서 개발한, UI 및 UI 컴포넌트를 만들기 위한 오픈 소스 자바스크립트 라이브러리입니다. 물론 리액트가 유일한 UI 라이브러리는 아닙니다. Preact[03], Vue.js[04], 앵귤러Angular[05], 스벨트Svelte[06], Lit[07] 등도 재사용 가능한 요소를 기반으로 인터페이스를 구축하는 데 뛰어납니다. 다만 최근 리액트의 높은 인기를 고려해 리액트의 디자인 패턴에 대해 다루기로 선택했습니다.

12.1 리액트 소개

프론트엔드 개발자들은 대부분 웹 인터페이스 설계에 대해 관심이 많습니다. 이러한 웹 인터페이스는 버튼, 목록, 네비게이션 등과 같은 요소들을 뜻합니다. 리액트는 인터페이스를 표현하는 최적화 및 간소화된 방법을 제공합니다. 또한 인터페이스를 컴포넌트, Props, 상태라는 세 가지 핵심 개념으로 나누어 정리함으로써 복잡하고 까다로운 인터페이스를 쉽게 구축할 수 있습니다.

리액트는 구성에 초점을 맞추고 있기 때문에, 디자인 시스템의 요소들과 완벽하게 연결될 수 있습니다. 따라서 리액트를 효과적으로 활용하려면 모듈화된 사고방식이 필요합니다. 리액

01 https://ko.react.dev
02 옮긴이_ 과거 페이스북에서 현재 메타로 사명을 바꾸었습니다.
03 https://preactjs.com
04 https://ko.vuejs.org
05 https://www.angular.kr
06 https://svelte.dev
07 https://lit.dev

트는 페이지나 뷰를 구성하기 전에 개별 컴포넌트를 먼저 개발하도록 하기에, 각 컴포넌트의 역할과 목적을 확실히 할 수 있습니다. 이러한 과정을 컴포넌트화한다고 합니다.

12.1.1 리액트 용어 소개

이번 장에서 자주 사용될 용어들의 의미를 알아보겠습니다.

리액트React/React.js/ReactJS

2013년에 메타에서 개발한 UI 라이브러리입니다.

ReactDOM

클라이언트와 서버 렌더링에서 DOM에 특화된 메서드를 제공하는 `react-dom` 패키지입니다.

JSX

HTML과 유사한 구조로 UI 요소를 정의할 수 있게 해주는 자바스크립트의 문법 확장입니다.

리덕스Redux

중앙 집중식으로 상태를 관리하기 위한 전역 상태 관리 라이브러리입니다.

Hooks

클래스 컴포넌트가 아니더라도 state와 기타 리액트의 기능들을 사용할 수 있게 해주는 새로운 기능입니다.

리액트 네이티브 React Native

자바스크립트로 iOS, Android 등의 다양한 플랫폼에서 동작하는 네이티브 애플리케이션을 개발할 수 있게 해주는 크로스 플랫폼 라이브러리입니다.

- **웹팩**webpack

  리액트에서 자주 쓰이는 자바스크립트 모듈 번들러입니다.

- **SPA**Single-page application

  페이지 새로고침 없이 내용만 바꾸면서 동작하는 웹 애플리케이션입니다.

12.1.2 리액트의 기본 개념

리액트의 디자인 패턴에 대해 알아보기 전에 리액트에서 사용되는 몇 가지 기본적인 개념들을 이해하고 넘어가면 도움이 될 것입니다.

- **JSX**

  JSX는 XML과 유사한 구문을 사용하여 HTML을 자바스크립트에서 사용할 수 있게 해주는 확장 문법입니다. JSX는 구현 방식에 따라 특정한 모습을 가지지만 결과적으로 자바스크립트로 변환됩니다. JSX는 리액트가 떠오르면서 함께 인기를 얻었지만 다른 곳에서도 많이 사용되고 있습니다.

- **컴포넌트**

  컴포넌트는 리액트의 기본 구성 요소입니다. 어떠한 입력값(Props)을 받아서 화면에 표시할 내용을 나타내는 리액트의 요소를 반환하는 함수라고 보시면 됩니다. 그러므로 화면에 보이는 모든 것은 사실 컴포넌트의 일부입니다. 기본적으로 리액트는 컴포넌트 안에 또 다른 컴포넌트가 중첩되는 구조라고 볼 수 있습니다. 따라서 개발자들은 리액트에서 페이지를 각각 구축하는 것이 아니라 컴포넌트를 구축합니다. 컴포넌트는 UI를 독립적이고 재사용 가능한 조각으로 나눌 수 있게 해주기 때문입니다. 만약 페이지 방식에 익숙하다면, 컴포넌트 관점으로 생각하는 것이 큰 차이점처럼 보일 수 있습니다. 하지만 디자인 시스템이나 스타일 가이드를 사용하고 있다면 생각보다 더 쉬운 방식임을 알 수 있을 것입니다.

Props

Props는 Properties(속성)의 줄임말로, 리액트 컴포넌트의 내부 데이터를 의미합니다. props는 상위 컴포넌트 내부에서 하위 컴포넌트로 전달할 때 사용되며 HTML 속성attribute과 같은 문법을 사용합니다(예: `prop = value`). Props의 두 가지 주요 특징은 다음과 같습니다. (1) props 값은 컴포넌트가 만들어지기 전에 미리 결정되고 컴포넌트 설계의 일부로 사용됩니다. (2) props 값은 바꿀 수 없습니다. 다시 말해 컴포넌트로 전달되고 나면 읽기 전용이 됩니다. 이후엔 `this.props` 속성[08]을 통해 props에 접근할 수 있습니다.

상태

상태는 컴포넌트의 라이프사이클 동안 값이 변할 수도 있는 정보를 담고 있는 객체입니다. 또한 컴포넌트가 받아온 props의 현재 상태를 나타내기도 합니다. 데이터는 시간이 지남에 따라 변하므로 개발자가 원하는 상태로 데이터 변경을 관리하는 기술이 필요해지는데 이것을 상태 관리라고 합니다.

클라이언트 사이드 렌더링

클라이언트 사이드 렌더링Client-Side Rendering(CSR)에서는 서버가 페이지의 기본 HTML 컨테이너만을 렌더링합니다. 페이지에 내용을 표시하기 위해 필요한 로직, 데이터 가져오기, 템플릿, 라우팅은 클라이언트에서 실행되는 자바스크립트 코드가 처리합니다. CSR은 SPASingle Page Application를 구축하는 방법으로 인기를 얻었습니다. 또한 웹사이트와 설치가 필요한 응용 프로그램의 경계를 모호하게 만들었으며 고도의 상호작용이 필요한 애플리케이션에 적합합니다. 리액트에서는 기본적으로 대부분의 애플리케이션 로직이 클라이언트에서 실행됩니다. 그리고 리액트는 API 호출을 통해 서버와 상호작용하여 데이터를 가져오거나 저장합니다.

---

08 옮긴이_ 클래스형 컴포넌트인 경우에만 사용할 수 있는 속성입니다. 함수형 컴포넌트는 매개변수로 props를 받아옵니다.

서버 사이드 렌더링

서버 사이드 렌더링(SSR)은 웹 콘텐츠를 렌더링하는 오래된 방법 중 하나입니다. 서버 사이드 렌더링은 사용자 요청에 응답하여 페이지 콘텐츠를 데이터 저장소나 외부 API의 데이터가 포함된 완전한 HTML 파일로 생성합니다. 리액트는 동형 렌더링isomorphic rendering[09]이 가능해 브라우저뿐만 아니라 서버 같은 다른 플랫폼에서도 작동할 수 있음을 의미합니다. 따라서 리액트를 사용하여 서버에서 UI 요소를 렌더링할 수 있습니다.

하이드레이션Hydration

서버에서 렌더링된 애플리케이션에서는 현재 페이지의 HTML이 서버에서 생성되어 클라이언트로 전송됩니다. 서버에서 이미 마크업을 생성했기 때문에 클라이언트는 이를 빠르게 파싱하여 화면에 나타낼 수 있습니다. 그런 다음, UI를 상호작용할 수 있게 만드는 데 필요한 자바스크립트가 로드됩니다. 버튼과 같은 UI 요소를 상호작용할 수 있게 하는 이벤트 핸들러는 자바스크립트 번들이 로드되고 처리된 후에야 비로소 연결됩니다. 이러한 일련의 과정을 하이드레이션이라고 합니다. 리액트는 현재의 DOM 노드를 검사하고, 해당 자바스크립트와 연결하여 활성화, 즉 하이드레이트합니다.

새로운 애플리케이션을 만드는 법

이전 책에서는 리액트 학습용으로 Create React App(CRA)을 사용하여 클라이언트 전용 SPA를 만들라고 권장했습니다. CRA는 CLI 도구로, 프로젝트 초기 설정을 위한 리액트 애플리케이션의 기본 구조를 생성합니다. 그러나 CRA는 제한적인 개발 환경을 제공하여 최신 웹 애플리케이션 개발에는 적합하지 않습니다. 대신 Next.js, Remix와 같은 실제 서비스에 적합한 리액트 기반 프레임워크를 사용하여 새로운 웹 애플리케이션이나 웹사이트를 구축할 것을 권장합니다. 이러한 프레임워크는 정적 HTML 생성, 파일 기반 라우팅, SPA 기반의 페이지 이동, 그리고 클라이언트 사이드 기능 등 대부분의 애플리케이션과 사이트에서 필요로 하는 기능들을 제공합니다.

---

09 옮긴이_ 클라이언트와 서버 모두에서 동일한 코드로 렌더링할 수 있는 기술입니다. 이를 통해 초기 로딩 속도를 개선하고 SEO(검색 엔진 최적화)를 향상시킬 수 있습니다.

리액트는 여러 해에 걸쳐 지속적으로 발전해왔습니다. 그동안 라이브러리에 새롭게 도입된 다양한 기능들 덕분에 흔히 발생하는 문제들을 쉽게 해결할 수 있었습니다. 다음 절에서는 리액트에서 널리 사용되는 몇 가지 디자인 패턴들을 자세히 살펴보겠습니다.

- 고차High-Order 컴포넌트 패턴
- 렌더링 Props 패턴
- Hooks 패턴
- 정적 가져오기
- 동적 가져오기
- 코드 스플리팅Code Splitting
- PRPL 패턴
- 로딩 우선순위Prioritization

12.2 고차 컴포넌트

애플리케이션 내 여러 컴포넌트에서 동일한 로직을 사용하고 싶은 때가 종종 있습니다. 이러한 로직에는 컴포넌트에 특정 스타일을 적용하거나, 인증을 요구하거나, 전역 상태를 추가하는 등이 포함될 수 있습니다. 고차 컴포넌트Higher-Order Component(HOC) 패턴은 여러 컴포넌트에서 동일한 로직을 재사용하는 방법 중 하나입니다. 이 패턴을 사용하면 애플리케이션 전체에서 컴포넌트 로직을 재사용할 수 있습니다.

고차 컴포넌트는 다른 컴포넌트를 인자로 받아 새로운 컴포넌트를 반환하는 컴포넌트입니다. 고차 컴포넌트는 특정 기능을 포함하고 있어, 이 기능을 매개변수로 전달받은 컴포넌트에 적용할 수 있습니다. 그리하여 고차 컴포넌트는 인자로 받은 컴포넌트에 추가 기능을 적용한 새로운 컴포넌트를 반환합니다.

애플리케이션 내 여러 컴포넌트에 특정 스타일을 적용하고 싶다고 가정해 봅시다. 매번 스타일 객체를 일일이 생성하는 대신, 매개변수로 전달받은 컴포넌트에 스타일 객체를 추가하는 고차 컴포넌트를 만들 수도 있습니다.

```
function withStyles(Component) {
  return props => {
    const style = { padding: '0.2rem', margin: '1rem' }
    return <Component style={style} {...props} />
  }
}

const Button = () = <button>Click me!</button>
const Text = () => <p>Hello World!</p>

const StyledButton = withStyles(Button)
const StyledText = withStyles(Text)
```

방금 우리는 기존의 Button과 Text 컴포넌트를 수정하여 StyledButton과 StyledText 컴포넌트를 만들었습니다. 새로 만든 두 컴포넌트는 withStyles 고차 컴포넌트를 통해 추가된 스타일을 포함하고 있습니다.

더 나아가, API에서 가져온 데이터로 강아지 이미지 목록을 렌더링하는 애플리케이션을 살펴봅시다. 데이터를 가져오는 동안 사용자에게 로딩 화면을 보여주고 싶다면 이 기능을 DogImages 컴포넌트에 직접 추가하는 대신에 로딩 화면을 추가하는 고차 컴포넌트를 활용할 수 있습니다.

withLoader라는 고차 컴포넌트를 만들어 봅시다. 고차 컴포넌트는 컴포넌트를 받아와 반환해야 하기에, withLoader 고차 컴포넌트는 데이터를 가져오는 동안 로딩 중임을 표시할 대상 컴포넌트를 받습니다. Dog API URL을 하드코딩하기 보다는, withLoader 고차 컴포넌트의 재사용성을 높이기 위해서 URL을 withLoader 고차 컴포넌트에 인자로 전달합니다. 이렇게 하면 다른 API 엔드포인트에서도 데이터를 가져오는 동안 로딩 중 표시가 필요한 컴포넌트에서 이 로더를 재사용할 수 있습니다.

```
function withLoader(Element, url) {
  return (props) => {};
}
```

고차 컴포넌트는 요소, 이번 경우에는 함수형 컴포넌트 props => {}를 반환하는데, 여기에 데이터를 가져오는 동안 로딩 중 텍스트를 표시하는 로직을 추가할 것입니다. 데이터 가져오기가 완료되면, 해당 컴포넌트는 가져온 데이터를 prop으로 전달합니다. withLoader 컴포넌트의 전체 코드는 다음과 같습니다.

```
import React, { useEffect, useState } from "react";

export default function withLoader(Element, url) {
  return (props) => {
    const [data, setData] = useState(null);

    useEffect(() => {
      async function getData() {
        const res = await fetch(url);
        const data = await res.json();
        setData(data);
      }

      getData();
    }, []);

    if (!data) {
      return <div>Loading...</div>;
    }

    return <Element {...props} data={data} />;
  };
}
```

자, 이제 컴포넌트와 URL을 받을 수 있는 고차 컴포넌트를 만들었습니다.

- useEffect 내에서 withLoader는 url 값으로 전달받은 API 엔드포인트에서 데이터를 가져옵니다. 데이터를 가져오는 동안에는 로딩 중 텍스트 요소를 반환합니다.
- 데이터 가져오기가 완료되면, data 상태에 가져온 데이터를 할당합니다. 그럼 data는 더 이상 null이 아니므로, 비로소 prop으로 받아온 컴포넌트를 표시할 수 있습니다.

이제 DogImages 목록에 로딩 중 표시를 보여주기 위해 DogImages 컴포넌트를 withLoading 고차 컴포넌트로 감싸서 내보내겠습니다. withLoader에 데이터를 가져올 엔드포인트를 알려주기 위해 url도 넘겨줍니다. 이번 경우에는 Dog API 엔드포인트를 추가할 것입니다.

withLoader가 데이터 상태를 대상 컴포넌트에 넘겨주기 때문에, DogImages 컴포넌트 내에서 이 데이터 상태를 prop으로서 접근할 수 있습니다.

```
import React from "react";
import withLoader from "./withLoader";

function DogImages(props) {
  return props.data.message.map((dog, index) => (
    <img src={dog} alt="Dog" key={index} />
  ));
}

export default withLoader(
  DogImages,
  "https://dog.ceo/api/breed/labrador/images/random/6"
);
```

고차 컴포넌트 패턴을 사용하면 필요한 로직을 한 곳에 유지하면서 동시에 여러 컴포넌트에 동일한 로직을 제공할 수 있습니다. withLoader 고차 컴포넌트는 어떤 컴포넌트나 URL을 받을지 신경 쓰지 않습니다. 유효한 컴포넌트와 API 엔드포인트만 전달되면, 해당 API 엔드포인트에서 가져온 데이터를 전달받은 대상 컴포넌트에 prop으로 전달합니다.

12.2.1 고차 컴포넌트 조합하기

때로는 여러 고차 컴포넌트를 조합하여 사용할 수도 있습니다. DogImages 목록 위로 마우스 커서를 가져가면 텍스트 박스를 표시하는 기능을 추가한다고 가정해 봅시다.

우선 전달받은 컴포넌트에 마우스 호버링 prop을 제공하는 고차 컴포넌트를 만들어야 합니다. 이 prop을 기반으로, 사용자가 DogImages 목록 위에 마우스를 올렸는지 여부에 따라 텍스트 박스를 조건부로 렌더링할 수 있습니다.

다음처럼 withHover로 withLoader를 감싸서 사용할 수 있습니다.

```
export default withHover(
  withLoader(DogImages, "https://dog.ceo/api/breed/labrador/images/random/6")
);
```

이제 DogImages 엘리먼트는 withHover와 withLoader에서 전달된 모든 props를 가지게 됩니다.

Hooks 패턴을 사용하여 비슷한 결과를 얻는 것도 가능합니다. Hooks 패턴은 뒤에서 자세히 다루겠지만, 간단히 말하자면 Hooks를 사용하면 컴포넌트 트리가 단순해지고, 고차 컴포넌트 패턴을 사용하면 깊게 중첩된 컴포넌트 트리가 만들어지기 쉽습니다. 고차 컴포넌트 패턴은 다음과 같은 경우에 효과적입니다.

- 애플리케이션 전체에 걸쳐 여러 컴포넌트에 동일한 동작을 적용해야 할 때
- 추가된 커스텀 로직 없이도 컴포넌트가 독립적으로 작동할 수 있을 때

12.2.2 장점

고차 컴포넌트 패턴을 사용하면 재사용하고자 하는 로직을 한 곳에 모아 관리할 수 있습니다. 이렇게 하면 코드를 여기저기 복사하면서 실수로 버그를 퍼뜨릴 위험을 줄일 수 있습니다. 로직을 한 곳에 집중시킴으로써 코드를 DRY하게 유지하고, 효과적으로 관심사를 분리할 수 있습니다.

12.2.3 단점

고차 컴포넌트가 대상 컴포넌트에 전달하는 prop의 이름은 충돌을 일으킬 수 있습니다. 예를 들면 다음과 같습니다.

```
function withStyles(Component) {
  return props => {
```

```
    const style = { padding: '0.2rem', margin: '1rem' }
    return <Component style={style} {...props} />
  }
}

const Button = () = <button style={{ color: 'red' }}>Click me!</button>
const StyledButton = withStyles(Button)
```

이 경우, **withStyles** 고차 컴포넌트는 전달받은 컴포넌트에 **style**이라는 이름의 prop을 추가합니다. 하지만 **Button** 컴포넌트는 이미 **style** prop을 가지고 있어, 자칫하면 덮어씌워질 수 있습니다! 이러한 이름 충돌을 처리할 수 있도록 prop의 이름을 변경하거나 병합하는 방식을 사용해야 합니다.

```
function withStyles(Component) {
  return props => {
    const style = {
      padding: '0.2rem',
      margin: '1rem',
      ...props.style
    }

    return <Component style={style} {...props} />
  }
}

const Button = () = <button style={{ color: 'red' }}>Click me!</button>
const StyledButton = withStyles(Button)
```

여러 고차 컴포넌트를 조합하여 사용하게 된다면 어떤 고차 컴포넌트가 어떤 prop을 제공하는지 파악하기 어려울 수 있습니다. 이렇게 되면 디버깅과 애플리케이션 확장에 어려움이 생길 수 있습니다.

12.3 렌더링 Props 패턴

고차 컴포넌트에서 살펴보았듯이, 여러 컴포넌트가 동일한 데이터에 접근하거나 동일한 로직을 포함해야 할 때 컴포넌트 로직을 재사용하면 개발이 편리해집니다.

렌더링 Props 패턴은 컴포넌트를 재사용하는 또 다른 방법입니다. 렌더링 prop은 JSX 요소를 반환하는 함수 값을 가지는 컴포넌트의 prop입니다. 컴포넌트 자체는 렌더링 prop 외에는 아무것도 렌더링하지 않습니다. 자신의 렌더링 로직을 구현하는 대신, 렌더링 prop을 호출합니다.

렌더링 prop을 활용해 값을 전달하면 해당 값을 화면에 표시하는 `Title` 컴포넌트를 만들어 봅시다. `Title` 컴포넌트가 렌더링할 값을 렌더링 prop에 전달해 보겠습니다.

```
<Title render={() => <h1>I am a render prop!</h1>} />
```

렌더링 prop을 호출하여 반환된 값을 통해 `Title` 컴포넌트 내에 데이터를 표시할 수 있습니다.

```
const Title = props => props.render();
```

리액트 요소를 반환하는 함수인 `render`라는 prop을 컴포넌트에 전달해야 합니다.

```
import React from "react";
import { render } from "react-dom";

import "./styles.css";

const Title = (props) => props.render();

render(
  <div className="App">
    <Title
      render={() => (
        <h1>
          <span role="img" aria-label="emoji">
```

```
          ✨
        </span>
        I am a render prop!{" "}
        <span role="img" aria-label="emoji">
          ✨
        </span>
      </h1>
    )}
  />
</div>,
document.getElementById("root")
);
```

렌더링 props의 장점은 prop을 받는 컴포넌트를 재사용할 수 있다는 것입니다. 한 컴포넌트를 여러 번 사용하면서 매번 다른 값을 렌더링 prop에 전달할 수 있습니다.

렌더링 props라고 불리지만, 렌더링rendering prop의 이름이 반드시 render일 필요는 없습니다. JSX를 렌더링하는 모든 prop은 렌더링 prop으로 간주됩니다. 다음 예시에서 세 가지 렌더링 prop 패턴을 살펴봅시다.

```
const Title = (props) => (
  <>
    {props.renderFirstComponent()}
    {props.renderSecondComponent()}
    {props.renderThirdComponent()}
  </>
);

render(
  <div className="App">
    <Title
      renderFirstComponent={() => <h1>First render prop!</h1>}
      renderSecondComponent={() => <h2> Second render prop!</h2>}
      renderThirdComponent={() => <h3>Third render prop!</h3>}
    />
  </div>,
  document.getElementById("root")
);
```

지금까지 렌더링 prop을 사용하면 매번 다른 데이터를 렌더링 prop에 전달함으로써 컴포넌트를 재사용할 수 있다는 것을 확인했습니다.

렌더링 prop을 받는 컴포넌트는 보통 렌더링 prop을 호출하는 것 이상의 역할을 합니다. 일반적으로는 렌더링 prop을 받는 컴포넌트에서 가져온 데이터를, 렌더링 prop으로 전달된 요소에 전달하곤 합니다.

```
function Component(props) {
  const data = { ... };

  return props.render(data);
}
```

이제 렌더링 prop은 인자로 값을 받아올 수 있습니다.

```
<Component render={data => <ChildComponent data={data} />}
```

12.3.1 상태 끌어올리기

렌더링 Props 패턴의 또 다른 활용 사례를 살펴보기 전에, 리액트의 상태 끌어올리기Lifting state up 개념을 이해해 봅시다.

섭씨Celsius 온도를 입력하면 해당하는 화씨Fahrenheit 온도와 켈빈Kelvin 온도가 다른 두 컴포넌트에 즉시 반영되는 온도 변환기를 예로 들어 보겠습니다. 입력 컴포넌트가 자신의 상태를 다른 컴포넌트와 공유하려면, 상태를 필요로 하는 컴포넌트와 가장 가까운 공통 조상 컴포넌트로 끌어올려야 합니다. 이것이 바로 **상태 끌어올리기**입니다.

```
function Input({ value, handleChange }) {
  return <input value={value} onChange={(e) => handleChange(e.target.value)}
/>;
}
function Kelvin({ value = 0 }) {
```

```
  return <div className="temp">{value + 273.15}K</div>;
}
function Fahrenheit({ value = 0 }) {
  return <div className="temp">{(value * 9) / 5 + 32}°F</div>;
}

export default function App() {
  const [value, setValue] = useState("");

  return (
    <div className="App">
      <h1>Temperature Converter</h1>
      <Input value={value} handleChange={setValue} />
      <Kelvin value={value} />
      <Fahrenheit value={value} />
    </div>
  );
}
```

상태 끌어올리기는 리액트에서 유용한 상태 관리 패턴입니다. 때로는 형제 컴포넌트 간에 상태를 공유해야 하는 경우가 있는데, 작은 규모의 애플리케이션에서는 리덕스나 Context API와 같은 전역 상태 관리 라이브러리 대신 이 패턴을 사용하여 상태를 가장 가까운 공통 조상 컴포넌트로 끌어올리는 것만으로도 충분합니다.

하지만 많은 자식 컴포넌트를 처리하는 큰 규모의 애플리케이션에서는 상태 끌어올리기가 복잡해질 수 있습니다. 각 상태 변경 시 데이터를 사용하지 않는 자식 컴포넌트까지 모두 리렌더링될 수 있어, 성능에 악영향을 줄 수 있습니다. 그러나 렌더링 Props 패턴을 사용하면 이러한 문제를 해결할 수 있습니다. `Input` 컴포넌트가 렌더링 props를 받을 수 있도록 변경해 보겠습니다.

```
function Input(props) {
  const [value, setValue] = useState("");

  return (
    <>
      <input
        type="text"
```

```
        value={value}
        onChange={(e) => setValue(e.target.value)}
        placeholder="Temp in °C"
      />
      {props.render(value)}
    </>
  );
}

export default function App() {
  return (
    <div className="App">
      <h1>Temperature Converter</h1>
      <Input
        render={(value) => (
          <>
            <Kelvin value={value} />
            <Fahrenheit value={value} />
          </>
        )}
      />
    </div>
  );
}
```

12.3.2 컴포넌트의 자식으로 함수 전달하기

일반적인 JSX 컴포넌트 외에도, 컴포넌트의 자식으로 함수를 전달할 수 있습니다. 이 함수는 `children` prop을 통해 접근할 수 있으며, 엄밀히 말하면 렌더링 Props 패턴이기도 합니다.

이제 `Input` 컴포넌트를 변경해 봅시다. 렌더링 prop을 명시적으로 전달하는 대신, `Input` 컴포넌트의 자식으로 함수를 전달합니다

```
export default function App() {
  return (
    <div className="App">
      <h1>Temperature Converter</h1>
      <Input>
```

```
        {(value) => (
          <>
            <Kelvin value={value} />
            <Fahrenheit value={value} />
          </>
        )}
      </Input>
    </div>
  );
}
```

Input 컴포넌트의 props.children을 통해 자식으로 전달된 함수에 접근할 수 있습니다. props.render에 사용자 입력 값을 전달하는 대신, props.children에 사용자 입력 값을 전달합니다.

```
function Input(props) {
  const [value, setValue] = useState("");

  return (
    <>
      <input
        type="text"
        value={value}
        onChange={(e) => setValue(e.target.value)}
        placeholder="Temp in °C"
      />
      {props.children(value)}
    </>
  );
}
```

이렇게 하면 Kelvin과 Fahrenheit 컴포넌트는 렌더링 prop의 이름에 구애받지 않고도 값에 접근할 수 있습니다.

12.3.3 장점

렌더링 Props 패턴을 사용하면 여러 컴포넌트 사이에서 로직과 데이터를 쉽게 공유할 수 있습니다. `render` 또는 `children` prop을 활용하여 컴포넌트의 재사용성을 높일 수 있습니다. 고차 컴포넌트 패턴 또한 재사용성과 데이터 공유 문제를 해결하는 데 주로 사용되지만, 렌더링 Props 패턴은 고차 컴포넌트 패턴 사용 시 발생할 수 있는 몇 가지 문제를 해결할 수 있습니다.

렌더링 Props 패턴은 고차 컴포넌트 패턴에서 발생할 수 있는 이름 충돌 문제를 해결합니다. props를 자동으로 병합하지 않고, 부모 컴포넌트에서 제공하는 값을 그대로 자식 컴포넌트로 전달하기 때문입니다.

이렇게 props를 명시적으로 전달함으로써, 고차 컴포넌트의 암시적인 props 문제를 해결할 수 있습니다. 요소에 전달해야 할 props는 모두 렌더링 prop의 인자 목록에 명확하게 나타나므로, 어떤 props가 어디에서 오는지 정확하게 파악할 수 있습니다. 또한 렌더링 prop을 통해 애플리케이션 로직과 렌더링 컴포넌트를 분리할 수 있습니다. 렌더링 prop을 통해 상태를 가진 컴포넌트는 데이터를 상태를 가지지 않은 컴포넌트로 전달하고, 이 컴포넌트는 그저 데이터를 렌더링하는 역할을 하게 됩니다.

12.3.4 단점

리액트 Hooks는 렌더링 Props 패턴으로 해결할 수 있는 문제 대부분을 이미 해결했습니다. Hooks는 컴포넌트에 재사용성과 데이터 공유 기능을 추가하는 방식을 변화시켰기 때문에, 대부분의 경우 렌더링 Props 패턴을 대체해 사용할 수 있습니다. 그리고 렌더링 prop에는 라이프사이클 관련 메서드를 추가할 수 없으므로, 받은 데이터를 변경할 필요가 없는 렌더링에 치중한 컴포넌트에만 사용할 수 있습니다.

12.4 리액트 Hooks 패턴

리액트 16.8 버전부터 Hooks(훅)라는 새로운 기능이 도입되었습니다. Hooks를 사용하면 ES2015의 클래스 컴포넌트를 사용하지 않고도 상태와 라이프사이클 메서드를 활용할 수 있습니다. Hooks 자체는 디자인 패턴이라고 할 수 없지만, 애플리케이션 설계에서 중요한 역할을 합니다. 특히 Hooks는 많은 전통적인 디자인 패턴을 대체할 수 있습니다. 먼저 클래스 컴포넌트가 어떻게 상태와 라이프사이클 메서드를 사용할 수 있었는지 살펴보겠습니다.

12.4.1 클래스 컴포넌트

리액트에 Hooks가 도입되기 전에는, 컴포넌트에 상태와 라이프사이클 메서드를 추가하려면 클래스 컴포넌트를 사용해야만 했습니다. 일반적인 리액트 클래스 컴포넌트는 다음과 같은 모습을 가집니다.

```
class MyComponent extends React.Component {
  // state 추가 및 커스텀 메서드 바인딩
  constructor() {
    super();
    this.state = { ... };

    this.customMethodOne = this.customMethodOne.bind(this);
    this.customMethodTwo = this.customMethodTwo.bind(this);
  }

  // 라이프사이클 메서드
  componentDidMount() { ... }
  componentWillUnmount() { ... }

  // 커스텀 메서드
  customMethodOne() { ... }
  customMethodTwo() { ... }

  render() { return { ... }}
}
```

클래스 컴포넌트는 다음과 같은 특징을 가지고 있습니다.

- 생성자 함수 내의 상태
- 컴포넌트의 라이프사이클에 따른 효과를 처리하기 위한 componentDidMount, componentWillUnmount 와 같은 라이프사이클 메서드
- 추가적인 로직을 구현하기 위한 커스텀 메서드

리액트 Hooks의 도입 이후에도 클래스 컴포넌트를 사용할 수는 있지만, 몇 가지 단점이 있습니다. 예를 들어 간단한 div 요소가 버튼 역할을 하는 다음 예시를 살펴봅시다.

```
function Button() {
  return <div className="btn">disabled</div>;
}
```

버튼이 항상 비활성화 상태로 표시되는 대신, 사용자가 클릭하면 활성화 상태로 변경하고 추가적인 CSS 스타일을 적용하고 싶습니다. 이를 위해서는 버튼의 활성화 상태를 추적하는 상태를 컴포넌트에 추가해야 합니다. 즉, 기존의 함수형 컴포넌트를 완전히 클래스 컴포넌트로 리팩터링하여 버튼 상태를 관리할 수 있게 만들어야 합니다.

```
export default class Button extends React.Component {
  constructor() {
    super();
    this.state = { enabled: false };
  }
  render() {
    const { enabled } = this.state;
    const btnText = enabled ? "enabled" : "disabled";
    return (
      <div
        className={`btn enabled-${enabled}`}
        onClick={() => this.setState({ enabled: !enabled })}
      >
        {btnText}
      </div>
    );
  }
}
```

예시 컴포넌트가 매우 간단해서 리팩터링이 힘들지 않았습니다. 하지만 실제 컴포넌트는 훨씬 더 많은 코드로 구성되어 있어 리팩터링이 훨씬 더 어려울 수 있습니다.

컴포넌트를 리팩터링하는 동안 실수로 다른 동작을 변경하지 않도록 주의해야 할 뿐만 아니라, 클래스 문법이 어떻게 작동하는지도 이해해야 합니다. 데이터 흐름을 변경하지 않고 컴포넌트를 제대로 리팩터링하는 것은 꽤 어려운 일이 될 수 있습니다.

12.4.2 구조 변경의 필요성

여러 컴포넌트 간에 코드를 공유하는 일반적인 방법은 고차 컴포넌트 또는 렌더링 Props 패턴을 사용하는 것입니다. 두 패턴을 사용해도 좋지만, 나중에 가서 이러한 패턴을 추가하려면 애플리케이션의 구조를 변경해야 합니다.

컴포넌트가 클수록 이러한 구조 변경이 더 까다로워질 뿐만 아니라, 깊게 중첩된 컴포넌트 간에 코드를 공유하기 위해 여러 겹의 컴포넌트를 사용하다 보면 '래퍼 헬wrapper hell'이라고 불리는 상황에 빠질 수도 있습니다. 개발하면서 다음과 같은 구조를 보는 것이 드문 일은 아닙니다.

```
<WrapperOne>
  <WrapperTwo>
    <WrapperThree>
      <WrapperFour>
        <WrapperFive>
          <Component>
            <h1>드디어 목표 컴포넌트!</h1>
          </Component>
        </WrapperFive>
      </WrapperFour>
    </WrapperThree>
  </WrapperTwo>
</WrapperOne>;
```

래퍼 헬은 애플리케이션 내 데이터 흐름을 파악하기 어렵게 만들어 예상치 못한 동작의 원인을 찾기 어렵게 만듭니다.

12.4.3 복잡성 증가

클래스 컴포넌트에 더 많은 로직을 추가할수록 컴포넌트의 크기는 빠르게 증가합니다. 컴포넌트 내부의 로직은 얽히고 구조화되지 않을 수 있으며, 개발자는 특정 로직이 클래스 컴포넌트의 어디에서 사용되는지 이해하기 어려워집니다. 이러한 복잡성 증가 현상이 디버깅과 성능 최적화를 더욱 어렵게 만들며 라이프사이클 메서드 또한 상당한 중복 코드를 발생시키기도 합니다.

12.4.4 Hooks

클래스 컴포넌트가 항상 최선의 선택은 아닙니다. 클래스 컴포넌트를 사용할 때 겪는 일반적인 문제를 해결하기 위해 리액트는 Hooks를 도입했습니다. 리액트 Hooks는 컴포넌트의 상태와 라이프사이클 메서드를 관리할 때 사용할 수 있는 함수입니다. 리액트 Hooks를 사용하면 다음과 같은 구현이 가능합니다.

- 함수형 컴포넌트에 상태 추가하기
- `componentDidMount`, `componentWillUnmount` 같은 라이프사이클 메서드를 사용하지 않고도 컴포넌트의 라이프사이클 관리하기
- 여러 컴포넌트 간에 동일한 상태 관련 로직 재사용하기

먼저 리액트 Hooks를 사용하여 함수형 컴포넌트에 상태를 추가하는 방법을 살펴보겠습니다.

12.5 상태 Hook

리액트는 함수형 컴포넌트 내에서 상태를 관리하는 `useState`라는 Hook을 제공합니다.

`useState` Hook을 사용하여 클래스 컴포넌트를 함수형 컴포넌트로 어떻게 변환할 수 있는지 살펴봅시다. 입력 필드를 렌더링하는 `Input`이라는 클래스 컴포넌트가 있다고 가정해 봅

시다. 사용자가 입력 필드에 무언가를 입력할 때마다 input 상태 값이 업데이트됩니다.

```
class Input extends React.Component {
  constructor() {
    super();
    this.state = { input: "" };
    this.handleInput = this.handleInput.bind(this);
  }

  handleInput(e) {
    this.setState({ input: e.target.value });
  }

  render() {
    <input onChange={handleInput} value={this.state.input} />;
  }
}
```

useState Hook을 사용하려면 리액트의 useState 메서드를 가져와야 합니다. useState 메서드는 인자를 받는데, 이는 초기 상태 값이며 이번 경우에는 빈 문자열입니다.

또한 useState 메서드에서 두 가지 값을 추출할 수 있습니다.

- 현재 상태 값
- 상태를 업데이트하는 데 사용할 수 있는 메서드

```
const [value, setValue] = React.useState(initialValue);
```

첫 번째 값은 클래스 컴포넌트의 this.state.[value]에 해당하며, 두 번째 값은 클래스 컴포넌트의 this.setState 메서드와 비슷합니다.

현재 입력 필드의 값을 다루고 있으므로, 현재 상태 값을 input, 상태를 업데이트하는 메서드를 setInput이라고 부릅시다. 초기 값은 빈 문자열로 설정해야 합니다.

```
const [input, setInput] = React.useState("");
```

이제 Input 클래스 컴포넌트를 상태를 가진 함수형 컴포넌트로 리팩터링해 봅시다.

```
function Input() {
  const [input, setInput] = React.useState("");

  return <input onChange={(e) => setInput(e.target.value)} value={input} />;
}
```

클래스 컴포넌트 예시처럼, 입력 필드의 값은 현재 input 상태 값과 같습니다. 사용자가 입력 필드에 값을 입력하면, setInput 메서드를 사용하여 input 상태 값이 업데이트됩니다.

```
import React, { useState } from "react";

export default function Input() {
  const [input, setInput] = useState("");

  return (
    <input
      onChange={(e) => setInput(e.target.value)}
      value={input}
      placeholder="Type something..."
    />
  );
}
```

12.5.1 이펙트 Hook

앞서 함수형 컴포넌트 내에서 useState Hook을 사용하여 상태를 관리하는 방법을 살펴봤습니다. 그러나 클래스 컴포넌트의 또 다른 장점은 라이프사이클 메서드를 사용할 수 있다는 점이었습니다.

useEffect Hook을 사용하면 컴포넌트의 라이프사이클에 접근할 수 있습니다. useEffect Hook은 componentDidMount, componentDidUpdate, componentWillUnmount 라이프사이클 메서드를 하나로 합쳐 사용할 수 있습니다.

```
componentDidMount() { ... }
useEffect(() => { ... }, [])

componentWillUnmount() { ... }
useEffect(() => { return () => { ... } }, [])

componentDidUpdate() { ... }
useEffect(() => { ... }, [ … ])
```

이번에는 상태 Hook에서 사용했던 예시를 다시 활용해 보겠습니다. 사용자가 입력 필드에 무언가를 입력할 때마다, 해당 값이 콘솔에도 기록되어야 합니다.

이를 위해 입력 값의 변경을 감지하는 `useEffect` Hook이 필요합니다. `useEffect` Hook의 두 번째 인자인 의존성 배열에 `input` 상태 값을 추가하면 됩니다.

```
import React, { useState, useEffect } from "react";

export default function Input() {
  const [input, setInput] = useState("");

  useEffect(() => {
    console.log(`The user typed ${input}`);
  }, [input]);

  return (
    <input
      onChange={(e) => setInput(e.target.value)}
      value={input}
      placeholder="Type something..."
    />
  );
}
```

이제 사용자가 값을 입력할 때마다 변경된 상태 값이 콘솔에 나타나게 됩니다.

12.5.2 커스텀 Hook

여기에 리액트에서 기본적으로 제공하는 Hooks(useState, useEffect, useReducer, useRef, useContext, useMemo, useImperativeHandle, useLayoutEffect, useDebugValue, useCallback) 외에도, 직접 커스텀 Hook을 손쉽게 만들어 사용할 수 있습니다.

한 눈에 봐도 모든 Hook이 use로 시작하는 것을 알 수 있습니다. Hook 사용 규칙을 잘 따르고 있는지 리액트가 내부적으로 판단하기 위해서는 반드시 use로 시작해야 합니다.

사용자가 입력 중에 특정 키를 누르는 이벤트를 추적하고 싶다고 가정해 봅시다. 커스텀 Hook은 감지할 키를 인자로 받아야 합니다.

그리고 사용자가 인자로 전달한 키에 대해 keydown 및 keyup 이벤트 리스너를 추가합니다. 사용자가 키를 누르면, 즉 keydown 이벤트가 발생하면, Hook 내부의 상태를 true로 변경합니다. 반대로, 사용자가 키를 놓으면 keyup 이벤트가 발생하고 상태를 false로 변경합니다.

```
function useKeyPress(targetKey) {
  const [keyPressed, setKeyPressed] = React.useState(false);

  function handleDown({ key }) {
    if (key === targetKey) {
      setKeyPressed(true);
    }
  }

  function handleUp({ key }) {
    if (key === targetKey) {
      setKeyPressed(false);
    }
  }

  React.useEffect(() => {
    window.addEventListener("keydown", handleDown);
    window.addEventListener("keyup", handleUp);

    return () => {
      window.removeEventListener("keydown", handleDown);
      window.removeEventListener("keyup", handleUp);
```

```
    };
  }, []);

  return keyPressed;
}
```

이제 이 커스텀 Hook을 Input 컴포넌트에서 사용해 보겠습니다. 사용자가 'q', 'l', 또는 'w' 키를 누를 때마다 콘솔에 로그를 남길 수 있습니다.

```
import React from "react";
import useKeyPress from "./useKeyPress";

export default function Input() {
  const [input, setInput] = React.useState("");
  const pressQ = useKeyPress("q");
  const pressW = useKeyPress("w");
  const pressL = useKeyPress("l");

  React.useEffect(() => {
    console.log(`The user pressed Q!`);
  }, [pressQ]);

  React.useEffect(() => {
    console.log(`The user pressed W!`);
  }, [pressW]);

  React.useEffect(() => {
    console.log(`The user pressed L!`);
  }, [pressL]);

  return (
    <input
      onChange={(e) => setInput(e.target.value)}
      value={input}
      placeholder="Type something..."
    />
  );
}
```

키 입력 로직을 Input 컴포넌트 하나에만 적용하는 대신, useKeyPress Hook을 여러 컴포넌트에서 재사용할 수 있습니다.

Hook의 또 다른 큰 장점은 누구나 Hook을 만들고 공유할 수 있다는 점입니다. 이번에는 `useKeyPress` Hook을 직접 작성했지만, 꼭 그럴 필요는 없습니다. 대신 누군가 이미 만들어 놓은 Hook을 설치해 바로 사용할 수도 있습니다.

다음은 커뮤니티에서 개발하여 바로 사용할 수 있는 커스텀 Hook 목록을 제공하는 서비스들입니다.

- React Use[10]
- useHooks[11]
- Collection of React Hooks[12]

12.5.3 Hook 관련 추가 정보

다른 컴포넌트들처럼, 이미 작성한 코드에 Hook을 추가할 때는 특별한 함수를 사용합니다. 자주 사용되는 Hook 함수들을 간략히 살펴보겠습니다.

useState

`useState` Hook을 사용하면 함수형 컴포넌트 내에서 클래스 컴포넌트로 변환하지 않고도 상태를 업데이트하고 조작할 수 있습니다. 쉽게 사용할 수 있다는 점이 이 Hook의 장점입니다.

useEffect

`useEffect` Hook은 함수형 컴포넌트의 주요 라이프사이클 이벤트 중간에 코드를 실행하는 데 사용됩니다. 원래 함수형 컴포넌트의 내부에서는 값 변경, 구독, 타이머, 로깅 및 기타 부수 효과를 사용할 수 없습니다. 이러한 작업이 허용될 경우 UI에 혼란스러운 버그와 오류를 초래할 수 있기 때문입니다. `useEffect` Hook은 이러한 **부**

10 *https://oreil.ly/Ya94L*
11 *https://oreil.ly/ZMTcR*
12 *https://oreil.ly/jlksC*

수 효과를 방지하고 UI가 원활하게 실행되도록 도와줍니다. 이 Hook 하나로 기존의 `componentDidMount`, `componentDidUpdate`, `componentWillUnmount`를 모두 한 번에 처리할 수 있습니다.

- `useContext`

  `useContext` Hook은 `React.createContext`로 만들 수 있는 `context` 객체를 인자로 받아 해당 `context`의 현재 상태에 접근할 수 있게 합니다. 또한 Context API와 연동하여 props를 여러 단계에 걸쳐 전달하지 않고도 애플리케이션 전역에서 상태를 공유할 수 있습니다. `useContext` Hook에 전달되는 인자는 반드시 `context` 객체여야 하며, `useContext`를 호출하는 컴포넌트는 `context` 값이 변경될 때마다 항상 리렌더링됩니다.

- `useReducer`

  `useReducer` Hook은 `setState`의 대안으로, 여러 깊은 트리를 가진 복잡한 상태 로직이나 변경 이후의 상태가 이전 상태에 따라 달라지는 경우에 특히 유용합니다. `reducer` 함수와 초기 상태를 받아, 배열의 구조 분해 할당을 통해 현재 상태와 `dispatch` 함수를 반환합니다. 또한 깊은 구조를 가진 컴포넌트의 업데이트 성능을 최적화합니다.

12.5.4 Hook의 장단점

Hook을 사용하면 다음과 같은 이점을 얻을 수 있습니다.

- **더 적은 코드 라인 수**

  Hook을 사용하면 코드를 라이프사이클별로 나누지 않고, 관심사 및 기능별로 그룹화할 수 있습니다. 이러한 특징은 코드를 더욱 깔끔하고 간결하게 만들 뿐만 아니라, 전체 코드 길이도 줄일 수 있게 해줍니다. 아래 예시를 통해 간단한 상태 저장 컴포넌트stateful component와 `useState` Hook을 사용한 코드를 비교해 보세요.

클래스를 이용한 기존의 상태 저장 컴포넌트 예시입니다.

```
class TweetSearchResults extends React.Component {
    constructor(props) {
      super(props);
      this.state = {
        filterText: "",
        inThisLocation: false,
      };

      this.handleFilterTextChange = this.handleFilterTextChange.bind(this);
      this.handleInThisLocationChange =
        this.handleInThisLocationChange.bind(this);
    }

    handleFilterTextChange(filterText) {
      this.setState({
        filterText: filterText,
      });
    }

    handleInThisLocationChange(inThisLocation) {
      this.setState({
        inThisLocation: inThisLocation,
      });
    }

    render() {
      return (
        <div>
          <SearchBar
            filterText={this.state.filterText}
            inThisLocation={this.state.inThisLocation}
            onFilterTextChange={this.handleFilterTextChange}
            onInThisLocationChange={this.handleInThisLocationChange}
          />
          <TweetList
            tweets={this.props.tweets}
            filterText={this.state.filterText}
            inThisLocation={this.state.inThisLocation}
          />
        </div>
      );
```

```
    }
}
```

다음은 Hook을 사용한 같은 기능의 컴포넌트 코드입니다.

```
const TweetSearchResults = ({ tweets }) => {
  const [filterText, setFilterText] = useState("");
  const [inThisLocation, setInThisLocation] = useState(false);

  return (
    <div>
      <SearchBar
        filterText={filterText}
        inThisLocation={inThisLocation}
        setFilterText={setFilterText}
        setInThisLocation={setInThisLocation}
      />
      <TweetList
        tweets={tweets}
        filterText={filterText}
        inThisLocation={inThisLocation}
      />
    </div>
  );
}
```

복잡한 컴포넌트의 단순화

자바스크립트의 클래스는 관리가 어렵고, 핫 리로딩Hot Reloading과 함께 사용하기 힘들며, 코드 경량화minification가 어려울 수 있습니다. Hook은 이러한 문제를 해결하고 함수형 프로그래밍을 쉽게 구현할 수 있게 도와줍니다. 덕분에 클래스 컴포넌트를 사용할 필요가 없습니다.

상태 관련 로직 재사용

자바스크립트의 클래스는 여러 단계에 걸친 상속 때문에 전체적인 복잡성을 높이고 에러 발생 가능성을 증가시킬 수 있습니다. 그러나 Hook을 사용하면 클래스를 작성하지 않고도 상태와 함께 리액트의 다른 기능을 사용할 수 있습니다. 덕분에 언제든지 상태 관련 로직을 재사용할 수 있으며, 코드를 반복해서 작성할 필요가 없습니다. 이는 에러 발생 가능성을 줄이고, Hook으로 만들어진 순수 함수를 이용해 더욱 복잡한 로직을 구현할 수 있게 합니다.

UI에서 분리된 로직 공유

Hook이 도입되기 전에는 리액트에서 UI와 무관한 로직을 추출하고 공유할 방법이 없었습니다. 이로 인해 고차 컴포넌트 패턴이나 렌더링 Props와 같은 복잡한 방법을 동원해야만 했습니다. 하지만 Hook의 등장으로 상태 관련 로직을 단순한 자바스크립트 함수로 추출할 수 있게 해주며 문제를 해결할 수 있었습니다.

물론 Hook을 사용할 때 주의해야 할 몇 가지 단점도 있습니다.

- Hook 사용 규칙을 준수해야 합니다. Linter 플러그인을 사용하면 어떤 규칙을 위반했는지 쉽게 알 수 있습니다.
- 올바르게 사용하려면 상당한 연습이 필요합니다(예: `useEffect`).
- 잘못된 사용에 주의해야 합니다(예: `useCallback`, `useMemo`).

12.5.5 Hook vs Class

리액트에 Hook이 도입되면서 새로운 문제가 발생했습니다. 함수형 컴포넌트와 Hook을 사용해야 할 때와 클래스 컴포넌트를 사용해야 할 때를 어떻게 구분해야 할까요? Hook을 사용하면 함수형 컴포넌트에서도 상태 관리와 일부 라이프사이클 Hooks를 사용할 수 있습니다. Hook은 클래스를 작성하지 않고도 지역 상태 관리 및 다른 리액트 내장 기능들을 사용할 수 있게 해줍니다. Hook과 클래스의 차이점을 살펴보고 어떤 것을 선택해야 할지 결정하는 데 도움을 드리겠습니다.

- Hook은 복잡한 계층 구조를 피하고 코드를 더 명확하게 만듭니다. 일반적으로 클래스에서 고차 컴포넌트나 렌더링 Props 패턴을 사용하면, 리액트 개발자 도구에서 여러 계층에 걸쳐 애플리케이션 구조를 파악해야 합니다.
- Hook은 리액트 컴포넌트 전체에 일관성을 부여합니다. 클래스는 함수 바인딩과 호출 컨텍스트를 이해해야 하기 때문에 사람과 기계 모두에게 혼란을 줄 수 있습니다.

12.6 정적 가져오기

`import` 키워드를 사용하면 다른 모듈에서 내보낸export 코드를 가져올 수 있습니다. 기본적으로 정적으로 가져오는 모든 모듈은 초기 번들에 추가됩니다. ES2015+의 기본 `import` 문법인 `import module from 'module'`을 사용하여 가져오는 모듈은 모두 정적으로 가져온 것입니다. 이번 절에서는 리액트 환경에서 정적 가져오기Static Import의 사용법을 알아보겠습니다.

예시를 살펴봅시다. 간단한 채팅 애플리케이션에 `Chat` 컴포넌트가 있다고 가정해 봅시다. 이 컴포넌트는 `UserProfile`, `ChatList`, `ChatInput` 세 가지 컴포넌트를 정적으로 가져와서 렌더링합니다. `ChatInput` 모듈 내에서는 사용자가 이모지를 선택할 때 이모지 선택창을 표시하기 위해 `EmojiPicker` 컴포넌트를 정적으로 가져옵니다. 이후 웹팩webpack[13]을 사용하여 모듈 의존성을 번들링합니다.

```
import React from "react";

// ChatList, ChatInput and UserInfo를 정적으로 가져옴
import UserInfo from "./components/UserInfo";
import ChatList from "./components/ChatList";
import ChatInput from "./components/ChatInput";

import "./styles.css";

console.log("App loading", Date.now());

const App = () => (
```

13 https://webpack.kr/

```
    <div className="App">
      <UserInfo />
      <ChatList />
      <ChatInput />
    </div>
  );

export default App;
```

각 모듈은 자바스크립트 엔진이 해당 모듈을 import하는 코드에 도달하는 즉시 실행됩니다. 콘솔을 열어보면 모듈이 로드된 순서를 확인할 수 있습니다.

컴포넌트들을 정적으로 가져왔기 때문에, 웹팩은 이 모듈들을 초기 번들에 포함시키게 됩니다. 애플리케이션을 빌드한 후에는 웹팩이 생성한 번들을 확인할 수 있습니다.

에셋	main.bundle.js
크기	1.5 MiB
청크	main [emitted]
청크 이름	main

예시에서 쓰인 채팅 애플리케이션의 소스 코드는 main.bundle.js라는 하나의 번들로 묶입니다. 이렇게 큰 번들은 사용자의 기기와 네트워크 환경에 따라 애플리케이션 로딩 시간에 큰 영향을 미칠 수 있습니다. App 컴포넌트가 사용자 화면에 내용을 렌더링하려면 먼저 모든 모듈을 로드하고 파싱해야 하기 때문입니다.

다행히 로딩 시간을 단축하는 방법은 많습니다! 예를 들어 모든 모듈을 한 번에 가져올 필요는 없습니다. 이모지 선택창처럼 사용자 상호작용에 따라서만 렌더링되거나, 페이지 하단에 위치하는 모듈은 나중에 가져올 수도 있습니다. 모든 컴포넌트를 정적으로 가져오는 대신에 App 컴포넌트가 내용을 렌더링하고, 사용자가 애플리케이션과 상호작용할 수 있게 된 후에 동적으로 가져올 수도 있습니다.

12.7 동적 가져오기

앞서 정적 가져오기 절에서 다룬 채팅 애플리케이션에는 UserInfo, ChatList, ChatInput, EmojiPicker라는 네 가지 핵심 컴포넌트가 있었습니다. 하지만 초기 페이지 로드 시에는 UserInfo, ChatList, ChatInput 세 가지 컴포넌트만 사용되며, EmojiPicker는 바로 보이지 않고 사용자가 이모지 버튼을 클릭해야만 화면에 렌더링됩니다. 따라서 EmojiPicker 모듈이 초기 번들에 불필요하게 추가되었음을 의미하며, 이로 인해 잠재적인 로딩 시간이 증가할 수 있는 문제점이 존재합니다.

이 문제를 해결하기 위해 EmojiPicker 컴포넌트를 동적으로 가져올 수 있습니다. 컴포넌트를 정적으로 가져오는 대신 EmojiPicker를 실제로 필요한 시점에 맞춰 불러오는 겁니다. 리액트의 Suspense 기능을 사용한다면 손쉽게 동적으로 가져올 수 있습니다.

리액트에서 제공하는 Suspense 컴포넌트는 동적으로 로드되어야 할 컴포넌트를 감싸는데, 이는 EmojiPicker 모듈의 가져오기를 일시적으로 중단[Suspense]시킴으로써 App 컴포넌트가 더 빠르게 내용을 렌더링할 수 있도록 해줍니다. 사용자가 이모지를 클릭하면 EmojiPicker 컴포넌트의 렌더링이 시작됩니다. ChatInput 컴포넌트는 Suspense 컴포넌트를 렌더링하며, 이 컴포넌트는 지연 로딩되는 모듈인 EmojiPicker를 받습니다. Suspense 컴포넌트는 일시 중단된 컴포넌트가 로딩되는 동안에 대신 렌더링될 컴포넌트를 받는 fallback prop을 사용합니다.

이렇게 하면 EmojiPicker를 굳이 초기 번들에 추가하지 않고, 별도의 번들로 분리하여 초기 번들 크기를 줄일 수 있습니다.

초기 번들 크기가 작아지면 초기 로딩 속도가 빨라집니다. 덕분에 사용자는 빈 로딩 화면을 오래 기다릴 필요가 없습니다. 또한 fallback prop으로 넘겨진 컴포넌트는 애플리케이션이 멈춘 것이 아니라 모듈이 처리되고 실행될 때까지 잠시 기다려야 함을 사용자에게 알려줍니다.

에셋	크기	청크	청크 이름
emoji-picker.bundle.js	1.48 KiB	1 [emitted]	emoji-picker
main.bundle.js	1.33 MiB	main [emitted]	main
vendors~emoji-picker.bundle.js	171 KiB	2 [emitted]	vendors~emoji-picker

이전에는 초기 번들이 1.5MiB였지만 EmojiPicker의 가져오기를 일시 중단하여 크기를 1.33MiB로 줄였습니다. 이모지 선택 창을 열면 콘솔을 통해 EmojiPicker가 실행된다는 것을 확인할 수 있습니다.

```
import React, { Suspense, lazy } from "react";
// import Send from "./icons/Send";
// import Emoji from "./icons/Emoji";
const Send = lazy(() =>
  import(/*webpackChunkName: "send-icon" */ "./icons/Send")
);
const Emoji = lazy(() =>
  import(/*webpackChunkName: "emoji-icon" */ "./icons/Emoji")
);
// <EmojiPicker /> 컴포넌트를 지연 로드
const Picker = lazy(() =>
  import(/*webpackChunkName: "emoji-picker" */ "./EmojiPicker")
);

const ChatInput = () => {
  const [pickerOpen, togglePicker] = React.useReducer((state) => !state, false);

  return (
    <Suspense fallback={<p id="loading">Loading...</p>}>
      <div className="chat-input-container">
        <input type="text" placeholder="Type a message..." />
        <Emoji onClick={togglePicker} />
        {pickerOpen && <Picker />}
        <Send />
      </div>
    </Suspense>
  );
};
```

```
console.log("ChatInput loaded", Date.now());

export default ChatInput;
```

애플리케이션을 빌드하면 웹팩이 생성한 여러 개의 번들을 확인할 수 있습니다. `Emoji Picker` 컴포넌트를 동적으로 가져옴으로써 초기 번들 크기를 1.5MiB에서 1.33MiB로 줄였습니다! `EmojiPicker`가 완전히 로드될 때까지 사용자는 잠시 기다려야 할 수도 있지만, 그 동안에도 애플리케이션은 렌더링되고 상호작용이 가능하도록 만들어 사용자 경험UX을 개선했습니다.

12.7.1 로더블 컴포넌트

SSR 환경은 아직 Suspense를 지원하지 않습니다.[14] SSR 애플리케이션에서 Suspense 대신 사용할 수 있는 대안으로는 `loadable-components` 라이브러리가 있습니다.

```
import React from "react";
import loadable from "@loadable/component";

import Send from "./icons/Send";
import Emoji from "./icons/Emoji";

const EmojiPicker = loadable(() => import("./EmojiPicker"), {
  fallback: <div id="loading">Loading...</div>,
});

const ChatInput = () => {
  const [pickerOpen, togglePicker] = React.useReducer((state) => !state, false);

  return (
    <div className="chat-input-container">
      <input type="text" placeholder="Type a message..." />
      <Emoji onClick={togglePicker} />
      {pickerOpen && <EmojiPicker />}
```

14 옮긴이_ Suspense는 클라이언트 사이드 렌더링(CSR)에서 비동기적인 컴포넌트 로딩을 관리하는 기능이지만, 리액트 18부터는 SSR 환경에서도 Suspense를 사용할 수 있도록 기능이 추가되었습니다.

```
      <Send />
    </div>
  );
};

export default ChatInput;
```

Suspense와 마찬가지로, 지연 로딩될 모듈을 `loadable`에 전달하면 `EmojiPicker` 모듈이 요청될 때에만 해당 모듈이 가져와집니다. 모듈이 로딩되는 동안에는 `fallback` 속성으로 넘겨진 컴포넌트를 대신 렌더링할 수 있습니다.

`loadable-components`는 SSR 애플리케이션에서 Suspense를 대체할 수 있는 좋은 방법일 뿐만 아니라, CSR 애플리케이션에서도 모듈 가져오기를 지연시키는 데 유용합니다.

```
import React from "react";
  import Send from "./icons/Send";
  import Emoji from "./icons/Emoji";
  import loadable from "@loadable/component";

  const EmojiPicker = loadable(() => import("./components/EmojiPicker"), {
    fallback: <p id="loading">Loading...</p>,
  });

  const ChatInput = () => {
    const [pickerOpen, togglePicker] = React.useReducer((state) => !state, false);

    return (
      <div className="chat-input-container">
        <input type="text" placeholder="Type a message..." />
        <Emoji onClick={togglePicker} />
        {pickerOpen && <EmojiPicker />}
        <Send />
      </div>
    );
  };

  console.log("ChatInput loaded", Date.now());

  export default ChatInput;
```

12.7.2 상호작용 시 가져오기

채팅 애플리케이션 예시에서 사용자가 이모지를 **클릭**할 때 EmojiPicker 컴포넌트를 동적으로 가져왔습니다. 이런 유형의 동적 가져오기를 '상호작용 시 가져오기Import on Interaction'라고 합니다. 사용자의 상호작용을 통해 컴포넌트의 가져오기를 실행한 것입니다.

12.7.3 화면에 보이는 순간 가져오기

사용자 상호작용 외에도, 초기 페이지 로드 시에는 보이지 않아도 되는 컴포넌트들이 종종 있습니다. 이미지를 지연 로딩하거나, 사용자가 스크롤해야만 화면에 나타나는 컴포넌트들이 대표적인 예입니다. 컴포넌트가 사용자에게 보일 때 동적 가져오기를 실행하는 것을 '화면에 보이는 순간 가져오기import on Visibility'라고 합니다.

컴포넌트가 현재 화면에 표시되는지 확인하려면 IntersectionObserver API를 사용하거나, react-loadable-visibility 또는 react-lazyload와 같은 라이브러리를 활용하여 애플리케이션이 보이는지에 따라 가져오는 기능을 쉽게 추가할 수 있습니다. 이제 채팅 애플리케이션 예시를 통해 EmojiPicker가 화면에 보일 때 가져와지고 로드되는 방식을 살펴보겠습니다.

```
import React from "react";
import Send from "./icons/Send";
import Emoji from "./icons/Emoji";
import LoadableVisibility from "react-loadable-visibility/react-loadable";

const EmojiPicker = LoadableVisibility({
  loader: () => import("./EmojiPicker"),
  loading: <p id="loading">Loading</p>,
});

const ChatInput = () => {
  const [pickerOpen, togglePicker] = React.useReducer((state) => !state, false);

  return (
    <div className="chat-input-container">
```

```
        <input type="text" placeholder="Type a message..." />
        <Emoji onClick={togglePicker} />
        {pickerOpen && <EmojiPicker />}
        <Send />
      </div>
    );
  };

  console.log("ChatInput loading", Date.now());

  export default ChatInput;
```

12.8 코드 스플리팅

이전 절에서는 필요할 때에만 컴포넌트를 동적으로 가져오는 방법을 살펴봤습니다. 여러 경로route와 컴포넌트로 구성된 복잡한 애플리케이션에서는 적절한 시기에 정적 및 동적 임포트가 모두 가능하도록 코드를 최적으로 스플리팅(분할)하고 번들링해야 합니다. 이를 위해서는 경로 기반 분할을 사용하거나, 웹팩이나 롤업과 같은 최신 번들러를 사용하여 애플리케이션 소스 코드를 분할하고 번들링할 수 있습니다.

12.8.1 경로 기반 분할

때로는 특정 페이지나 경로에서만 필요한 리소스가 있을 수 있습니다. 이런 경우, 경로 기반 분할Route-based Splitting을 통해 특정 경로에 필요한 리소스만 요청할 수 있습니다. Suspense 또는 `loadable-components`와 `react-router` 같은 라이브러리를 함께 사용하면, 현재 경로에 따라 컴포넌트를 동적으로 로드할 수 있습니다. 예를 들면 다음과 같습니다.

```
import React, { lazy, Suspense } from "react";
import { render } from "react-dom";
import { Switch, Route, BrowserRouter as Router } from "react-router-dom";
```

```
const App = lazy(() => import(/* webpackChunkName: "home" */ "./App"));
const Overview = lazy(() =>
  import(/* webpackChunkName: "overview" */ "./Overview")
);
const Settings = lazy(() =>
  import(/* webpackChunkName: "settings" */ "./Settings")
);

render(
  <Router>
    <Suspense fallback={<div>Loading...</div>}>
      <Switch>
        <Route exact path="/">
          <App />
        </Route>
        <Route path="/overview">
          <Overview />
        </Route>
        <Route path="/settings">
          <Settings />
        </Route>
      </Switch>
    </Suspense>
  </Router>,
  document.getElementById("root")
);

module.hot.accept();
```

경로별로 컴포넌트를 지연 로딩하면, 현재 경로에 필요한 코드가 포함된 번들만 요청하게 됩니다. 페이지 이동 시 로딩 시간이 다소 걸릴 수 있다는 점은 이미 많은 사람에게 익숙하기 때문에, 페이지 이동 시 컴포넌트를 지연 로딩하는 것은 자연스러운 방법입니다.

12.8.2 번들 분할

최신 웹 애플리케이션을 개발할 때 웹팩 또는 롤업과 같은 번들러는 애플리케이션의 소스 코드를 하나 이상의 번들 파일로 묶습니다. 사용자가 웹사이트를 방문하면, 필요한 데이터와 기능을 표시하기 위한 특정 번들이 요청되고 로드됩니다.

V8과 같은 자바스크립트 엔진은 사용자가 요청한 데이터를 로드하면서 동시에 파싱 및 컴파일할 수 있습니다. 최신 브라우저는 코드를 최대한 빠르고 효율적으로 파싱하고 컴파일하도록 발전했지만, 요청된 데이터의 로딩 및 실행 시간 최적화는 여전히 개발자의 몫입니다. 따라서 메인 스레드를 차단하지 않도록 실행 시간을 최대한 단축해야 합니다.

최신 브라우저는 번들이 도착하는 즉시 스트리밍stream할 수 있지만, 화면에 무언가 표시되기까지는 여전히 상당한 시간이 걸릴 수 있습니다. 번들이 클수록 엔진이 첫 번째 렌더링 호출을 하는 코드 줄에 도달하기까지 시간이 더 오래 걸립니다. 그때까지 사용자는 빈 화면을 봐야 하므로 불편함을 느낄 수 있습니다.

사용자에게 최대한 빨리 데이터를 보여주는 것은 중요합니다. 번들의 크기가 커지면 로딩, 처리, 실행 시간이 모두 늘어나게 됩니다. 따라서 번들 크기를 줄여 속도를 높일 수 있다면 좋을 것입니다. 그렇다면 불필요한 코드를 포함하는 거대한 번들 하나를 요청하는 대신, 번들을 여러 개의 작은 번들로 분할하는 방법을 사용할 수도 있습니다.

번들 크기를 결정할 때 고려해야 할 몇 가지 중요한 지표가 있습니다. 애플리케이션을 번들 분할하면 번들의 로딩, 처리 및 실행 시간을 줄일 수 있습니다. 이는 곧 첫 번째 콘텐츠가 사용자 화면에 표시되는 시간First Contentful Paint(FCP)을 단축시킵니다. 또한 가장 큰 콘텐츠가 화면에 렌더링되는 시간Largest Contentful Paint(LCP) 지표도 개선합니다.

화면에 데이터를 표시하는 것도 중요하지만 보통은 콘텐츠를 보는 것, 그 이상을 원합니다. 완전히 작동하는 애플리케이션을 만들려면 사용자가 콘텐츠와 상호작용할 수 있도록 해야 합니다. UI는 번들이 로드되고 실행된 후에만 상호작용이 가능해집니다. 모든 콘텐츠가 화면에 표시되고 인터랙티브해지는 데 걸리는 시간을 TTITime to Interactive라고 합니다.

번들 크기가 클 때만 실행 시간이 길어지는 것은 아닙니다. 때론 사용자가 사용하지 않을 수도 있는 많은 양의 코드가 로드될 수도 있기 때문입니다. 특정 사용자 상호작용에서만 실행되는 번들의 일부분은 사용자가 해당해도 상호작용을 하지 않을 수도 있습니다.

이렇게 된다면 사용자가 화면에 아무것도 볼 수 없을 때에도, 엔진은 초기 렌더링에 사용되지 않는 코드까지 로드하고, 파싱하고, 컴파일해야 합니다. 최신 브라우저는 파싱 및 컴파일을 매우 효율적으로 처리하지만, 불필요하게 큰 번들을 가져오는 것은 애플리케이션 성능을 저하시킬 수 있습니다. 특히 저사양 기기나 느린 네트워크 환경에서는 번들을 가져오는 데 더 많은 시간이 걸립니다.

초기 로딩 시 현재 페이지에서 우선순위가 높지 않은 코드를 요청할 때는 초기 페이지 렌더링에 필요한 코드와 분리해서 로드하는 것이 좋습니다.

12.9 PRPL 패턴

전 세계 사용자들이 애플리케이션을 원활하게 이용할 수 있도록 만드는 것은 쉽지 않은 과제입니다. 저사양 기기나 인터넷 연결이 불안정한 지역에서도 애플리케이션이 원활하게 작동해야 하기 때문입니다. 이러한 어려운 환경에서도 애플리케이션이 최대한 효율적으로 로드될 수 있도록 하려면 PRPL^Push Render Pre-cache Lazy-load^ 패턴을 사용할 수 있습니다.

PRPL 패턴은 다음 네 가지 핵심 성능 고려사항에 중점을 둡니다.

- 푸시^Push^: 중요한 리소스를 효율적으로 푸시하여 서버 왕복 횟수를 최소화하고 로딩 시간을 단축합니다.
- 렌더링^Render^: 사용자 경험을 개선하기 위해 초기 경로를 최대한 빠르게 렌더링합니다.
- 사전 캐싱^Pre-cache^: 자주 방문하는 경로의 에셋^asset^을 백그라운드에서 미리 캐싱하여 서버 요청 횟수를 줄이고 더 나은 오프라인 경험을 제공합니다.
- 지연 로딩^Lazy-load^: 자주 요청되지 않는 경로나 에셋은 지연 로딩합니다.

웹사이트를 방문하면 브라우저는 서버에 필요한 리소스를 요청합니다. 보통은 애플리케이션의 초기 HTML 파일인데, 서버는 해당 파일의 진입점을 보내줍니다. 이후 브라우저의 HTML 파서는 서버로부터 데이터를 받는 즉시 파싱을 시작합니다. 파싱 중에 스타일시트나 스크립트와 같은 추가 리소스가 필요하다고 판단되면, 해당 리소스를 가져오기 위해 서버에 추가 HTTP 요청을 보냅니다.

하지만 이렇게 리소스를 반복적으로 추가 요청하는 것은 비효율적입니다. 클라이언트와 서버 간의 왕복 횟수를 최소화하는 것이 우리의 목표이기 때문입니다.

오랜 시간동안 클라이언트와 서버 간 통신에는 HTTP/1.1을 사용해 왔습니다. HTTP/1.1은 keep-alive 헤더를 통해 새로운 HTTP 요청 전송 전까지 클라이언트와 서버 간의 TCP 연결을 유지하는 등 HTTP/1.0에 비해 많은 개선점을 도입했지만, 여전히 해결해야 할 문제들이 남아있었습니다. 이후에 나타난 HTTP/2는 HTTP/1.1에 비해 큰 변화를 가져왔고, 클라이언트와 서버 간 메시지 교환을 최적화했습니다.

HTTP/1.1은 요청과 응답에 줄바꿈 문자로 구분되는 일반 텍스트plaintext 프로토콜을 사용했지만, HTTP/2는 요청과 응답을 더 작은 프레임으로 분할합니다. 헤더와 본문 필드를 포함하는 HTTP 요청은 최소 두 개의 프레임으로 나뉘는데, 하나는 헤더 프레임이고 다른 하나는 데이터 프레임입니다.

HTTP/1.1에서는 클라이언트와 서버 간에 최대 6개의 TCP 연결만 가능했습니다. 동일한 TCP 연결을 통해 새로운 요청을 보내려면 이전 요청이 완료되어야 했습니다. 그러다 보니 마지막 요청이 완료되는 데 시간이 오래 걸리는 경우, 다른 요청을 전송할 수 없게 됩니다. 이러한 문제를 HOLHead-of-Line Blocking이라고 하며, 특정 리소스의 로딩 시간을 증가시킬 수 있는 단점이 있습니다.

HTTP/2는 양방향bidirectional 스트림을 사용합니다. 단일 TCP 연결을 통해 여러 개의 양방향 스트림을 만들어 클라이언트와 서버 간에 여러 개의 요청 및 응답 프레임을 동시에 전달할 수 있습니다. 서버는 특정 요청에 대한 모든 요청 프레임을 받으면 이를 재조립하여 응답 프레임을 생성합니다. 이러한 응답 프레임은 클라이언트로 다시 전송되고 클라이언트에서 재조립됩니다. 게다가 스트림은 양방향이므로 동일한 스트림을 통해 요청과 응답 프레임을 모두 보낼 수 있습니다.

HTTP/2는 이전에 보낸 요청이 완료되기 전에 동일한 TCP 연결을 통해 여러 요청을 보낼 수 있도록 함으로써 HOL Blocking 문제를 해결했습니다. 또한 HTTP/2는 서버 푸시Server Push 라는 더욱 최적화된 데이터 가져오기 방식을 도입했습니다. HTTP 요청을 통해 매번 명시적으로 리소스를 요청하는 대신, 서버가 이러한 리소스를 **푸시**하여 자동으로 추가 리소스를 전송할 수 있게 된 것입니다.

클라이언트가 추가 리소스를 받으면 해당 리소스는 브라우저 캐시에 저장됩니다. 이후에 진입 파일을 파싱하는 동안 동일한 리소스가 필요하면, 브라우저는 서버에 HTTP 요청을 보내는 대신 캐시에서 빠르게 리소스를 가져올 수 있습니다.

리소스 푸시는 추가 리소스를 받는 시간을 줄여주지만, 서버 푸시는 HTTP 캐시를 인지하지 못합니다. 따라서 푸시된 리소스는 다음에 웹사이트 재방문 시에는 사용할 수 없고, 다시 서버에 요청해야 합니다. 이를 해결하기 위해 PRPL 패턴은 초기 로드 이후에 서비스 워커Service Worker를 사용하여 해당 리소스를 캐시함으로써 클라이언트가 불필요한 요청을 하지 않도록 합니다.

사이트 개발자는 어떤 리소스를 먼저 가져와야 하는지 알고 있지만, 브라우저는 무엇이 우선인지 추측해야만 합니다. 하지만 중요한 리소스에 preload 힌트를 추가하여 브라우저를 도울 수 있습니다.

브라우저에게 특정 리소스를 미리 로드preload하도록 알려주면, 브라우저가 해당 리소스를 발견하는 것보다 더 빨리 가져오게 됩니다. preload는 현재 경로에 중요한 리소스를 로드하는데 걸리는 시간을 최적화하는 좋은 방법입니다.

리소스를 미리 로드하면 왕복 횟수를 줄이고 로딩 시간을 최적화할 수 있어 좋은 방법이지만, 너무 많은 파일을 푸시하면 오히려 해가 될 수 있습니다. 브라우저 캐시는 제한적이며, 클라이언트가 필요로 하지 않는 리소스를 요청하여 불필요하게 대역폭을 많이 사용할 수 있습니다. PRPL 패턴은 초기 로딩 최적화에 중점을 두기에, 초기 접근 경로가 완전히 렌더링되기 전에는 다른 리소스를 로드하지 않습니다.

이를 위해 애플리케이션을 작고 성능이 좋은 여러 개의 번들로 나누는 코드 스플리팅을 활용할 수 있습니다. 이러한 코드 스플리팅을 활용한 번들은 사용자가 필요한 시점에 필요한 리소스만 로드하면서 캐시 활용도를 극대화할 수 있습니다.

큰 번들을 캐싱하는 것 또한 문제가 될 수 있습니다. 여러 번들이 동일한 리소스 대역폭을 공유할 수 있기 때문입니다.

브라우저는 번들의 어떤 부분이 여러 경로에서 공유되는지 스스로 식별하기 어려워 해당 리소스를 캐싱하지 못할 수 있습니다. 그렇지만 리소스 캐싱은 서버 왕복 횟수를 줄이고 애플리케이션의 오프라인 사용성을 높이는 데 매우 중요합니다.

PRPL 패턴을 적용할 때는, 요청하는 번들이 해당 시점에 필요한 최소한의 리소스만 포함하고, 브라우저에서는 리소스를 캐싱할 수 있도록 해야 합니다. 경우에 따라 번들을 전혀 사용하지 않는 것이 더 효율적일 수도 있으며, 또는 아예 번들되지 않은 모듈로 작업할 수도 있습니다.

번들링을 통해 최소한의 리소스를 동적으로 요청한다면, 브라우저와 서버가 HTTP/2 푸시를 지원하도록 설정하고 리소스를 효율적으로 캐싱함으로써 손쉽게 이점을 얻을 수 있습니다. HTTP/2 서버 푸시를 지원하지 않는 브라우저의 경우라면 왕복 횟수를 최소화하는 최적화된 빌드를 생성하면 됩니다. 클라이언트는 번들된 리소스인지 번들되지 않은 리소스인지 알 필요가 없습니다. 서버가 각 브라우저에 적합한 빌드를 제공하기 때문입니다.

PRPL 패턴은 주로 애플리케이션 셸shell을 주요 진입점으로 사용합니다. 애플리케이션 셸은 애플리케이션 로직의 대부분을 포함하며 여러 경로에서 공유되는 최소한의 파일입니다. 또한 애플리케이션 셸에는 필요한 리소스를 동적으로 요청할 수 있는 애플리케이션 라우터가 포함되어 있습니다.

PRPL 패턴은 초기 접근 경로의 화면이 사용자 기기에 표시되기 전에 다른 리소스가 요청되거나 렌더링되지 않도록 보장합니다. 초기 경로가 성공적으로 로드되면, 서비스 워커가 설치되어 자주 방문하는 다른 경로의 리소스를 백그라운드에서 가져옵니다.

이 데이터는 백그라운드에서 가져오므로 사용자는 어떠한 지연이나 로딩도 느낄 수 없습니다. 사용자가 서비스 워커에 의해 캐시된 경로로 이동하려는 경우, 서비스 워커는 서버에 요청을 보내는 대신 캐시에서 필요한 리소스를 빠르게 가져올 수 있습니다.

또한 자주 방문하지 않는 경로에 대한 리소스는 이후에 동적으로 가져올 수 있습니다.

12.10 로딩 우선순위

로딩 우선순위 패턴은 필요하다고 예상되는 특정 리소스를 우선적으로 요청하도록 설정합니다.

Preload(`<link rel="preload">`)는 브라우저의 최적화 기능으로, 브라우저가 늦게 요청할 수도 있는 중요한 리소스를 더 일찍 요청할 수 있도록 합니다. 주요 리소스의 로딩 순서를 수동으로 지정한다면, 핵심 웹 지표Core Web Vitals(CWV)의 로딩 성능 및 지표에 긍정적인 영향을 미칠 수 있습니다. 하지만 preload가 만능은 아니며, 몇 가지 트레이드오프를 고려해야 합니다.

```
<link rel="preload" href="emoji-picker.js" as="script" />
  ...
  </head>
  <body>
    ...
    <script src="stickers.js" defer></script>
    <script src="video-sharing.js" defer></script>
    <script src="emoji-picker.js" defer></script>
```

TTITime to Interactive 또는 FIDFirst Input Delay와 같은 지표를 최적화할 때 preload는 상호작용에 필요한 자바스크립트 번들(또는 청크chunk)을 로드하는 데 유용합니다. 단, preload 사용 시 주의해야 할 점은 상호작용에 필요한 리소스를 먼저 로딩하다가 FCPFirst Contentful Paint 또는 LCPLargest Contentful Paint에 필요한 리소스(예: 히어로 이미지 또는 폰트)의 로딩이 지연되는 일은 피해야 한다는 것입니다.

만약 자바스크립트 자체의 로딩을 최적화하려면, `<body>` 태그보다는 `<head>` 태그 안에서 `<script defer>`를 사용하는 것이 해당 리소스를 초기에 로딩하는 데 도움이 될 수 있습니다.

12.10.1 SPA의 Preload

Prefetching[15]은 곧 요청될 가능성이 있는 리소스를 캐시하는 좋은 방법이지만, 즉시 사용해야 하는 리소스의 경우에는 preload를 사용할 수 있습니다. 예를 들어 초기 렌더링에 사용되는 특정 폰트나 사용자가 접속 시 곧바로 보게 되는 히어로 이미지 등이 있습니다.

EmojiPicker 컴포넌트가 초기 렌더링 시 즉시 표시되어야 한다고 가정해 봅시다. 이 컴포넌트는 메인 번들에 포함되어서는 안 되고, 병렬로 로드되어야 합니다. prefetch처럼, 다음과 같이 웹팩의 번들링 과정에 영향을 줄 수 있는 특수한 주석Magic comment을 추가하여 이 모듈을 미리 로드(preload)해야 함을 알릴 수 있습니다.

```
const EmojiPicker = import(/* webpackPreload: true */ "./EmojiPicker");
```

애플리케이션을 빌드하면 EmojiPicker가 미리 로드된 것을 확인할 수 있습니다. 실제 결과는 결과 파일의 <head> 태그 안에 rel="preload" 속성을 가진 <link> 태그에서 확인할 수 있습니다.

```
<link rel="prefetch" href="emoji-picker.bundle.js" as="script" />
<link rel="prefetch" href="vendors~emoji-picker.bundle.js" as="script" />
```

미리 로드된 EmojiPicker는 초기 번들과 병렬로 로드됩니다. 브라우저가 인터넷 연결 상태와 대역폭을 고려하여 어떤 리소스를 미리 가져올지 결정하는 prefetch와 달리, 미리 로드(preload)된 리소스는 어떤 상황에서든 무조건 미리 로드됩니다.

따라서 초기 렌더링 후 EmojiPicker가 로드되기를 기다리는 대신, 리소스를 즉시 사용할 수 있습니다. 하지만 더욱 신중하게 로딩 순서를 고려해야 하는데, 사용자의 기기 및 인터넷 연결 환경에 따라 초기 로딩 시간이 크게 증가할 수도 있기 때문입니다. 따라서 초기 렌더링 후 약 1초 이내에 표시되어야 하는 리소스만 선별하여 미리 로드하는 것이 좋습니다.

15 옮긴이_ 앞으로 사용될 가능성이 높은 리소스를 미리 가져와 캐시에 저장하는 방식입니다.

12.10.2 Preload + async 기법

브라우저가 스크립트를 높은 우선순위로 다운로드하면서도, 스크립트를 기다리는 동안 파싱이 멈추지 않도록 하려면 Preload + async 기법을 활용할 수 있습니다. 이 경우 `preload`는 다른 리소스의 다운로드를 지연시킬 수 있지만, 얻을 수 있는 이점을 위해서 감수해야 하는 트레이드오프입니다.

```
<link rel="preload" href="emoji-picker.js" as="script" />

<script src="emoji-picker.js" async></script>
```

12.10.3 크롬 95+ 버전에서의 Preload

크롬 95+에서는 preload의 큐 점핑queue-jumping 동작이 개선되어 Preload 기능이 더 안전해졌습니다. 크롬의 개발자 팻 미넌Pat Meenan은 preload에 대한 새로운 사용 권장사항을 다음과 같이 제시합니다.

- HTTP 헤더에 preload를 넣으면 다른 모든 리소스보다 우선적으로 로드됩니다.
- 일반적으로 중간 레벨Medium 이상의 우선순위를 가진 preload는 파서가 HTML을 처리하는 순서대로 로드되므로, HTML 시작 부분에 preload를 넣을 때 주의해야 합니다.
- 미리 로드되는 폰트는 `<head>` 태그 끝 부분이나 `<body>` 태그 시작 부분에 넣는 것이 가장 좋습니다.
- 미리 로드되는 모듈을 가져오는 건 실제 스크립트가 먼저 로드/파싱되도록 해당 가져오기가 필요한 `<script>` 태그 다음에 위치해야 합니다.
- 이미지 preload는 기본적으로 우선순위가 낮으며, 비동기 스크립트 및 기타 낮은/최저 우선순위 태그와 관련하여 순서를 지정해야 합니다.

12.11 리스트 가상화

리스트 가상화List Virtualization는 대규모 데이터 리스트의 렌더링 성능을 향상시키는 기술입니다.

전체 목록을 모두 렌더링하는 대신 현재 화면에 보이는 행만 동적으로 렌더링합니다. 렌더링 되는 행은 전체 목록의 일부이며, 사용자가 스크롤함에 따라 보이는 영역(윈도우)이 이동합니다. 리액트에서는 react-virtualized[16] 같은 라이브러리를 사용하여 구현할 수 있습니다. 브라이언 본Brian Vaughn[17]이 개발한 이 라이브러리는 스크롤되는 뷰포트 내에서 현재 보이는 항목만 렌더링하므로, 한 번에 수천 개의 행 데이터를 렌더링하는 데 드는 리소스를 절약할 수 있습니다.

12.11.1 윈도잉/가상화의 작동 방식

리스트 가상화는 현재 화면에 보이는 항목만 렌더링하여 성능을 최적화하는 기술입니다. react-virtualized에서 윈도잉[18]은 다음과 같은 방식으로 작동합니다.

- 상대적인 위치position: relative를 가진 작은 컨테이너 DOM 요소 (예: <ul>)를 윈도우로 사용합니다.
- 스크롤을 위한 큰 DOM 요소를 가집니다.
- 컨테이너 내부에 자식 요소를 절대 위치position: absolute로 배치하고, top, left, width, height 등의 스타일을 설정합니다.
- 한 번에 수천 개의 목록 요소를 렌더링하여 초기 렌더링 속도 저하 또는 스크롤 성능 저하를 유발하는 대신, 가상화는 사용자에게 보이는 항목만 렌더링하는 데 집중합니다.

덕분에 중저사양 기기에서도 리스트의 렌더링 속도를 빠르게 유지할 수 있습니다. 사용자가 스크롤할 때마다 이전 항목을 윈도우에서 제거하고 새로운 항목으로 대체하면서 더 많은 항목을 가져와 표시하게 됩니다.

react-window[19]는 동일한 개발자가 react-virtualized를 더 작고 빠르게, 그리고 트리 셰이킹에 더 적합하게 다시 개발한 라이브러리입니다. 트리 셰이킹 가능한 라이브러리에서는 사용하는 API에 따라 번들 크기가 달라집니다. 실제로 react-virtualized 대신 react-

16 https://bvaughn.github.io/react-virtualized/#/components/List

17 https://x.com/brian_d_vaughn

18 옮긴이_ 가상화된 리스트에서 현재 보이는 아이템들만 렌더링하는 기술을 의미합니다.

19 https://react-window.vercel.app

window를 사용하여 약 20~30KB(gzip 압축 기준) 정도를 줄일 수 있었습니다. 두 패키지의 API는 유사하지만, react-window가 더 사용하기 쉽습니다.

다음은 react-window의 주요 컴포넌트입니다.

12.11.2 List 컴포넌트

List 컴포넌트는 윈도잉된 리스트의 아이템을 렌더링합니다. 즉, 화면에 보이는 행만 사용자에게 전달됩니다. List 컴포넌트는 내부적으로 Grid 컴포넌트를 사용하여 행을 렌더링하고, prop을 전달합니다. 다음 예시 코드를 통해 리액트에서 리스트를 렌더링하는 방식과 react-window를 사용하는 방식의 차이점을 살펴봅시다.

우선 리액트를 사용한 간단한 데이터 리스트(itemsArray) 렌더링입니다.

```
import React from "react";
import ReactDOM from "react-dom";

const itemsArray = [
  { name: "Drake" },
  { name: "Halsey" },
  { name: "Camila Cabello" },
  { name: "Travis Scott" },
  { name: "Bazzi" },
  { name: "Flume" },
  { name: "Nicki Minaj" },
  { name: "Kodak Black" },
  { name: "Tyga" },
  { name: "Bruno Mars" },
  { name: "Lil Wayne" },
  ...
]; // 데이터 리스트

const Row = ({ index, style }) => (
  <div className={index % 2 ? "ListItemOdd" : "ListItemEven"} style={style}>
    {itemsArray[index].name}
  </div>
);
```

```
const Example = () => (
  <div
    style=
    class="List"
  >
    {itemsArray.map((item, index) => Row({ index }))}
  </div>
);

ReactDOM.render(<Example />, document.getElementById("root"));
```

react-window를 이용한 데이터 리스트 렌더링입니다.

```
import React from "react";
import ReactDOM from "react-dom";
import { FixedSizeList as List } from "react-window";

const itemsArray = [ … ]; // 데이터 리스트

const Row = ({ index, style }) => (
  <div className={index % 2 ? "ListItemOdd" : "ListItemEven"} style={style}>
    {itemsArray[index].name}
  </div>
);

const Example = () => (
  <List
    className="List"
    height={150}
    itemCount={itemsArray.length}
    itemSize={35}
    width={300}
  >
    {Row}
  </List>
);

ReactDOM.render(<Example />, document.getElementById("root"));
```

12.11.3 Grid 컴포넌트

`Grid` 컴포넌트는 수직 및 수평 방향으로 가상화된 표 형태의 데이터를 렌더링합니다. 수평/수직의 현재 스크롤 위치에 따라 필요한 `Grid` 셀만 렌더링합니다.

앞서 예시와 동일한 목록을 그리드 레이아웃으로 표시하고 싶다면, 입력 데이터가 다차원 배열이라고 가정하고 `FixedSizeGrid` 컴포넌트를 다음과 같이 사용할 수 있습니다.

```
import React from "react";
import ReactDOM from "react-dom";
import { FixedSizeGrid as Grid } from "react-window";

const itemsArray = [
  [{},{},{},...],
  [{},{},{},...],
  [{},{},{},...],
  [{},{},{},...],
];

const Cell = ({ columnIndex, rowIndex, style }) => (
  <div
    className={
      columnIndex % 2
        ? rowIndex % 2 === 0
          ? "GridItemOdd"
          : "GridItemEven"
        : rowIndex % 2
        ? "GridItemOdd"
        : "GridItemEven"
    }
    style={style}
  >
    {itemsArray[rowIndex][columnIndex].name}
  </div>
);

const Example = () => (
  <Grid
    className="Grid"
    columnCount={5}
    columnWidth={100}
```

```
      height={150}
      rowCount={5}
      rowHeight={35}
      width={300}
    >
      {Cell}
    </Grid>
  );

ReactDOM.render(<Example />, document.getElementById("root"));
```

12.11.4 웹 플랫폼의 발전

최신 브라우저 중 일부는 CSS의 `content-visibility`[20] 속성을 지원합니다. `content-visibility: auto`를 설정하면 화면 밖 콘텐츠의 렌더링과 페인팅을 필요한 시점까지 지연할 수 있습니다. 렌더링에 비용이 많이 드는 긴 HTML 문서가 있다면 이 속성을 사용해 보는 것을 고려해 보세요.

동적인 콘텐츠 목록을 렌더링하는 경우에는 여전히 `react-window`와 같은 라이브러리를 사용하는 것이 좋습니다. 화면 밖 요소를 `display: none`으로 설정하거나 DOM 노드를 제거하는 등 적극적인 방식으로 렌더링 성능을 최적화하기 때문에, `content-visibility: hidden`만으로는 라이브러리를 사용했을 때와 동일한 성능을 얻기 어렵습니다.

12.12 결론

다시 한번 강조하지만, preload는 신중하게 사용해야 하며 항상 프로덕션 환경에 미칠 영향을 측정해야 합니다. 이미지 preload가 문서에서 앞쪽에 위치하면 브라우저가 해당 이미지를 더 빨리 발견하고 다른 리소스와의 로딩 순서를 조정하는 데 도움이 될 수 있습니다. 하지

20 https://web.dev/articles/content-visibility?hl=ko

만 preload를 잘못 사용하면 FCP에 필수적인 리소스(예: CSS, 폰트)를 지연시켜 원하는 것과 정반대의 결과를 초래할 수 있습니다. 또한 이러한 리소스 로딩 우선순위 조정이 제대로 효과를 발휘하려면 서버 사이드에서도 요청 우선순위를 올바르게 처리해야 합니다.

스크립트를 실행하지 않고 가져와야 하는 경우에도 preload가 유용할 수 있습니다. 다음 web.dev 문서[21]에서는 preload를 어떻게 활용해야 하는지에 대해 다양한 사례를 소개하고 있습니다.

- Preload key scripts required for interactivity[22]
- Preload your LCP image[23]
- Load fonts while preventing layout shifts[24]

12.13 마치며

이번 장에서는 최신 웹 애플리케이션의 아키텍처와 디자인을 결정짓는 여러가지 중요한 요소들에 대해 논의했습니다. 또한 리액트의 디자인 패턴이 이러한 문제들을 어떻게 해결하는지에 대한 다양한 방법을 살펴보았습니다.

이 장의 앞부분에서는 CSR, SSR, 하이드레이션 개념을 소개했습니다. 자바스크립트는 페이지 성능에 상당한 영향을 미칠 수 있으며, 렌더링 기법을 선택하는 것은 자바스크립트가 페이지 라이프사이클 중 언제, 어떻게 로드되고 실행되는지에 영향을 미칩니다. 따라서 자바스크립트 패턴과 다음 장에서 다룰 렌더링 패턴에 대한 내용은 매우 중요한 역할을 할 것입니다.

21 https://oreil.ly/kgnfa
22 https://oreil.ly/bwZC9
23 https://oreil.ly/4N3VO
24 https://oreil.ly/Up2iQ

CHAPTER

13

렌더링 패턴

웹사이트가 더욱 인터랙티브해짐에 따라, 처리해야 할 이벤트와 클라이언트에서 렌더링하는 콘텐츠의 양이 늘어났습니다. 그 결과, 리액트처럼 클라이언트에서 주로 렌더링되는 SPA Single Page Application가 등장하게 되었습니다.

하지만 웹 페이지는 제공하는 기능에 따라 정적일 수도, 동적일 수도 있습니다. 서버에서 생성하여 클라이언트에 그대로 전달하는 블로그/뉴스 페이지와 같이, 정적인 콘텐츠는 여전히 웹에서 많이 사용됩니다. 정적 콘텐츠는 상태가 없고, 이벤트를 발생시키지 않으며, 렌더링 후에 하이드레이션이 필요하지 않습니다. 반면에, 버튼, 필터, 검색창과 같은 동적인 콘텐츠는 렌더링 후에 이벤트와 연결해야 합니다. 따라서 DOM은 클라이언트 사이드에서 재생성되어야 하며(가상 DOM), 이러한 재생성, 하이드레이션, 이벤트 처리 기능은 클라이언트로 전송되는 자바스크립트 코드의 양을 증가시킵니다.

렌더링 패턴Rendering Pattern은 주어진 사용 사례에 맞는 최적의 콘텐츠 렌더링 방식을 제공합니다. 다음 표에 제시된 렌더링 패턴들은 현재에도 널리 사용되고 있습니다.

렌더링 패턴

클라이언트 사이드 렌더링(CSR)	HTML이 클라이언트에서 완전히 렌더링됩니다.
서버 사이드 렌더링(SSR)	HTML 콘텐츠를 서버에서 동적으로 렌더링한 후, 클라이언트에서 하이드레이션합니다.
정적 렌더링 Static Rendering	빌드 타임에 서버에서 페이지를 렌더링하여 정적인 사이트를 구축합니다.
점진적 정적 생성(ISR)	초기 빌드 이후에도 정적 사이트를 동적으로 추가하거나 수정할 수 있습니다. (예: Next.js ISR, Gatsby DSG)
스트리밍 SSR Streaming SSR	서버에서 렌더링된 콘텐츠를 더 작은 스트림 조각으로 분할하여 전송합니다.
엣지 렌더링 Edge Rendering	렌더링된 HTML을 클라이언트에 전송하기 전에 엣지에서 수정합니다.
하이브리드 렌더링 Hybrid Rendering	빌드 타임, 서버 및 클라이언트 렌더링을 결합하여 웹 개발에 더 유연한 접근 방식을 제공합니다. (예: 리액트 서버 컴포넌트 및 Next.js App Router)

부분 하이드레이션 Partial Hydration	클라이언트에서 일부 컴포넌트만 하이드레이션합니다. (예: 리액트 서버 컴포넌트 및 Gatsby)
점진적 하이드레이션 Progressive Hydration	클라이언트에서 컴포넌트 하이드레이션 순서를 제어합니다.
아일랜드 아키텍처 Islands Architecture	정적인 사이트 내에 여러 진입점을 가진 동적인 동작의 격리된 영역을 만듭니다. (예: Astro, Eleventy)
점진적 향상 Progressive Enhancement	자바스크립트 없이도 애플리케이션이 작동하도록 보장합니다.

이번 장에서는 다양한 렌더링 패턴을 소개하고, 주어진 요구사항에 가장 적합한 패턴을 선택하는 데 도움을 드리고자 합니다. 다음과 같은 근본적인 질문에 대한 해답을 찾을 수 있을 것입니다.

- 콘텐츠를 어디에서 어떻게 렌더링할 것인가?
- 웹 서버, 빌드 서버, 엣지edge 네트워크 또는 클라이언트, 어디에서 콘텐츠를 렌더링할 것인가?
- 콘텐츠를 한 번에, 부분적으로, 또는 점진적으로 어떻게 렌더링할 것인가?

13.1 렌더링 패턴의 중요성

주어진 상황에 가장 적합한 렌더링 패턴을 선택하는 것은 개발 팀을 위한 개발 경험DX과 최종 사용자를 위한 사용자 경험UX에 엄청난 차이를 만들 수 있습니다. 올바른 패턴을 선택하면 더 빠른 빌드 속도와 탁월한 로딩 성능을 낮은 처리 비용으로 얻을 수 있는 반면, 잘못된 패턴 선택은 훌륭한 비즈니스 아이디어를 실현할 수 있는 애플리케이션을 망칠 수도 있습니다.

뛰어난 사용자 경험을 제공하기 위해서는, 핵심 웹 지표Core Web Vitals(CWV)[01]와 같은 사용자 중심 지표를 기준으로 애플리케이션을 최적화해야 합니다.

TTFB Time to First Byte

클라이언트가 페이지 콘텐츠의 첫 번째 바이트를 받는 데 걸리는 시간

---

01 https://web.dev/articles/vitals?hl=ko

- **FCP**First Contentful Paint

  페이지 이동 후 브라우저가 콘텐츠의 첫 부분을 렌더링하는 데 걸리는 시간

- **TTI**Time to Interactive

  페이지 로드 시작부터 사용자 입력에 빠르게 응답할 수 있을 때까지 걸리는 시간

- **LCP**Largest Contentful Paint

  페이지의 주요 콘텐츠를 로드하고 렌더링하는 데 걸리는 시간

- **CLS**Cumulative Layout Shift

  예상치 못한 레이아웃 변경을 방지하기 위한 시각적 안정성 측정

- **FID**First Input Delay

  사용자가 페이지와 상호작용한 시점부터 이벤트 핸들러가 실행될 수 있는 시점까지의 시간

CWV 지표는 사용자 경험과 가장 관련이 높은 요소들을 측정합니다. CWV를 최적화하면 뛰어난 사용자 경험과 검색 엔진 최적화SEO를 보장할 수 있습니다.

동시에 제품/엔지니어링 팀에게 훌륭한 개발 경험을 제공하기 위해서는 빌드 시간 단축, 쉬운 롤백, 확장 가능한 인프라 등 성공적인 개발을 돕는 다양한 기능을 통해 개발 환경을 최적화해야 합니다.

- **빠른 빌드 시간**

  빠른 반복 작업과 배포를 위해 프로젝트는 빠르게 빌드되어야 합니다.

- **낮은 서버 비용**

  웹사이트는 서버 실행 시간을 제한하고 최적화하여 비용을 절감해야 합니다.

- **동적 콘텐츠**

  페이지는 동적 콘텐츠를 효율적으로 로드할 수 있어야 합니다.

- **쉬운 롤백**

  이전 빌드 버전으로 빠르게 되돌리고 배포할 수 있어야 합니다.

- **안정적인 가동 시간**

  운영 서버를 통해 사용자가 항상 웹사이트에 접속할 수 있어야 합니다.

- **확장 가능한 인프라**

  성능 문제없이 프로젝트를 확장 또는 축소할 수 있어야 합니다.

이러한 원칙을 기반으로 개발 환경을 구축하면 개발 팀은 훌륭한 제품을 효율적으로 만들 수 있습니다.

지금까지 상당히 많은 기대사항을 나열했지만, 올바른 렌더링 패턴을 선택하면 이러한 이점 중 대부분을 따로 노력하지 않아도 손쉽게 얻을 수 있습니다.

렌더링 패턴은 오늘날까지도 다양한 커뮤니티에서 논의되고 평가되고 있으며, SSR과 CSR부터 시작해 매우 복잡한 패턴까지 발전해 왔습니다. 이러한 사실이 부담스럽게 느껴질 수도 있지만, 각 패턴은 특정 사용 사례를 해결하기 위해 설계되었음을 기억해야 합니다. 한 사용 사례에 유익한 패턴의 특성이 다른 사용 사례에서는 해로울 수 있습니다. 또한 동일한 웹사이트 내에서도 페이지 유형에 따라 다른 렌더링 패턴이 필요할 수 있습니다.

크롬 팀은 페이지 전체를 하이드레이션하는 방식보다 정적 렌더링 또는 SSR 사용을 권장하고 있습니다. 최신 프레임워크를 사용하면, 웹 페이지를 처음부터 한 번에 보여주는 대신에 필요한 부분만 점차적으로 로딩하고 표시하는 기법을 활용할 수 있습니다. 이러한 기법은 웹 페이지의 성능을 향상시키면서도, 사용자에게 필요한 기능을 빠르게 제공하는 데 도움을 줄 수 있습니다.

그럼 다음 절에서는 다양한 렌더링 패턴에 대해 자세히 다룰 것입니다.

13.2 클라이언트 사이드 렌더링(CSR)

이전 장에서 리액트를 사용한 CSR에 대해 이미 다룬 바 있습니다. 다른 렌더링 패턴과의 연관성을 돕기 위해 간략하게 다시 살펴보겠습니다.

리액트의 CSR에서는 대부분의 애플리케이션 로직이 클라이언트에서 실행되며, 데이터를 가져오거나 저장하기 위한 API 호출로 서버와 상호작용합니다. 따라서 거의 모든 UI가 클라이언트에서 생성되며, 전체 웹 애플리케이션은 처음 요청 시에 모두 로드됩니다. 사용자가 링크를 클릭하여 탐색할 때 페이지 렌더링을 위한 새로운 요청을 서버로 보내지 않습니다. 대신 클라이언트에서 코드가 실행되어 뷰나 데이터를 갈아끼웁니다.

CSR은 페이지 새로고침 없이 탐색을 지원하는 SPA를 구축할 수 있게 하여 뛰어난 사용자 경험을 제공합니다. 뷰 변경에 사용되는 데이터가 제한적이므로 페이지 간 라우팅이 더 빠른 편이며, 이로 인해 더 반응성이 뛰어난 것처럼 보입니다.

하지만 이미지 표시, 데이터 저장소에서 데이터 가져오기, 이벤트 처리 등 페이지의 복잡성이 증가하면 페이지 렌더링에 필요한 자바스크립트 코드의 복잡성과 크기도 증가합니다. CSR은 큰 자바스크립트 번들을 만들도록 하여 페이지의 FCP^First Contentful Paint^와 TTI^Time to Interactive^를 증가시킵니다. 또한 큰 요청 객체와 API 응답과 같은 일련의 네트워크 요청으로 인해, 크롤러가 색인하기 전에 의미 있는 콘텐츠가 시간에 맞춰 렌더링되지 않을 수 있어 웹사이트의 SEO에 영향을 미칠 수 있습니다.

과도한 자바스크립트 로딩 및 처리는 성능을 저하시킬 수 있습니다. 그러나 정적인 웹사이트에서도 어느 정도의 상호작용과 자바스크립트는 필요한 경우가 많습니다. 다음 절에서 논의할 렌더링 기법은 다음 두 가지 사이에서 균형을 찾는 것을 목표로 합니다.

- CSR 애플리케이션 수준의 상호작용성
- SSR 애플리케이션 수준의 SEO 및 성능상의 이점

13.3 서버 사이드 렌더링(SSR)

SSR은 모든 요청마다 HTML을 생성합니다. 이 방식은 사용자 쿠키 정보나 요청 데이터를 기반으로 하는 등, 개인 맞춤형 데이터를 포함하는 페이지에 가장 적합합니다. 인증 상태에 따라 렌더링 여부를 결정해야 하는 페이지에도 적합합니다.

SSR은 가장 오래된 웹 콘텐츠 렌더링 방식 중 하나로, 사용자 요청에 대한 응답으로 렌더링할 페이지 콘텐츠의 전체 HTML을 서버에서 생성합니다. 이 콘텐츠에는 데이터 저장소나 외부 API에서 가져온 데이터도 포함될 수 있습니다.

SSR에서는 데이터 연결 및 fetching 작업이 서버에서 처리됩니다. 콘텐츠 형식 지정에 필요한 HTML 또한 서버에서 생성됩니다. 따라서 SSR을 사용하면 데이터 fetching 및 템플릿 처리를 위한 추가적인 왕복 시간을 줄일 수 있습니다. 클라이언트 사이드 렌더링 코드가 필요하지 않으므로, 이에 상응하는 크기의 자바스크립트 코드를 클라이언트에 전송할 필요도 없습니다.

SSR에서는 모든 요청이 독립적으로 처리되고, 서버에 의해 새로운 요청으로 간주됩니다. 연속된 두 요청의 결과가 크게 다르지 않더라도, 서버는 처음부터 다시 처리하고 HTML을 생성합니다. 서버는 여러 사용자가 공유하기 때문에 서버의 데이터 처리 능력은 주어진 시간에 모든 사용자가 공유합니다.

개인화된 대시보드는 매우 동적인 콘텐츠의 좋은 예시입니다. 대부분의 콘텐츠는 사용자의 쿠키에 저장되는 사용자의 인증 정보 또는 권한 수준에 따라 접근 가능 여부가 달라집니다. 이 대시보드는 사용자가 인증된 경우에만 표시되며, 다른 사람에게 노출되어서는 안 되는 사용자별 민감 데이터를 표시할 수도 있습니다.

SSR의 핵심 원칙은 HTML을 서버에서 렌더링하고 클라이언트에서 다시 하이드레이션하는

데 필요한 자바스크립트를 함께 제공하는 것입니다. 하이드레이션은 서버 렌더링 후 클라이언트 사이드에서 UI 컴포넌트의 상태를 재생성하는 과정입니다. 하이드레이션에는 비용이 따르기 때문에, SSR은 언제나 하이드레이션 과정을 최적화하려고 합니다.

13.4 정적 렌더링

정적 렌더링Static Rendering은 전체 페이지의 HTML을 빌드 시점에 미리 생성하며, 다음 빌드 때까지 변경되지 않습니다. 이 정적인 HTML 콘텐츠는 CDNContent Delivery Network이나 엣지 네트워크에 쉽게 캐싱될 수 있습니다. CDN은 클라이언트가 특정 페이지를 요청하면 미리 렌더링된 캐시된 HTML을 빠르게 제공할 수 있으며, 일반적인 SSR에 비해 페이지 요청을 처리하고, HTML 콘텐츠를 렌더링하고, 응답하는 데 걸리는 시간을 상당히 단축할 수 있습니다.

정적 렌더링 방식은 자주 변경되지 않고 누가 요청하든 동일한 데이터를 표시하는 페이지에 가장 적합합니다. 웹사이트의 '회사 소개', '문의하기', '블로그' 페이지 또는 전자상거래 애플리케이션의 상품 페이지와 같은 정적인 페이지는 정적 렌더링을 사용하기에 걸맞은 예시입니다. 이러한 정적 생성을 지원하는 프레임워크에는 대표적으로 Next.js, Gatsby, VuePress가 있습니다.

기본적으로 순수 정적 렌더링은 동적 데이터를 포함하지 않습니다. Next.js 예제를 통해 이를 이해해 봅시다.

```
// pages router의 경우 pages/about.jsx
// app router의 경우 app/about/page.jsx

export default function About() {
  return (
    <div>
      <h1>About Us</h1>
      {/* ... */}
    </div>
  );
```

```
}
```

next build 명령어를 이용해 사이트가 빌드될 때, 이 페이지는 about.html이라는 HTML 파일로 미리 렌더링되어 /about 경로에서 접근할 수 있게 됩니다.

정적 렌더링은 다음과 같은 여러 가지 변형이 있습니다.

- **데이터베이스의 동적 데이터를 활용한 리스트 페이지 정적 생성**

  리스트 페이지가 데이터와 함께 서버에서 생성됩니다. 리스트 자체가 크게 동적이지 않은 페이지에 적합합니다. Next.js에서는 Pages router의 경우, 페이지 컴포넌트 내에 getStaticProps()[02] 함수를 내보내서 사용할 수 있습니다. App router의 경우에는 fetch의 cache 옵션[03]을 사용하는 것으로 간소화되었습니다.

- **동적 경로dynamic routes를 사용한 상세 페이지 정적 생성**

  상품 페이지나 블로그 페이지는 보통 고정된 템플릿에 데이터를 채워 넣는 방식을 따릅니다. 이 경우, 템플릿과 동적 데이터를 병합하여 서버에서 개별 페이지를 생성할 수 있으며, 각 상세 페이지마다 여러 개의 개별 경로를 갖게 됩니다. Next.js에서는 Pages router의 경우, 동적 경로 기능[04]은 getStaticPaths() 함수를 사용합니다. App router의 경우에는 동적 경로 기능[05]에 generateStaticParams()[06]를 사용합니다.

- **클라이언트 사이드 데이터 fetching을 통한 정적 렌더링**

  이 패턴은 항상 최신 목록을 표시해야 하는 동적인 리스트 페이지에 유용합니다. 웹사이트의 UI를 뼈대Skeleton 컴포넌트와 함께 정적으로 렌더링하고, 동적 목록 데이터를 배치

---

02 https://oreil.ly/QcNhk

03 옮긴이_ https://nextjs.org/docs/app/building-your-application/data-fetching/fetching-caching-and-revalidating#caching-data

04 https://nextjs.org/docs/pages/building-your-application/routing/dynamic-routes

05 옮긴이_ https://nextjs.org/docs/app/building-your-application/routing/dynamic-routes

06 옮긴이_ https://nextjs.org/docs/app/api-reference/functions/generate-static-params

할 위치를 미리 지정할 수 있습니다. 그런 다음 페이지가 로드된 후 SWR[07]을 사용하여 데이터를 가져옵니다. Stale-While-Revalidate 패턴에서 영감을 얻은 SWR은 클라이언트 사이드에서 데이터 fetching을 위한 리액트 Hook 라이브러리입니다. SWR은 정의된 API를 사용하여 CMS에서 데이터를 가져와 반환합니다. 사용자가 페이지를 요청하면 미리 생성된 HTML 파일이 클라이언트에 전송됩니다. 사용자는 처음에 데이터가 없는 뼈대 UI를 보게 됩니다. 클라이언트는 API에서 데이터를 가져오고 응답을 받은 후 리스트를 표시합니다.

정적 렌더링의 주요 특징은 다음과 같습니다.

- HTML은 빌드 시점에 생성됩니다.
- CDN이나 Vercel의 엣지 네트워크를 통해 쉽게 캐싱할 수 있습니다.
- 순수 정적 렌더링은 요청 기반 데이터가 필요하지 않은 페이지에 가장 적합합니다.
- 클라이언트 사이드 데이터 fetching을 통한 정적 렌더링은 매 페이지 로드 시 새로고침되어야 하고 안정적인 placeholder 컴포넌트에 포함된 데이터가 있는 페이지에 가장 적합합니다.

13.4.1 점진적 정적 생성(ISR)

점진적 정적 생성Incremental Static Regeneration(ISR)은 정적 렌더링과 SSR을 결합한 방식으로, 특정 정적 페이지만 미리 렌더링하고 동적 페이지는 사용자 요청 시에 on-demand 방식으로 렌더링합니다. 이렇게 하면 빌드 시간이 단축되며, 특정 시간 간격마다 캐시를 자동으로 무효화하고 페이지를 다시 생성할 수 있습니다.

ISR은 빌드 후 기존 정적 사이트에 점진적으로 업데이트를 적용하기 위해 두 가지 측면에서 작동하게 됩니다.

---

07 옮긴이_ https://swr.vercel.app/ko

- **새로운 페이지 추가 허용**

  빌드 후 웹사이트에 새로운 페이지를 추가하기 위해 지연 로딩을 사용합니다. 즉, 새로운 페이지는 첫 요청 즉시 생성됩니다. 생성되는 동안 프론트엔드에서 사용자에게 대체 fallback 페이지나 로딩 화면을 보여줄 수 있습니다.

- **기존 페이지 업데이트**

  각 페이지에 적절한 타임아웃을 정의하고, 시간이 경과할 때마다 페이지가 다시 유효한지 검증합니다. 타임아웃은 최소 1초까지 설정할 수 있습니다. 페이지 재검증이 완료될 때까지 사용자는 이전 버전의 페이지를 계속 보게 됩니다. 따라서 ISR은 Stale-While-Revalidate 전략[08]을 사용합니다. 즉, 재검증이 진행되는 동안 사용자는 캐시된 또는 이전 버전을 보게 됩니다. 재검증은 백그라운드에서만 이루어지며 애플리케이션 전체 재빌드가 필요하지 않습니다.

13.4.2 On-demand ISR

On-demand ISR은 일반 ISR과 달리, 정해진 시간 간격이 아니라 특정 이벤트 발생 시에 페이지가 재생성됩니다. 일반 ISR에서는 업데이트된 페이지가 해당 페이지에 대한 사용자 요청을 처리한 엣지 네트워크 노드에만 캐시됩니다. 반면 On-demand ISR은 엣지 네트워크 전체에 페이지를 다시 생성하고 재분배하므로, 자동으로 전 세계 사용자가 캐시된 오래된 콘텐츠가 아닌 최신 버전의 페이지를 볼 수 있습니다. 또한 불필요한 페이지 재생성과 서버리스 함수 호출을 피할 수 있어 일반 ISR에 비해 운영 비용을 절감할 수 있습니다. 따라서 On-demand ISR은 성능 향상과 뛰어난 개발자 경험을 제공합니다. 특정 이벤트에 따라 재생성되어야 하는 페이지에 On-demand ISR을 적용하면, 항상 최신 상태를 유지하면서도 합리적인 비용으로 빠르고 동적인 웹사이트를 운영할 수 있습니다.

---

08 옮긴이_ 캐시된 데이터를 먼저 보여주고, 동시에 백그라운드에서 새로운 데이터를 가져와 업데이트하는 전략입니다. 이를 통해 사용자는 최신 데이터를 빠르게 확인할 수 있으며, 서버 부하를 줄일 수 있습니다.

13.4.3 정적 렌더링 요약

정적 렌더링은 HTML을 빌드 시점에 생성하는 정적인 웹사이트에 매우 적합한 패턴입니다. 지금까지 다양한 정적 생성 방식을 살펴본 결과, 각각의 상황에 적합한 정적 생성 방식이 존재했습니다.

- **순수 정적 렌더링**

  동적인 데이터가 포함되지 않은 페이지에 적합합니다.

- **클라이언트 사이드 데이터 fetching을 통한 정적 렌더링**

  매 페이지 로드 시 데이터가 새로고침되어야 하고 안정적인 placeholder 컴포넌트를 가진 페이지에 적합합니다.

- **점진적 정적 생성(ISR)**

  특정 간격 또는 필요에 따라 재생성되어야 하는 페이지에 적합합니다.

- On-demand ISR

  특정 이벤트 발생 시 재생성되어야 하는 페이지에 적합합니다.

하지만 정적 렌더링이 언제나 최선의 선택은 아닙니다. 예를 들어 사용자마다 동작이 다른 매우 동적인 개인 맞춤형 페이지에는 SSR이 이상적입니다.

13.5 스트리밍 SSR

SSR이나 정적 렌더링을 사용하면 자바스크립트 용량을 줄여 페이지가 상호작용 가능해지는 시간[TTI]을 FCP[First Contentful Paint]에 더 가깝게 만들 수 있습니다. 여기에 스트리밍[Streaming] 방식으로 콘텐츠를 전송하면 애플리케이션을 서버에서 렌더링하면서도 TTI와 FCP를 더욱 단축할 수 있습니다. 현재 페이지에 필요한 마크업을 모두 담은 큰 HTML 파일 하나를 생성하는 대신, 작은 조각(청크)chunk으로 나눠서 전송하는 것이죠. Node.js의 스트림 기능을 사용하면 응답 객체에 데이터를 스트리밍할 수 있는데, 이는 클라이언트에 데이터를 지속적으로 전송할 수 있음을 의미합니다. 클라이언트는 데이터 조각을 받는 즉시 콘텐츠 렌더링을 시작할 수 있습니다.

리액트에 내장된 `renderToNodeStream` 함수를 사용하면 애플리케이션을 작은 조각으로 나누어 전송할 수 있습니다. 클라이언트는 데이터를 받는 동시에 UI를 그리기 시작할 수 있으므로, 매우 빠른 초기 로딩 경험을 제공할 수 있습니다. 이렇게 수신된 DOM 노드에 `hydrate` 메서드를 호출하면 해당 이벤트 핸들러가 연결되어 UI에 상호작용할 수 있게 됩니다.

스트리밍은 네트워크 정체 현상에 효과적입니다. 네트워크가 혼잡하여 더 이상 바이트를 전송할 수 없는 경우, 렌더러는 신호를 받아 네트워크가 해소될 때까지 스트리밍을 중단합니다. 따라서 서버는 메모리를 덜 사용하고 I/O가 필요한 상황에 더욱 민첩하게 반응할 수 있습니다. 이를 통해 Node.js 서버는 여러 요청을 동시에 처리할 수 있으며, 무거운 요청이 가벼운 요청을 장시간 차단하는 것을 방지합니다. 결과적으로, 열악한 환경에서도 사이트는 빠른 응답성을 유지할 수 있습니다.

리액트는 2016년에 출시된 리액트 16 버전부터 스트리밍을 지원하기 시작했습니다. 스트리밍을 지원하기 위해 `ReactDOMServer`에 다음과 같은 API가 포함되었습니다.

- `ReactDOMServer.renderToNodeStream(element)`

  이 함수가 만드는 HTML 결과물은 `ReactDOMServer.renderToString(element)`과 동일하지만 문자열 대신 Node.js의 `ReadableStream` 형식을 사용합니다. 이 함수는 서버에서만 작동하여 HTML을 스트리밍으로 렌더링합니다. 이 스트리밍을 받는 클라이언트는 `ReactDOM.hydrate()`를 호출하여 페이지를 하이드레이션하고, 상호작용이 가능하게 만들 수 있습니다.

- `ReactDOMServer.renderToStaticNodeStream(element)`

  이 함수는 `ReactDOMServer.renderToStaticMarkup(element)`과 비슷합니다. 다만 만들어지는 HTML 결과물은 동일하지만 스트림 형식입니다. 따라서 서버에서 정적이고 비상호작용적인 페이지를 렌더링한 다음 클라이언트에 스트리밍하는 데 사용할 수 있습니다.

두 함수 모두 읽기 시작하면 바이트 단위로 데이터를 내보내는emit 읽기 가능한 스트림readable stream을 출력합니다. 이 스트림의 출력을 `response` 객체와 같은 쓰기 가능한 스트림writable stream의 입력으로 연결pipe하면 스트리밍을 구현할 수 있습니다. 이후 `response` 객체는 새로운 조각이 렌더링되는 동안 클라이언트에 데이터 조각을 지속적으로 전송합니다.

13.6 엣지 SSR

엣지Edge SSR은 CDN의 모든 지역에서 서버 렌더링을 가능하게 하고, 콜드 부트[09] 시간을 거의 0에 가깝게 줄여줍니다.

서버리스 함수를 사용하면 전체 페이지를 서버 사이드에서 생성할 수 있습니다. 엣지 런타임은 HTTP 스트리밍도 지원하므로, 준비되는 즉시 문서의 일부를 스트리밍하고 각 컴포넌트를 세밀하게 하이드레이션하여 FCP 시간을 단축합니다.

엣지 SSR의 활용 사례로는 사용자별로 지역 특화 리스트 페이지를 구축하는 것을 들 수 있습니다. 페이지의 대부분은 정적 데이터로 구성되고, 리스트 부분만 외부 요청을 통해 데이터를 가져옵니다. 전체 페이지를 서버 렌더링하는 대신, 리스트 컴포넌트만 서버 사이드에서 렌더링하고 나머지는 엣지 사이드에서 렌더링하도록 선택할 수 있습니다. 이전에는 이러한 동작을 구현하기 위해 전체 페이지를 서버 사이드에서 렌더링해야 했지만, 이제는 엣지에서 정적 렌더링의 뛰어난 성능과 SSR의 동적 이점을 동시에 누릴 수 있습니다.

---

09 옮긴이_ 함수가 처음 실행될 때 발생하는 지연 시간을 의미합니다.

13.7 하이브리드 렌더링

이름에서 알 수 있듯이, 하이브리드 렌더링Hybrid Rendering은 어떤 상황에서든 최적의 결과를 제공하기 위해 여러 가지 렌더링 방식을 결합합니다. 이는 웹 개발에 있어 근본적인 변화를 의미하며, 클라이언트 중심의 관점에서 벗어나 더욱 다재다능한 렌더링 전략의 조합으로 나아가는 것을 의미합니다. 따라서 정적으로 제공될 수 있는 페이지는 미리 렌더링되고, 애플리케이션의 다른 페이지에는 동적인 전략(예: ISR, SSR, CSR 및 후속 탐색을 위한 스트리밍)을 선택할 수 있습니다.

하이브리드 렌더링은 기존 용어들(SPA, MPA, SSR, SSG)이 가진 틀을 깨는 새로운 접근 방식이며, 최신 웹 개발 패러다임을 더 잘 설명하기 위한 새로운 용어의 필요성을 강조합니다. 웹 애플리케이션은 더 이상 SPA 또는 MPA로 분류될 필요가 없습니다. 제공되는 기능에 따라 다른 진영으로 쉽게 전환할 수 있습니다. 따라서 서버가 필요 없는 SPA의 이점을 제공하면서도, 페이지 새로고침 없이 네비게이션할 수 있어 정적 렌더링의 문제를 피할 수 있습니다.

여기서 주목해야 할 점은 SPA를 사용하지 말라는 것이 아니라, SPA의 틀에 갇히는 것에서 벗어나 각 페이지에 맞는 렌더링 모드를 유연하게 사용하는 것입니다. 그리하여, 정적 렌더링 및 클라이언트 사이드 렌더링으로 시작했다가 나중에 필요할 때 페이지별로 서버 사이드 렌더링을 추가하는 모습을 주로 보입니다.

웹 개발 환경이 하이브리드 렌더링으로 변화함에 따라, 리액트뿐만 아니라 다양한 프레임워크에서 하이브리드 렌더링을 지원하기 시작했습니다. 예를 들면 다음과 같습니다.

- Next.js 13: 리액트 서버 컴포넌트와 Next.js App Router[10]를 결합하여 하이브리드 렌더링이 가진 잠재력을 보여줍니다.
- Astro 2.0[11]: SSG와 SSR 중 하나를 선택하는 대신, 정적 렌더링과 동적 렌더링의 장점을 모두 활용합니다.

10 *https://nextjs.org/docs/app/building-your-application/routing*

11 *https://astro.build/blog/astro-2/#hybrid-rendering-static-meets-dynamic*

- Angular Universal 11.1[12]: 네이티브 하이브리드 렌더링을 지원하며, 정적 경로에는 사전 정적 렌더링을, 동적 경로에는 SSR을 수행할 수 있습니다.
- Nuxt 3.0[13]: 하이브리드 렌더링을 지원하기 위한 라우팅 규칙을 설정할 수 있습니다.

13.8 점진적 하이드레이션

점진적 하이드레이션은 각 노드를 시간에 따라 개별적으로 하이드레이션하여 필요한 최소한의 자바스크립트만 요청하는 방식입니다. 이를 통해 페이지의 상대적으로 덜 중요한 부분의 하이드레이션을 지연시켜 페이지를 상호작용할 수 있게 만드는 데 필요한 자바스크립트 양을 줄이고, 사용자에게 필요한 노드만 하이드레이션할 수 있습니다. 또한 점진적 하이드레이션은 SSR에서 흔히 발생하는 서버에서 렌더링된 DOM 트리가 파괴되고 즉시 다시 생성되는 문제를 방지할 수 있습니다.

점진적 하이드레이션은 애플리케이션을 여러 조각으로 나누어 뛰어난 성능을 제공하는 것을 목표로 합니다. 더불어 사용자 경험에 미치는 영향도 고려해야 합니다. 화면의 일부가 순차적으로 나타나면서 이미 로딩이 완료된 부분의 상호작용이나 사용자 입력을 방해해서는 안 됩니다. 이러한 면에서 완전한 점진적 하이드레이션 구현을 위한 요구사항은 다음과 같습니다.

- 모든 컴포넌트에 SSR 사용 가능
- 개별 컴포넌트 또는 조각 단위로 코드 스플리팅 지원
- 개발자가 정의한 순서대로 클라이언트 사이드에서 각 조각 별 하이드레이션 지원
- 이미 하이드레이션된 조각에서 사용자 입력 가능 상태 유지
- 지연된 하이드레이션이 적용되는 조각에 로딩 중임을 표시 가능

12 https://github.com/mgechev/angular-hybrid-rendering

13 https://nuxt.com/docs/guide/concepts/rendering#route-rules

리액트의 동시성 모드concurrent mode 기능이 도입되면 이러한 요구사항을 모두 충족할 수 있습니다. 동시성 모드는 여러 작업을 동시에 처리하면서도 우선순위에 따라 작업 간 전환을 가능하게 합니다. 작업 전환 시 부분적으로 렌더링된 트리는 진행을 잠시 멈추어, 다시 동일한 작업으로 돌아왔을 때 이전의 렌더링 작업을 계속할 수 있습니다.

동시성 모드는 점진적 하이드레이션을 구현하는 데에도 사용될 수 있습니다. 동시성 모드로 점진적 하이드레이션을 구현한다면 페이지의 각 조각을 하이드레이션하는 작업은 동시성 모드가 맡게 됩니다. 사용자 입력과 같은 더 높은 우선순위의 작업이 필요하면 리액트는 하이드레이션 작업을 일시 중지하고 사용자 입력을 받아들이는 작업으로 전환합니다. 여기에 `lazy()` 및 `Suspense()`와 같은 기능을 사용하면 선언적인 로딩 상태를 통해, 지연 로드되는 중임을 보여줄 수 있습니다. 또한 `SuspenseList()`는 지연 로딩되는 컴포넌트의 우선순위를 정의하는 데 사용할 수 있습니다. 댄 아브라모브Dan Abramov는 동시성 모드를 실제로 보여주고 점진적 하이드레이션을 구현하는 훌륭한 데모[14]를 공유하기도 했습니다.

13.9 아일랜드 아키텍처

케이티 사일러 밀러Katie Sylor-Miller와 제이슨 밀러Jason Miller는 아일랜드 아키텍처Islands architecture[15]라는 용어를 대중화하는 데 기여했습니다. 아일랜드 아키텍처는 정적인 HTML 위에 독립적으로 전달될 수 있는 상호작용 아일랜드islands of interactivity를 통해 자바스크립트의 전송량을 줄이는 패러다임을 의미합니다. 또한 아일랜드 아키텍처는 컴포넌트 기반 아키텍처로, 정적 그리고 동적 아일랜드로 구분된 페이지 뷰를 제안합니다. 대부분의 페이지는 정적 콘텐츠와 동적 콘텐츠가 결합된 형태로, 정적 콘텐츠 위에 상호작용 영역이 구분 가능하게 흩어져 있는 형태로 구성되는 게 일반적입니다. 페이지의 정적인 부분은 순수하게 상호작용이 없는 정적 HTML이며 따로 하이드레이션이 필요하지 않습니다. 그에 비해 동적인 부분은 HTML과 스크립트가 결합되어 렌더링 후 스스로 하이드레이션할 수 있는 능력을 갖추고 있습니다.

14 https://oreil.ly/JHhPm

15 https://jasonformat.com/islands-architecture/

아일랜드 아키텍처는 정적 콘텐츠로 이루어진 페이지의 SSR을 지원합니다. 이때 렌더링된 HTML에는 동적 콘텐츠를 위한 자리가 미리 마련되어 있습니다. 이 동적 콘텐츠 자리에는 자체적으로 완성된 컴포넌트 위젯이 들어가게 됩니다. 각 위젯은 독립적인 애플리케이션처럼 동작하며, 서버에서 렌더링된 결과물과 클라이언트에서 위젯을 활성화하는 데 사용될 자바스크립트 코드를 포함합니다.

아일랜드 아키텍처는 점진적 하이드레이션과 혼동될 수 있지만, 뚜렷한 차이점이 있습니다. 점진적 하이드레이션에서는 페이지의 하이드레이션 구조가 하향식top-down입니다. 즉, 페이지가 개별 컴포넌트의 스케줄링 및 하이드레이션을 제어합니다. 반면, 아일랜드 아키텍처에서는 각 컴포넌트가 자체적으로 하이드레이션 스크립트를 가지고 있으며, 이 스크립트는 페이지의 다른 스크립트와 독립적으로 비동기 실행됩니다. 따라서 특정 컴포넌트의 성능 문제가 다른 컴포넌트에 영향을 주지 않습니다.

13.9.1 아일랜드 아키텍처 구현하기

아일랜드 아키텍처는 다양한 곳에서 개념을 차용하여 최적으로 결합하는 것을 목표로 합니다. 예를 들어 Jekyll이나 Hugo와 같은 템플릿 기반 정적 사이트 생성기는 페이지에 정적 컴포넌트를 렌더링하는 기능을 지원합니다. 또한 대부분의 최신 자바스크립트 프레임워크 또한 동형 렌더링isomorphic rendering을 지원하는데, 서버와 클라이언트 모두에서 동일한 코드를 사용하여 화면을 렌더링할 수 있게 해줍니다.

제이슨 밀러의 글에서는 컴포넌트 하이드레이션을 위한 스케줄링 접근 방식으로 `requestIdleCallback()`[16]을 제안합니다. 이러한 아일랜드 아키텍처를 지원하는 프레임워크는 다음과 같은 기능을 제공해야 합니다.

- 자바스크립트 없이 서버에서 페이지를 정적으로 렌더링할 수 있어야 합니다.
- 정적 콘텐츠 내에 자리를 마련하여 독립적인 동적 컴포넌트를 포함할 수 있어야 합니다. 각 동적 컴포넌트는

16 https://developer.mozilla.org/ko/docs/Web/API/Window/requestIdleCallback

자체 스크립트를 포함하며, 메인 스레드가 여유로워지는 즉시 `requestIdleCallback()`을 사용하여 스스로 하이드레이션할 수 있습니다.

- 서버에서 컴포넌트를 동형 렌더링하고 클라이언트에서 하이드레이션하여 서버와 클라이언트 양쪽에서 동일한 컴포넌트로 인식할 수 있도록 해야 합니다.

현재 아일랜드 아키텍처를 지원하는 프레임워크는 다음과 같습니다.

Marko

Marko[17]는 eBay에서 개발 및 유지보수하는 오픈 소스 프레임워크로, 서버 렌더링 성능 향상에 초점을 맞추고 있습니다. 스트리밍 렌더링과 자동 부분 하이드레이션을 결합하여 아일랜드 아키텍처를 지원합니다. HTML 및 기타 정적 에셋은 준비되는 즉시 클라이언트로 스트리밍됩니다. 그리고 자동 부분 하이드레이션을 통해 상호작용 컴포넌트는 스스로 하이드레이션할 수 있으며, 브라우저에서 상태를 변경할 수 있는 상호작용 컴포넌트에 대해서만 하이드레이션 코드가 전송됩니다. 또한 Marko는 동형적isomorphical으로 작동하며, Marko 컴파일러는 서버와 클라이언트 환경에 따라 최적화된 코드를 생성합니다.

Astro

Astro[18]는 리액트, 스벨트, Preact, Vue.js 등 다른 프레임워크에서 만든 UI 컴포넌트를 사용하여 가벼운 정적 HTML 페이지를 생성할 수 있는 정적 사이트 빌더입니다. 클라이언트 사이드 자바스크립트가 필요한 컴포넌트는 의존성과 함께 개별적으로 로드하기에 기본적으로 부분 하이드레이션을 제공합니다. 또한 Astro는 컴포넌트가 렌더링될 때까지의 지연 로딩을 지원합니다.

---

17 https://markojs.com/

18 https://astro.build/

Eveventy + Preact

마커스 오버레너Markus Oberlehner[19]는 정적 사이트 생성기인 Eleventy와 부분적으로 하이드레이션될 수 있는 동형 Preact 컴포넌트를 함께 사용하는 방법을 보여줍니다. 이 방법은 지연 하이드레이션도 지원하며, 컴포넌트 자체가 선언적으로 하이드레이션을 제어하고, 상호작용 컴포넌트는 `WithHydration` 래퍼를 사용하여 클라이언트에서 하이드레이션됩니다.

Marko와 Eleventy는 제이슨이 정의한 아일랜드 아키텍처 이전에 등장했지만, 그래도 아일랜드 아키텍처에 필요한 기능을 어느 정도 갖추고 있습니다. 반면에 Astro는 처음부터 아일랜드 아키텍처를 기반으로 만들어졌기 때문에 기본적으로 아일랜드 아키텍처를 지원합니다.

13.9.2 아일랜드 아키텍처의 장점과 단점

아일랜드 아키텍처를 도입하면 얻을 수 있는 몇 가지 이점은 다음과 같습니다.

성능

클라이언트에 전송되는 자바스크립트 코드의 양을 줄입니다. 상호작용이 필요한 컴포넌트에만 스크립트가 전송되므로, 전체 페이지의 가상 DOM을 다시 생성하고 모든 요소를 하이드레이션하는 데 필요한 스크립트보다 필요한 코드의 양이 훨씬 적습니다. 이렇게 자바스크립트 크기가 작아지면 페이지 로드 속도는 자연스레 빨라질 수 밖에 없습니다.

SEO

모든 정적 콘텐츠가 서버에서 렌더링되므로 페이지는 검색 엔진 최적화SEO에 유리합니다.

---

19 *https://oreil.ly/PBckZ*

중요 콘텐츠 우선순위

블로그, 뉴스 기사 및 제품 페이지의 핵심 콘텐츠를 사용자가 즉시 볼 수 있습니다.

접근성

표준 정적 HTML 링크를 사용하여 다른 페이지에 접근하므로 웹사이트의 접근성이 향상됩니다.

컴포넌트 기반

재사용성과 유지보수 용이성과 같은 컴포넌트 기반 아키텍처의 모든 이점을 제공합니다.

이러한 장점에도 아일랜드 아키텍처는 아직 초기 단계에 머물러 있습니다. 아일랜드 아키텍처를 구현하려면 몇 안 되는 프레임워크를 사용하거나 직접 아키텍처를 개발해야 합니다. 기존 사이트를 Astro나 Marko로 마이그레이션하는 데에는 추가적인 노력이 필요한 데다가, 아일랜드 아키텍처는 수천 개의 아일랜드가 필요할 수 있는 소셜 미디어 애플리케이션과 같이 상호작용을 위주로 한 페이지에는 적합하지 않습니다.

13.10 리액트 서버 컴포넌트

리액트 서버 컴포넌트React Server Components(RSC)[20]는 서버에서 실행되도록 설계된 상태를 가지지 않는 리액트 컴포넌트로, 서버 주도 방식으로 현대적인 사용자 경험을 제공하는 것을 목표로 합니다. 이러한 컴포넌트들은 번들 크기를 0으로 줄이고, 서버 컴포넌트와 클라이언트 컴포넌트 사이의 매끄러운 코드 전환 경험, 즉 니팅knitting을 가능하게 합니다. 이는 기존의 SSR 방식과 차별화되며, 결과적으로 클라이언트 사이드 자바스크립트 번들의 크기를 크게 줄일 수 있습니다.

20 https://ko.react.dev/blog/2023/03/22/react-labs-what-we-have-been-working-on-march-2023#react-server-components

RSC는 서버 컴포넌트에서 데이터를 가져오는 방법으로 async/await를 사용하여 데이터 fetching을 컴포넌트 트리의 필수적인 부분으로 통합하고, 최상위 레벨에서 await를 사용해 서버 사이드 데이터 직렬화를 가능하게 합니다. 이렇게 컴포넌트는 데이터를 정기적으로 다시 가져올 수 있으며, 새로운 데이터가 있을 때 다시 렌더링되는 컴포넌트를 가진 애플리케이션을 서버에서 실행할 수 있어 클라이언트로 전송해야 하는 코드 양을 줄일 수 있습니다. 이는 클라이언트 사이드의 풍부한 상호작용 기능과 서버 사이드 렌더링의 높은 성능을 결합한 것과 다름없습니다.

RSC 프로토콜을 사용하면 서버는 클라이언트가 컴포넌트 트리의 일부를 요청할 수 있는 특별한 엔드포인트를 제공하여 MPA와 유사한 아키텍처로 SPA와 같은 라우팅을 가능하게 합니다. 이를 통해 상태의 변경 없이 서버 컴포넌트 트리와 클라이언트 사이드 트리를 병합하고 더 많은 컴포넌트로 확장할 수 있습니다.

서버 컴포넌트는 SSR을 대체하지 않습니다. 오히려 함께 사용하면 서버 컴포넌트 렌더링 초기 단계의 결과물을 빠르게 렌더링하고, SSR 인프라를 통해 HTML로 변환하여 초기 렌더링 속도를 빠르게 유지할 수 있습니다. 서버 컴포넌트가 클라이언트 컴포넌트를 SSR 처리하는 방식은, 기존의 SSR을 사용하는 방식과 유사합니다.

RSC는 서버 컴포넌트를 어떻게 구현하고 사용해야 하는지에 대한 표준화된 명세를 제공합니다. 허나 RSC 사용 가능 여부는 프레임워크가 해당 기능을 지원하는지에 달려 있습니다. 기술적으로는 RSC를 모든 리액트 프레임워크에서 사용할 수 있으며, 고유의 부분 하이드레이션[21] 방식을 통해 하이브리드 렌더링을 구현할 수도 있습니다. 예를 들어, Next.js는 이미 App Router 기능을 통해 RSC를 지원하고 있는 데다 리액트 개발 팀도 RSC가 결국 대중화되어 생태계를 변화시킬 것이라고 생각하고 있습니다.

21 https://www.gatsbyjs.com/docs/conceptual/partial-hydration/

13.10.1 RSC와 Next.js App Router를 활용한 하이브리드 렌더링

Next.js 13부터는 새로운 기능과 규칙, 그리고 RSC 지원을 포함한 애플리케이션 라우터[22]를 도입했습니다. app 디렉토리 내의 컴포넌트는 기본적으로 RSC로 설정되어있기에, 자동으로 서버 컴포넌트로 렌더링되고 성능이 향상됩니다.

RSC는 서버 인프라를 활용하고, 대용량 의존성을 서버 사이드에 유지하는 등의 이점을 제공하여 성능 향상과 클라이언트 사이드 번들 크기 감소의 이점을 가져다 줍니다. Next.js App Router는 서버 렌더링과 클라이언트 사이드 상호작용을 결합하여 점진적으로 애플리케이션을 향상시키고 매끄러운 사용자 경험을 제공합니다.

클라이언트 컴포넌트는 이전의 Next.js 12 버전에서 했던 것처럼 클라이언트 사이드의 상호작용 기능을 추가하기 위해 사용됩니다. `'use client'` 지시문을 사용하여 컴포넌트를 클라이언트 컴포넌트로 선언할 수 있습니다. `'use client'` 지시문이 없는 컴포넌트는 다른 클라이언트 컴포넌트에 의해 import되지 않는 한 자동으로 서버 컴포넌트로 렌더링됩니다.

서버 컴포넌트와 클라이언트 컴포넌트는 동일한 컴포넌트 트리 내에 혼합되어 사용될 수 있으며, 리액트는 두 환경의 병합을 처리합니다. 실제로 Next.js 사용자들은 프로덕션 환경에서 RSC와 app 디렉토리를 채택한 이후 성능 향상[23]을 경험했습니다.

13.11 마치며

이번 장에서는 CSR과 SSR의 장점을 모두 활용하는 다양한 패턴을 소개했습니다. 애플리케이션의 종류나 페이지 유형에 따라 더 적합한 패턴이 다를 수 있기에 [그림 13-1]은 각 패턴의 주요 특징을 비교하고 사용하기 적합한 사례를 보여줍니다.

---

22 *https://nextjs.org/docs/app/building-your-application/routing*

23 *https://x.com/leeerob/status/1635289744182755330*

서버 ←→ 클라이언트

	기존 SSR	하이드레이션 SSR	스트리밍 SSR	점진적 하이드레이션	정적 생성	ISR	CSR
HTML이 생성되는 곳	서버	서버	서버	서버	서버에서 빌드 도중	서버에서 빌드 도중	클라이언트
자바스크립트 하이드레이션	하이드레이션 없음	하이드레이션을 위한 모든 자바스크립트 로드	자바스크립트가 HTML과 함께 스트리밍	자바스크립트를 점진적으로 로드	압축된 자바스크립트	압축된 자바스크립트	하이드레이션 없이 모든 자바스크립트가 필요하며, 상호작용 가능
SPA 동작	불가능	제한적	제한적	제한적	불가능	불가능	모든 범위
검색 엔진 크롤러 가독성	높음	높음	높음	높음	높음	높음	낮음
캐싱	최소	최소	최소	최소	최대	최대	최소
TTFB	긺	긺	페이지 크기에 따라 일정하거나 짧음	긺	짧음	짧음	짧음
TTFB : FCP	TTI = FCP	TTI > FCP	TTI > FCP	TTI > FCP	TTI = FCP	TTI = FCP	TTI >> FCP
구현 방법	서버 사이드 스크립팅 언어 (PHP 등)	리액트 서버 컴포넌트, Next.js	리액트 서버컴포넌트 (16 버전 이후)	개발 중인 리액트 솔루션	Next.js	Next.js	리액트, 앵귤러 등 CSR 프레임워크
적합한 사용 사례	뉴스, 백과사전 페이지처럼 정적인 콘텐츠	댓글과 같이 약간의 상호작용 요소가 있는 정적 페이지	검색 결과 목록 페이지처럼 조각 단위로 스트리밍할 수 있는 정적 페이지	일부 컴포넌트의 활성화가 지연될 수 있는 상호작용 페이지 (예: 챗봇)	자주 변경되지 않는 정적 콘텐츠 (예: 웹사이트의 About Us, Contact 페이지)	블로그 목록, 상품 목록 페이지처럼 정적 콘텐츠가 많지만 자주 변경될 수도 있는 페이지	사용자 경험이 중요한 고도의 상호작용이 필요한 애플리케이션 (예: 소셜 미디어 메시지 및 댓글)

그림 13-1 렌더링 패턴

다음 표는 '2022년도 자바스크립트 웹사이트 구축 패턴[24]'에서 가져온 것으로, 주요 애플리케이션 특성을 중심으로 렌더링 패턴을 비교한 내용입니다. 일반적인 애플리케이션 유형[25]에 적합한 패턴을 찾는 데 도움이 될 것입니다.

24 https://oreil.ly/Qg_h6

25 https://jasonformat.com/application-holotypes/

	포트폴리오	콘텐츠 중심	쇼핑몰	SNS	몰입형
유형	개인블로그	뉴스 사이트 (CNN)	아마존	소셜 네트워크	피그마
상호작용 요소	최소	링크된 기사	구매	동시, 실시간	모든 요소
사용자 참여도	낮음	낮음	낮음~중간	높음	매우 높음
중요 가치	단순함	도달 가능성	성능	역동성	몰입감
라우팅	서버	서버, 하이브리드	하이브리드, 트랜지션	트랜지션, 클라이언트	클라이언트
렌더링	정적	정적, SSR	정적, SSR	SSR	CSR
하이드레이션	없음	점진적, 부분	부분, 재개 가능	모든 방식 가능	없음 (CSR)
예시 프레임 워크	11ty	Astro, Elder	Marko, Qwik, Hydrogen	Next.js, Remix	Create React APP

지금까지 컴포넌트, 상태 관리, 렌더링 등 리액트에서 사용되는 흥미로운 패턴들을 살펴보았습니다. 리액트 같은 라이브러리는 정해진 애플리케이션 구조를 강요하지 않지만, 프로젝트를 구성하는 데 권장되는 모범 사례들이 있습니다. 다음 장에서 이에 대해 자세히 알아보겠습니다.

CHAPTER

14

리액트 애플리케이션 구조

작은 토이 프로젝트를 진행하거나, 새롭게 배운 개념 또는 라이브러리를 시험해 볼 때, 체계적인 구조나 계획 없이 무작정 개발을 시작하는 경우가 있습니다. 이렇게 되면 CSS, 헬퍼 컴포넌트, 이미지, 페이지 컴포넌트 등이 모두 한 폴더에 뒤섞여 있게 될 수도 있습니다. 하지만 프로젝트가 점차 커지게 되면 이런 방식으로는 프로젝트를 관리하기 곤란해집니다. 따라서 어느 정도 규모가 있는 코드베이스는 논리적인 기준에 따라 애플리케이션 폴더 구조를 정리해야 합니다. 이때 파일과 컴포넌트를 구성하는 방법은 개인 또는 팀의 선택에 달려 있으며, 일반적으로 애플리케이션 도메인과 사용 기술에 따라 달라집니다.

이번 장에서는 리액트 애플리케이션의 폴더 구조에 초점을 맞춰, 프로젝트가 커짐에 따라 폴더 구조를 더 효율적으로 관리하는 방법을 살펴보겠습니다.

14.1 소개

리액트 자체는 프로젝트 구조에 대한 가이드라인을 제공하지 않지만, 주로 사용되는 몇 가지 접근 방식을 제안합니다. 우선 복잡한 프로젝트와 Next.js 애플리케이션을 위한 폴더 구조를 살펴보기 전에, 이러한 접근 방식의 장단점을 살펴보겠습니다.

리액트 애플리케이션에서 파일을 그룹화하는 방법[01]은 크게 두 가지가 있습니다.

기능별 그룹화

각 애플리케이션 모듈, 기능 또는 경로별로 폴더를 만듭니다.

파일 유형별 그룹화

CSS, 자바스크립트, 이미지 등 파일 유형별로 폴더를 만듭니다.

이제 이러한 분류에 따라 각각 자세히 살펴보겠습니다.

---

01 *https://ko.legacy.reactjs.org/docs/faq-structure.html*

14.1.1 모듈, 기능 또는 경로별 그룹화

모듈, 기능 또는 경로별 그룹화의 경우, 파일 구조는 비즈니스 모델이나 애플리케이션의 흐름을 반영합니다. 예를 들어, 전자상거래 애플리케이션을 개발한다면, product, productlist, checkout 등의 폴더를 만들 수 있습니다. 그리고 product 모듈에 필요한 CSS, JSX 컴포넌트, 테스트, 하위 컴포넌트, 헬퍼 라이브러리 등을 모두 product 폴더 안에 함께 넣습니다.

```
common/
  Avatar.js
  Avatar.css
  ErrorUtils.js
  ErrorUtils.test.js
product/
  index.js
  product.css
  price.js
  product.test.js
checkout/
  index.js
  checkout.css
  checkout.test.js
```

기능별로 파일을 그룹화하면, 모듈에 변경사항이 있을 때 관련된 모든 파일이 같은 폴더에 모여 있어 변경사항이 특정 코드 영역으로 제한된다는 장점이 있습니다.

하지만 반대로 모듈 간에 공통적으로 사용되는 컴포넌트, 로직 또는 스타일을 주기적으로 파악해야만 중복을 피하고 일관성과 재사용성을 높일 수 있다는 단점도 있습니다.

14.1.2 파일 유형별 그룹화

파일 유형별 그룹화 방식은 CSS, 컴포넌트, 테스트 파일, 이미지, 라이브러리 등 파일 유형별로 서로 다른 폴더를 생성하는 것입니다. 따라서 논리적으로 관련된 파일들이 파일 유형에 따라 서로 다른 폴더에 위치하게 됩니다.

```
css/
  global.css
  checkout.css
  product.css
lib/
  date.js
  currency.js
  gtm.js
pages/
  product.js
  productlist.js
  checkout.js
```

이 폴더 구조의 장점은 다음과 같습니다.

- **표준 구조 재사용**: 여러 프로젝트에서 동일하게 사용할 수 있는 표준적인 구조를 갖습니다.
- **새로운 팀원의 빠른 적응**: 애플리케이션별 로직에 대한 지식이 부족한 신규 팀원도 스타일이나 테스트 파일을 쉽게 찾을 수 있습니다.
- **공통 컴포넌트 및 스타일 변경 용이**: 여러 경로나 모듈에서 가져오는 공통 컴포넌트(예: 달력 컴포넌트)나 스타일을 변경하면 애플리케이션 전체에 적용됩니다.

하지만 이 구조는 다음과 같은 단점을 가지고 있습니다.

- **모듈 수정 시 여러 폴더 수정 필요**: 특정 모듈의 로직을 변경하려면 여러 폴더에 있는 파일들을 찾아가 수정해야 하는 경우가 많습니다.
- **파일 찾기 어려움**: 애플리케이션의 기능이 많아질수록 각 폴더의 파일 수가 증가하여 특정 파일을 찾기 어려워질 수 있습니다.

각 구조는 폴더당 파일 수가 적은(50~100개) 중소 규모 애플리케이션에서는 설정하기 쉽습니다. 하지만 대규모 프로젝트의 경우, 애플리케이션의 논리 구조에 따라 혼합된 접근 방식을 사용하는 것이 좋습니다. 그럼 혼합된 방식을 살펴보겠습니다.

14.1.3 도메인 및 공통 컴포넌트 기반의 혼합 그룹화

도메인 및 공통 컴포넌트 기반의 혼합Hybrid 그룹화 방식에서는 애플리케이션 전체에서 공통적으로 사용되는 컴포넌트들을 모두 Components 폴더에, 그리고 애플리케이션 흐름에 특화된 경로나 기능들을 모두 domain 폴더(또는 pages나 routes)[02]에 그룹화합니다. 각 폴더에는 특정 컴포넌트 및 관련 파일들을 위한 하위 폴더가 있을 수 있습니다.

```
css/
  global.css
components/
  User/
    profile.js
    profile.test.js
    avatar.js
  date.js
  currency.js
  gtm.js
  errorUtils.js
domain/
  product/
    product.js
    product.css
    product.test.js
  checkout/
    checkout.js
    checkout.css
    checkout.test.js
```

이렇게 하면 '파일 유형별 그룹화'와 '기능별 그룹화'의 장점을 모두 활용하여, 자주 변경되는 관련 파일들을 한 곳에 모으면서도, 애플리케이션 전체에서 공통적으로 사용되는 재사용 가능한 컴포넌트와 스타일도 함께 관리할 수 있습니다.

혼합 그룹화는 애플리케이션의 복잡성에 따라 하위 폴더 없는 평면적인 구조 또는 더욱 중첩된 구조로 변경할 수 있습니다.

02 *https://www.robinwieruch.de/react-folder-structure/#:~:text=FEATURE FOLDERS*

평면적인 구조Flatter structure

다음은 평면적인 구조의 예시입니다.

```
domain/
        product.js
        product.css
        product.test.js
        checkout.js
        checkout.css
        checkout.test.js
```

중첩된 구조Nested structure

다음은 중첩된 구조의 예시입니다.

```
domain/
        product/
            productType/
                features.js
                features.css
                size.js
            price/
                listprice.js
                discount.js
```

NOTE 3~4단계 이상의 깊은 중첩은 피하는 것이 좋습니다. 폴더 간의 상대 경로를 작성하거나 파일 이동 시 경로를 업데이트하기 어려워지기 때문입니다.

도메인 기반 폴더 외에도 여기[03]에서 설명하는 것처럼 변형된 버전의 뷰 또는 경로 기반 폴더를 생성할 수 있습니다. 이로써 라우팅 컴포넌트가 현재 경로에 따라 표시할 뷰를 조정할 수 있게 됩니다. Next.js[04]가 이와 유사한 구조를 사용합니다.

03 *https://oreil.ly/WiRca*

04 *https://nextjs.org/docs/app/building-your-application/routing*

14.2 최신 리액트 기능을 위한 애플리케이션 구조

최신 리액트 애플리케이션은 리덕스, 상태 관리 컨테이너, Hooks, Styled Components 등 다양한 기능을 활용합니다. 앞서 제시한 애플리케이션 구조에 이러한 기능과 관련된 코드를 어떻게 적용할 수 있을지 살펴보겠습니다.

14.2.1 리덕스

리덕스 공식 문서에서는 특정 기능에 대한 로직을 한 곳에 모아두는 것을 강력하게 권장[05]합니다. 특정 기능 폴더 내에서, 해당 기능의 리덕스 로직은 단일 '슬라이스slice' 파일로 작성되어야 하며, 이때 가급적이면 리덕스 Toolkit의 createSlice API를 사용하는 것이 좋습니다. 이 파일은 `{actionTypes, actions, reducer}`를 독립적이고 캡슐화된 모듈로 묶습니다. 이는 리덕스의 '덕스ducks' 패턴[06]으로도 알려져 있습니다. 예시는 다음[07]과 같습니다.

```
/src
    index.tsx: Entry point file that renders the React component tree
    /app
        store.ts: store setup
        rootReducer.ts: root reducer (optional)
        App.tsx: root React component
    /common: hooks, generic components, utils, etc
    /features: contains all "feature folders"
    /todos: a single feature folder
        todosSlice.ts: Redux reducer logic and associated actions
        Todos.tsx: a React component
```

컨테이너나 Hooks를 생성하지 않고 리덕스를 사용하는 또 다른 종합적인 예시는 이곳[08]에서 확인할 수 있습니다.

05 *https://ko.redux.js.org/style-guide/#structure-files-as-feature-folders-with-single-file-logic*

06 *https://github.com/erikras/ducks-modular-redux*

07 *https://oreil.ly/0gpXl*

08 *https://oreil.ly/xMZiu*

14.2.2 컨테이너

만약 컴포넌트를 프레젠테이션 컴포넌트와 상태 저장 컨테이너 컴포넌트[09]로 분류하는 방식으로 코드를 구성했다면, 컨테이너 컴포넌트를 위한 별도의 폴더를 만들 수 있습니다. 컨테이너는 복잡한 상태 관리 로직을 컴포넌트의 다른 측면으로부터 분리하는 데 도움이 됩니다.

```
/src
    /components
        /component1
            index.js
            styled.js

    /containers
        /container1
```

컨테이너를 포함하는 애플리케이션의 전체 구조는 같은 글[10]에서 확인할 수 있습니다.

14.2.3 Hooks

Hooks는 다른 유형의 코드와 마찬가지로 혼합 구조에 잘 어울립니다. 모든 리액트 컴포넌트에서 사용할 수 있는 공통 Hooks를 위한 폴더를 만들어 관리할 수 있으며, 단일 컴포넌트에서만 사용되는 Hooks는 해당 컴포넌트의 파일이나 컴포넌트 폴더 내 별도의 `hooks.js` 파일에 유지해야 합니다. 샘플 구조는 이곳[11]에서 확인할 수 있습니다.

```
/components
    /productList
        index.js
        test.js
        style.css
        hooks.js
```

09 *https://oreil.ly/JeYgI0*

10 *https://oreil.ly/JeYgI*

11 *https://oreil.ly/rtT1n*

```
/hooks
    /useClickOutside
      index.js
    /useData
      index.js
```

14.2.4 Styled Components

CSS 대신 Styled Components를 사용하는 경우에는 앞서 언급한 컴포넌트 수준의 CSS 파일 대신 `style.js` 파일을 사용할 수 있습니다. 예를 들어 `button` 컴포넌트가 있다면 구조는 다음과 같습니다.

```
/src/components/button/
    index.js
    style.js
```

애플리케이션 수준의 `theme.js` 파일[12]은 배경 및 텍스트에 사용될 색상 값을 포함할 수 있습니다. `globals` 컴포넌트[13]에는 다른 컴포넌트에서 사용할 수 있는 공통 스타일 요소 정의를 포함할 수 있습니다.

14.3 기타 모범 사례

폴더 구조 외에도 리액트 애플리케이션 구조를 설계할 때 고려할 수 있는 몇 가지 기타 모범 사례는 다음과 같습니다.

---

12 *https://oreil.ly/OARQ8*

13 *https://oreil.ly/LzmtQ*

- Import aliasing[14] 사용: 공통 가져오기에 대한 긴 상대 경로를 줄이기 위해 import aliasing을 사용합니다. Babel 및 웹팩 설정[15]을 통해 구현할 수 있습니다.
- 외부 라이브러리 API로 감싸기[16]: 필요한 경우 교체할 수 있도록 외부 라이브러리를 자체 API로 감싸서 사용합니다.
- PropTypes[17] 사용: 컴포넌트에 PropTypes를 사용하여 속성 값의 유형 검사를 수행합니다.

빌드 성능은 파일 수와 의존성에 따라 달라집니다. 웹팩과 같은 번들러를 사용하는 경우, 빌드 시간을 개선하는 데 도움이 될 수 있는 몇 가지 팁을 알려드리겠습니다.

로더[18]를 사용할 때는 변환이 필요한 모듈에만 적용해야 합니다. 예를 들어 다음과 같습니다.

```
const path = require("path");
module.exports = {
  //...
  module: {
    rules: [
      {
        test: /\.js$/,
        include: path.resolve(__dirname, "src"),
        loader: "babel-loader",
      },
    ],
  },
};
```

혼합/중첩 폴더 구조를 사용하는 경우에, 다음의 웹팩 예시는 폴더 구조 내 여러 경로에서 파일을 포함하고 로드하는 방법을 보여줍니다.

```
const path = require('path');

module.exports = {
```

14 https://oreil.ly/trM4V
15 https://oreil.ly/cSkCS
16 https://oreil.ly/Za7Yt
17 https://oreil.ly/8kL84
18 https://oreil.ly/zXFkv

```
  //...
  module: {
    rules: [
      {
        test: /\.css$/,
        include: [
          // 현재 폴더 기준으로 `app/styles`로 시작하는 경로 포함
          // 예: `app/styles.css`, `app/styles/styles.css`,
          //     `app/stylesheet.css`
          path.resolve(__dirname, 'app/styles'),

         // 슬래시('/')를 추가하여 `vendor/styles/` 폴더의 내용만 포함
         path.join(__dirname, 'vendor/styles/'),
        ],
      },
    ],
  },
};
```

다른 모듈을 참조하는 import, require, define 등이 없는 파일은 의존성 분석을 할 필요가 없습니다. 이럴 땐 noParse 옵션[19]을 사용하여 이러한 파일의 파싱을 건너뛸 수 있습니다.

14.4 Next.js 애플리케이션을 위한 애플리케이션 구조

Next.js[20]는 확장 가능한 리액트 애플리케이션을 위한 실무 환경에 적합한 프레임워크입니다. 앞서 살펴본 혼합 구조를 사용할 수 있지만, pages router의 경우, 모든 라우트 파일은 pages 폴더 안에 위치해야 하며, 페이지의 URL은 루트 URL과 pages 폴더 내 상대 경로를 합친 게 됩니다. 그리고 app router의 경우에는 app 폴더 내에 page 이름을 가진 파일을 만드는 것으로 URL이 생성됩니다.

앞에서 논의한 구조를 확장하여, 공통 컴포넌트, 스타일, Hooks, 유틸리티 함수를 위한 폴더를 만들 수 있습니다. 도메인 관련 코드는 여러 라우트에서 사용할 수 있는 함수형 컴포넌

19 https://webpack.kr/configuration/module/#modulenoparse

20 https://patterns-dev-kr.github.io/rendering-patterns/overview-of-nextjs/

트로 구성할 수도 있습니다. 마지막으로 모든 라우트는 pages 폴더 또는 app 폴더 내부에 위치합니다. 이 가이드[21]를 기반으로 한 pages router의 예시는 다음과 같습니다.

```
--- public/
  Favicon.ico
  images/
--- common/
    components/
      datePicker/
        index.js
        style.js
    hooks/
    utils/
    styles/
--- modules/
    auth/
      auth.js
      auth.test.js
    product/
      product.js
      product.test.js
--- pages/
    _app.js
    _document.js
    index.js
        /products
      [id].js
```

그리고 app router를 사용한 예시는 다음과 같습니다.

21 *https://oreil.ly/AAv12*

```
--- public/
    images/
--- common/
    components/
        datePicker/
            index.js
            style.js
    hooks/
    utils/
    styles/
--- modules/
    auth/
        auth.js
        auth.test.js
    product/
        product.js
        product.test.js
--- app/
    favicon.ico
    layout.js
    page.js
    /products/
        [id]/
            page.js
```

Next.js는 또한 다양한 유형의 애플리케이션에 대한 예시[22]를 제공합니다. create-next-app을 사용하면 이러한 예시를 기반으로 Next.js에서 제공하는 템플릿 폴더 구조를 생성할 수 있습니다. 예를 들어 기본 블로그 애플리케이션 템플릿[23]을 생성하려면 다음 명령어를 사용합니다.

```
yarn create next-app --example blog my-blog
```

22 https://vercel.com/templates/next.js

23 https://github.com/vercel/next.js/tree/canary/examples/blog

14.5 마치며

이번 장에서는 리액트 프로젝트의 다양한 구조에 대해 논의했습니다. 이제는 프로젝트의 크기, 유형, 사용된 컴포넌트 등에 따라 가장 적합한 방법을 선택할 수 있게 되었습니다. 잘 정의된 패턴을 따르면 다른 팀원들에게 프로젝트 구조를 설명하기 쉽고, 프로젝트가 불필요하게 복잡해지거나 체계가 망가지는 사태를 방지할 수 있습니다.

다음 장은 이 책의 마지막 장으로, 자바스크립트 디자인 패턴 학습에 도움이 될 만한 팁을 제공합니다.

CHAPTER

15

결론

자바스크립트와 리액트 디자인 패턴의 세계로 떠나는 여정의 첫걸음은 여기까지입니다. 이 책이 여러분께 도움이 되었기를 바랍니다.

디자인 패턴은 수십 년 동안 어려운 문제와 아키텍처에 대한 해결책을 정의해온 개발자들의 지혜를 바탕으로 개발을 더 쉽게 할 수 있도록 도와줍니다. 이 책의 내용은 여러분이 스크립트, 플러그인, 웹 애플리케이션에 패턴을 적용할 때 필요한 정보를 제공할 것입니다.

이러한 디자인 패턴들을 알아두는 것도 중요하지만, 언제 어떻게 사용해야 하는지를 아는 것이 더욱 중요합니다. 그러니 각 패턴의 장단점을 충분히 이해한 후에 올바르게 적용하는 것이 좋습니다. 직접 패턴을 실험해 보면서 패턴이 제공하는 가치를 제대로 파악하고, 애플리케이션에 실질적인 도움이 되는지 판단하여 사용 여부를 결정해야 합니다.

혹시 이 책을 통해 디자인 패턴에 대한 관심이 생겼다면, 일반적인 소프트웨어 개발 분야뿐만 아니라 자바스크립트 분야에도 훌륭한 자료들이 많이 있으니 참고하시기 바랍니다.

개인적으로 다음과 같은 저서를 추천합니다.

- 『엔터프라이즈 애플리케이션 아키텍처 패턴』(위키북스, 2015)
- 『자바스크립트 코딩 기법과 핵심 패턴』(인사이트, 2011)

추가로 리액트 디자인 패턴을 더 깊이 있게 탐구하고 싶으시다면, 리디아 할리Lydia Hallie와 제가 직접 만든 'Patterns.dev'[01·02]를 살펴보시는 것을 추천합니다.

지금까지 이 책을 읽어주셔서 감사합니다. 자바스크립트 학습에 도움이 될 더 많은 자료를 원하시면 제 블로그[03]나 X(구 트위터, @addyosmani) 계정을 방문해주세요.

그럼 다음에 또 뵙겠습니다. 여러분의 자바스크립트 여정에 행운이 있기를!

01 *https://www.patterns.dev/*

02 옮긴이_ 한국어 번역 버전: *https://patterns-dev-kr.github.io/*

03 *http://addyosmani.com*

참고문헌

1. Hillside Engineering Design Patterns Library (https://oreil.ly/Pffqf).

2. Ross Harmes and Dustin Diaz, 『Pro JavaScript Design Patterns』 (https://oreil.ly/RID62).

3. Design Pattern Definitions (https://oreil.ly/Q6tan).

4. Patterns and Software Terminology (https://oreil.ly/defjF).

5. Subramanyan Murali, 『Guhan, JavaScript Design Patterns』 (https://oreil.ly/3NxNQ).

6. James Moaoriello, 『What Are Design Patterns and Do I Need Them?』 (https://oreil.ly/m16E-).

7. Alex Barnett, 『Software Design Patterns』 (https://oreil.ly/bOdi1).

8. Gunni Rode, 『Evaluating Software Design Patterns』 (https://oreil.ly/hhqwh).

9. SourceMaking Design Patterns (https://oreil.ly/xra3I).

10. Stoyan Stevanov, 『JavaScript Patterns』 (https://oreil.ly/awdqz).

11. Jared Spool, 『The Elements of a Design Pattern』 (https://oreil.ly/qeKIq).

12. Examples of Practical JS Design Patterns; discussion (https://oreil.ly/wga_z), Stack Overflow.

13. Design Patterns in jQuery (https://oreil.ly/vXUsL), Stack Overflow.

14. Anoop Mashudanan, 『Software Designs Made Simple』 (https://oreil.ly/5PqFD).

15. Design Patterns Explained (*https://oreil.ly/Lq6fV*).

16. Mixins explained (*https://oreil.ly/jN0zw*).

17. Working with GoF's Design Patterns in JavaScript (*https://oreil.ly/176fs*).

18. Using Object.create (*https://oreil.ly/NSjfs*).

19. t3knomanser, JavaScript Design Patterns (*https://oreil.ly/O8VfS*).

20. Working with GoF Design Patterns in JavaScript Programming (*https://oreil.ly/cerR5*).

21. JavaScript Advantages of Object Literal (*https://oreil.ly/AmJD4*), Stack Overflow.

22. Understanding proxies in jQuery (*https://oreil.ly/n5Hjx*).

23. Observer Pattern Using JavaScript (*https://oreil.ly/MJi6b*).

INDEX

INDEX

ㅋ

ㅌ

ㅍ

ㅎ

INDEX